U0599823

西域岩画图案全集

文焱◎主编

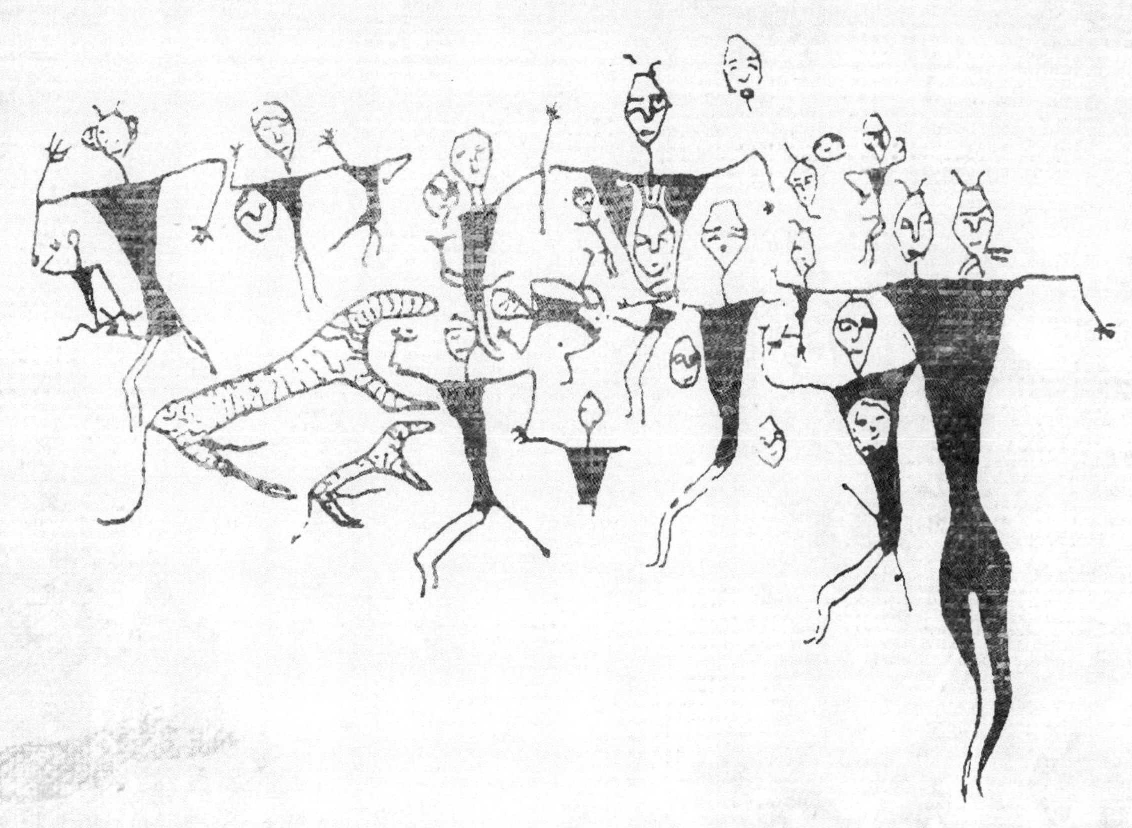

新疆美术摄影出版社
新疆电子音像出版社

图书在版编目(CIP)数据

西域岩画图案全集 / 文焱主编. -- 乌鲁木齐 : 新疆美术摄影出版社 : 新疆电子音像出版社, 2014.7
ISBN 978-7-5469-5454-7

Ⅰ. ①西… Ⅱ. ①文… Ⅲ. ①崖画 – 新疆 – 图集
Ⅳ. ①K879.422

中国版本图书馆 CIP 数据核字(2014)第 153352 号

选题策划：吴晓霞　　书籍设计：党　红
主　　编：文　焱　　责任复审：吴晓霞
责任编辑：于文胜　党　红　　责任决审：于文胜
责任校对：党　红　　责任印制：刘伟煜

书　名　西域岩画图案全集
主　编　文　焱
出　版　新疆美术摄影出版社
　　　　新疆电子音像出版社(www.xjdzyx.com)
地　址　乌鲁木齐市经济技术开发区科技园路 5 号(邮编 830026)
发　行　全国新华书店
网　购　当当网、京东商城、亚马逊、淘宝网、天猫、读读网、淘宝网·新疆旅游书店
印　刷　北京新华印刷有限公司
开　本　880 mm × 1 230 mm　1/16
印　张　39.5
字　数　493 千字 / 1776 幅
版　次　2014 年 10 月第 1 版
印　次　2014 年 10 月第 1 次印刷
书　号　ISBN 978-7-5469-5454-7
定　价　398.00 元

网络出版　读读精品网(www.dudu-book365.com)
网络书店　淘宝网·新疆旅游书店(http://shop67841187.taobao.com)

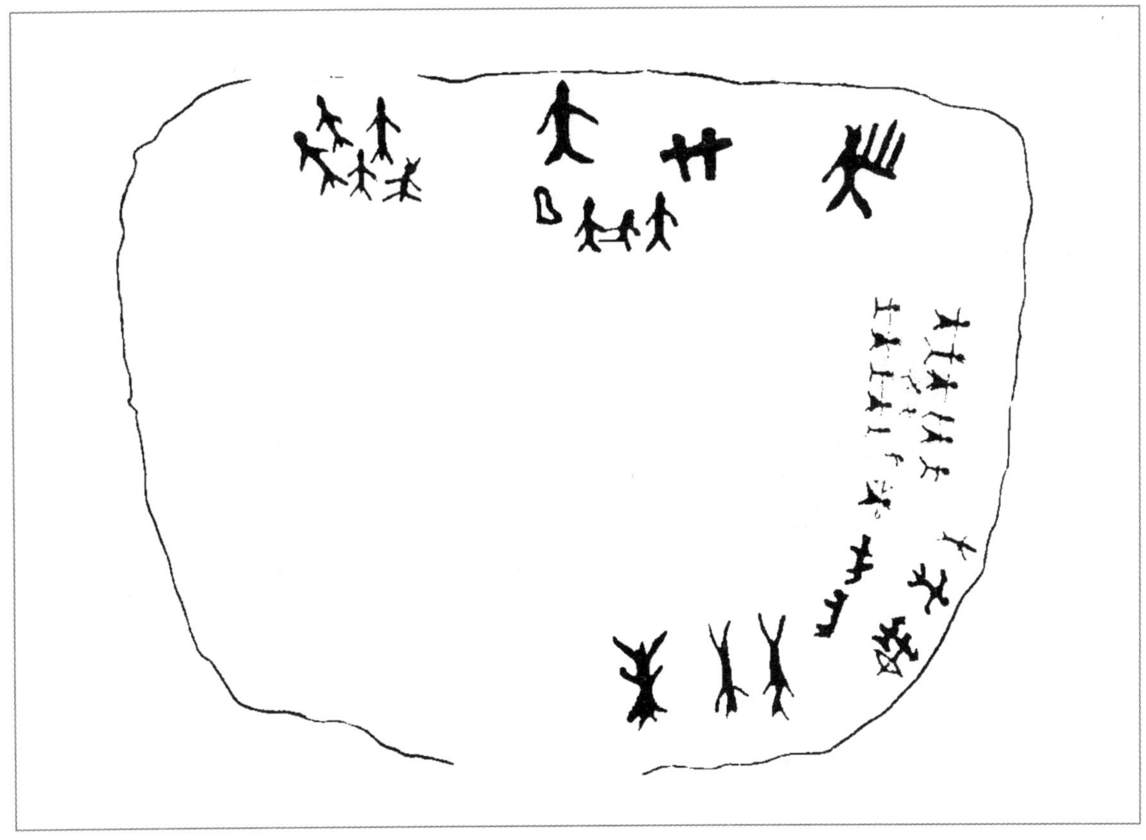

新疆富蕴县唐巴勒塔斯洞窟彩绘岩画

新疆富蕴县杜热乡迦尔肯岩画

新疆富蕴县杜热乡迦尔肯岩画

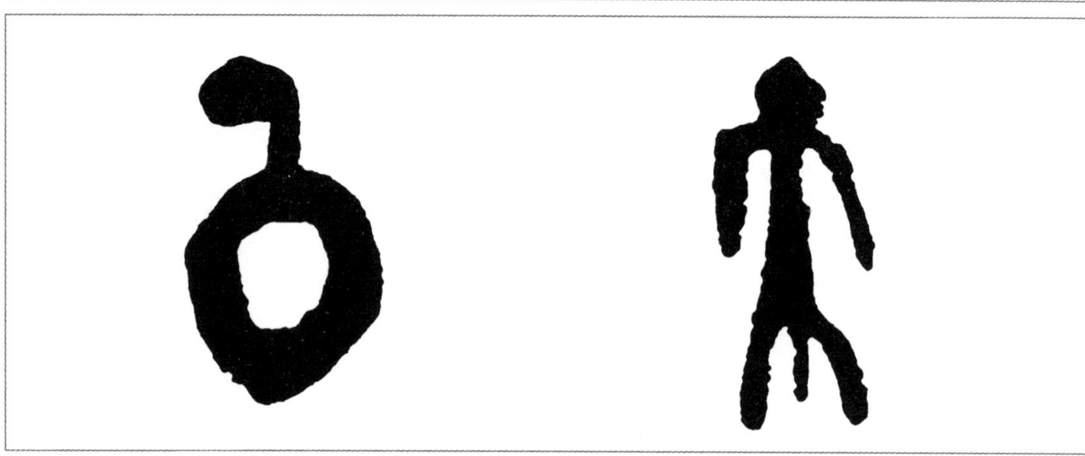

新疆富蕴县杜热乡迦尔肯岩画

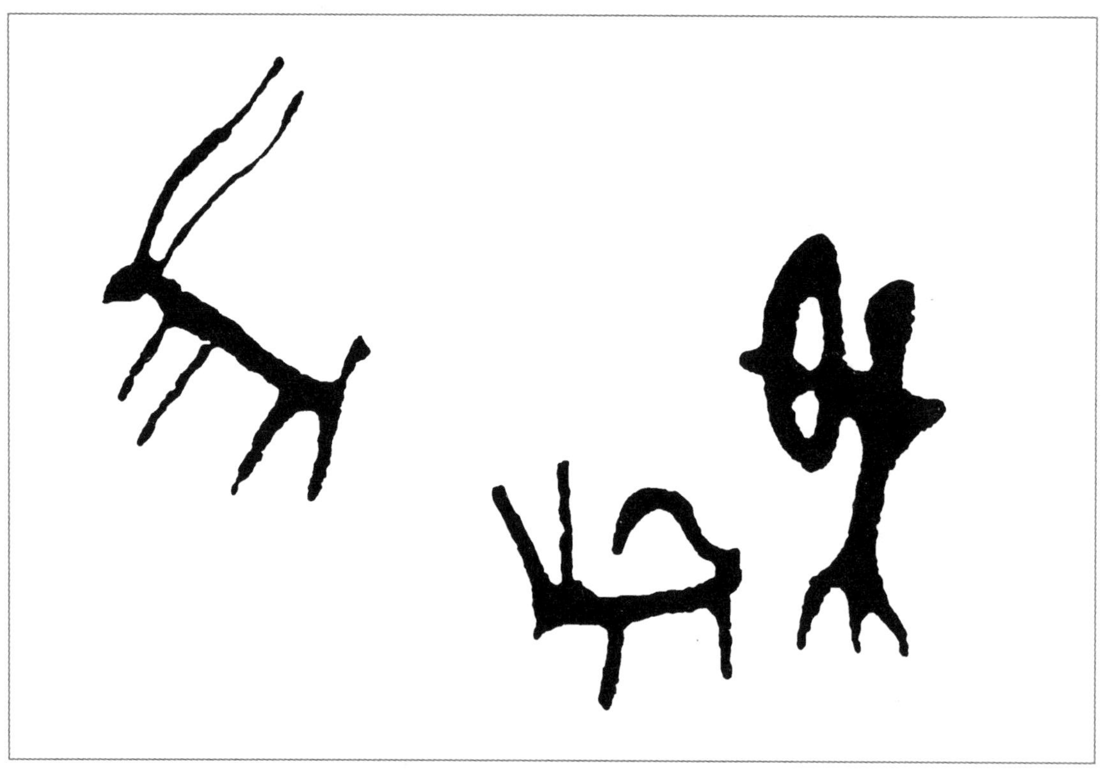

新疆富蕴县杜热乡徐云恰耳岩画

新疆富蕴县喀拉布勒根乡唐巴勒岩画

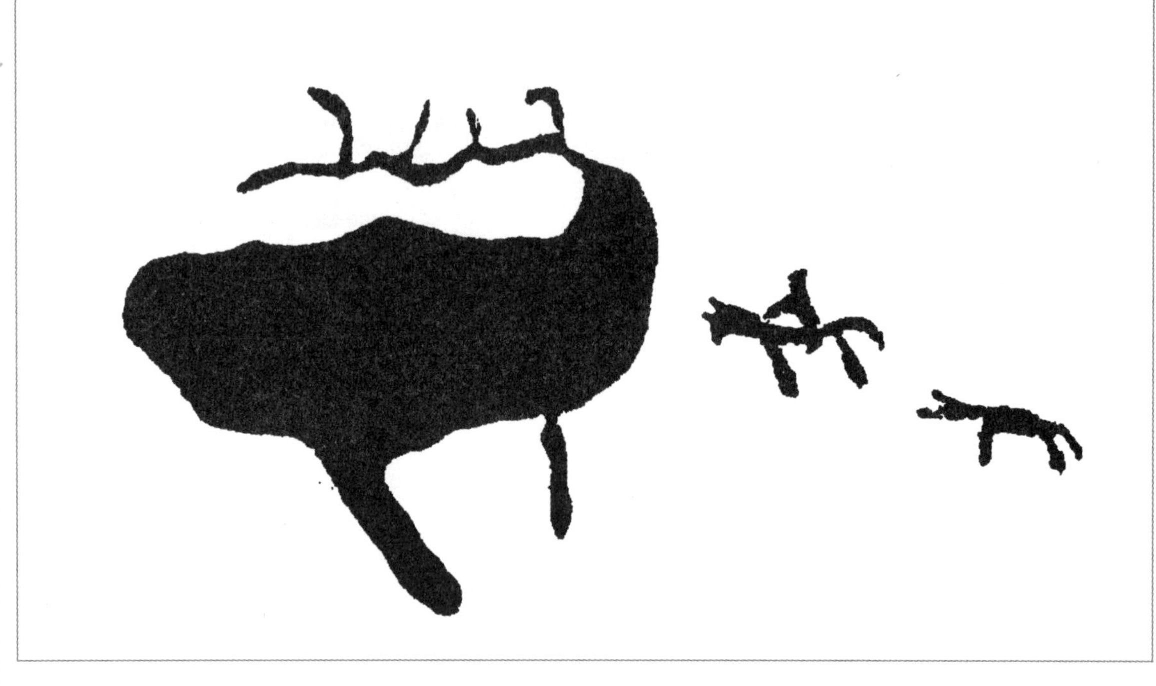

新疆富蕴县喀拉通克乡博塔毛音岩画

新疆富蕴县杜热乡迦尔肯岩画

新疆富蕴县喀拉通克乡博塔毛音岩画

新疆富蕴县喀拉通克乡徐云恰耳岩画

新疆富蕴县喀拉布勒根乡唐巴勒岩画

新疆富蕴县杜热乡徐云恰耳岩画

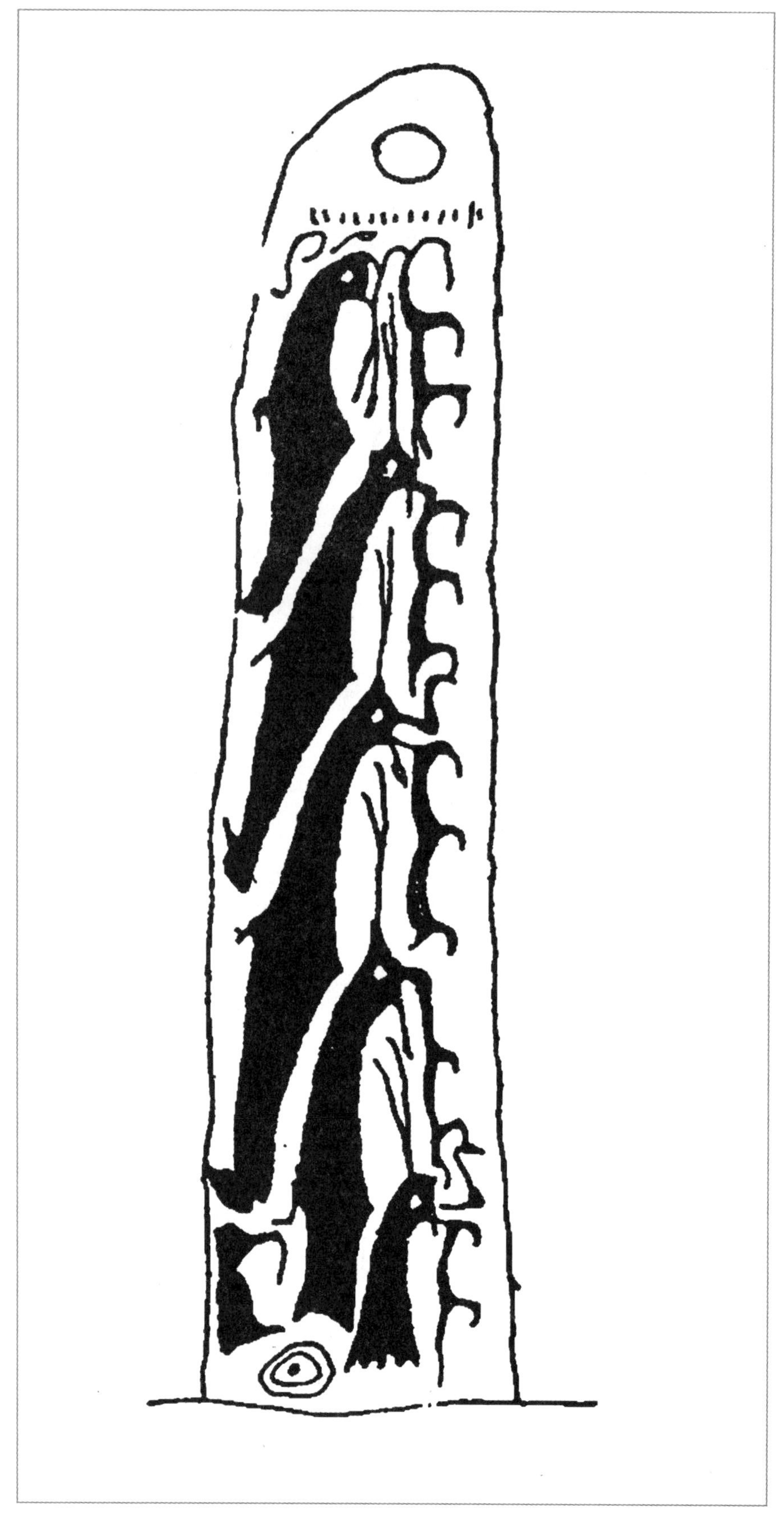

新疆富蕴县吐尔洪乡鹿石

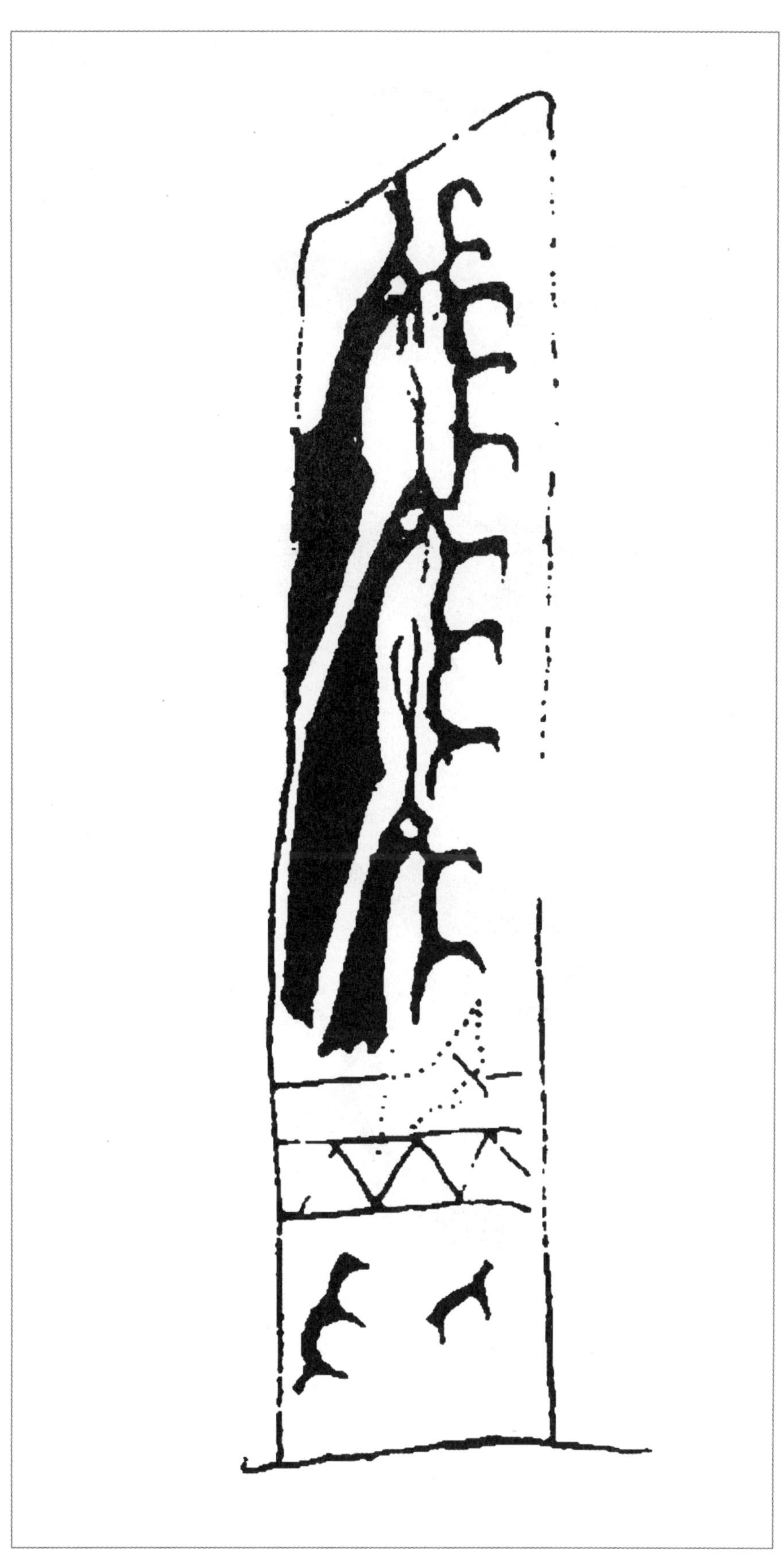

新疆富蕴县吐尔洪乡鹿石

新疆青河县头海子鹿石

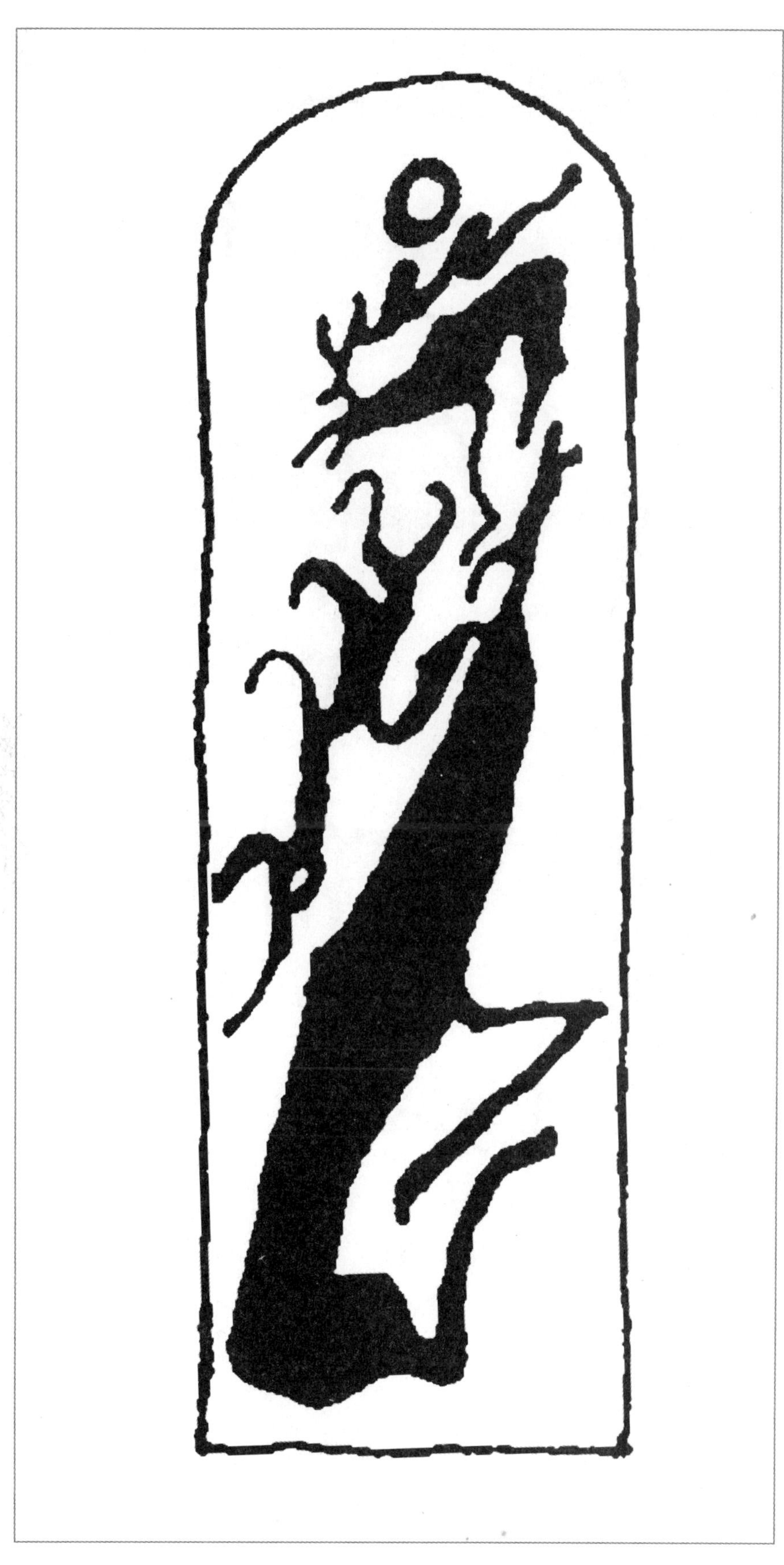

新疆青河县三海子鹿石

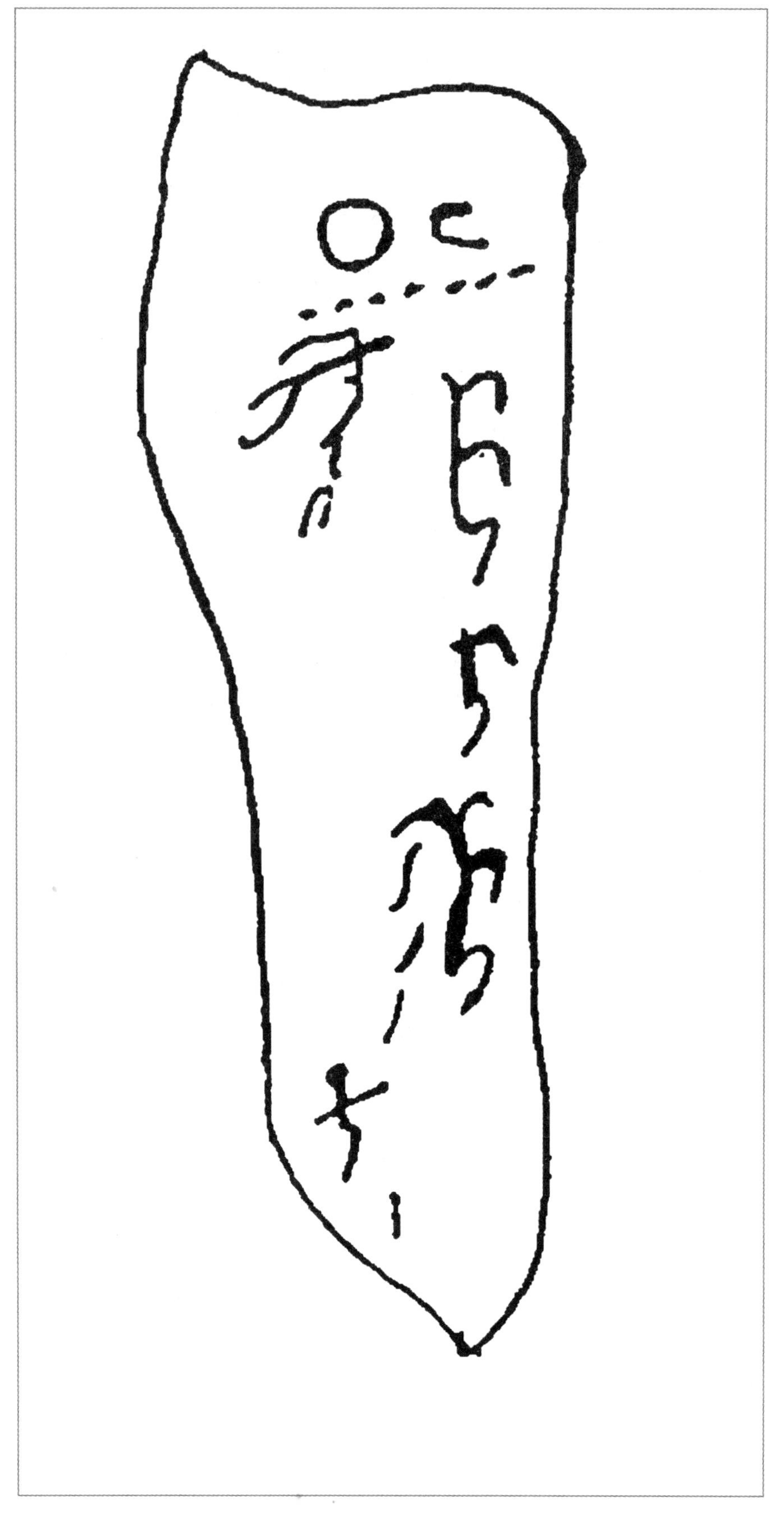

新疆青河县三海子鹿石

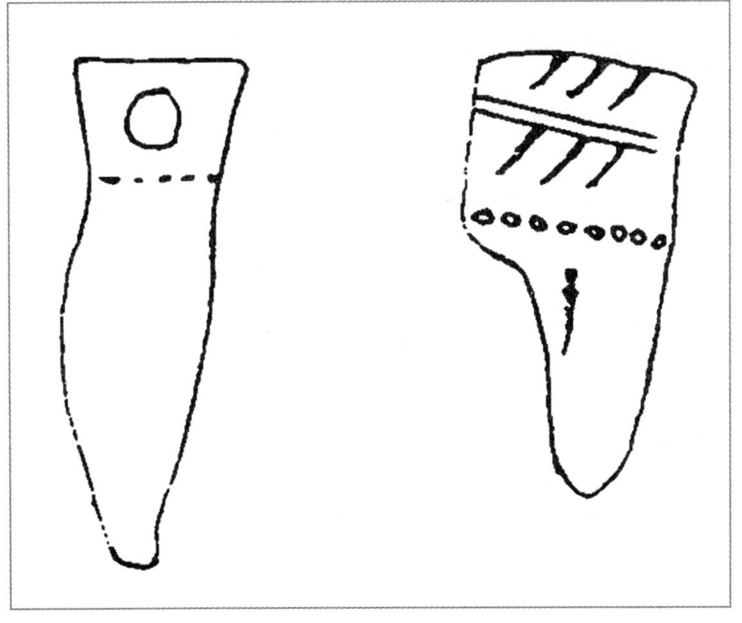

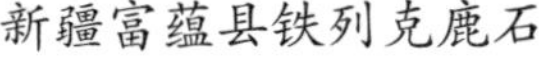

新疆富蕴县铁列克鹿石

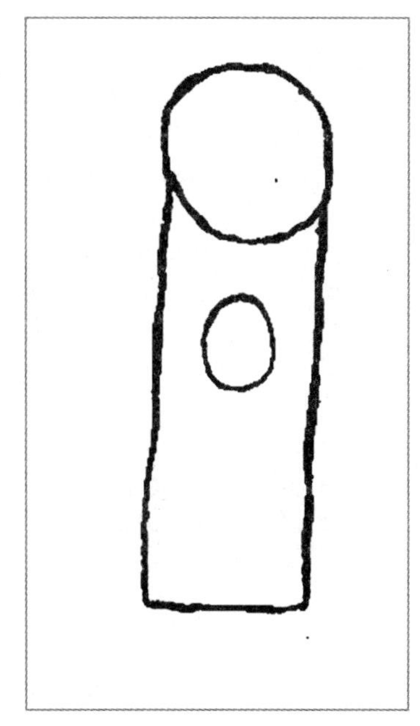

新疆富蕴县吐尔洪乡太阳石

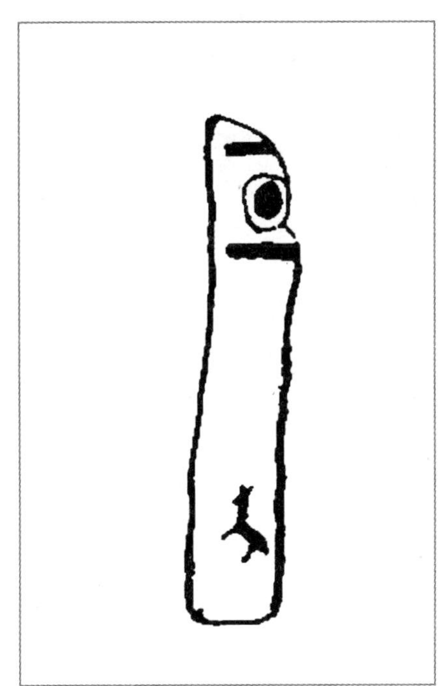

新疆青河县草原马石

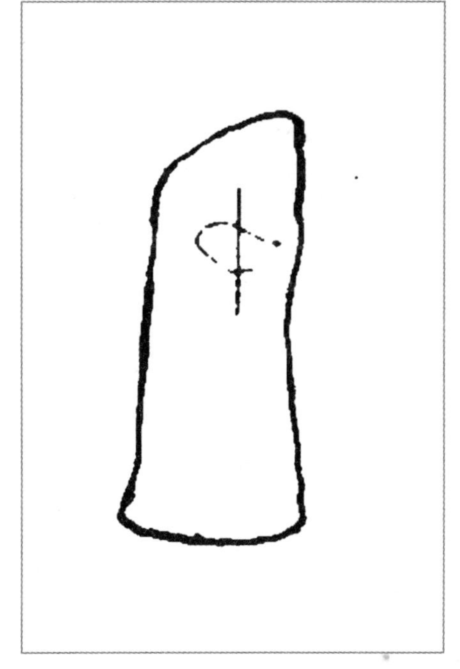

新疆吉木乃县沙吾尔山碑石

新疆阿勒泰市阿克塔斯洞窟彩绘岩画

阿勒泰市将军山岩画

阿勒泰市玉衣塔斯岩画

阿勒泰市克木齐乡玉衣塔斯岩画

阿勒泰市克木齐乡科曲塔斯岩画

阿勒泰市康布铁堡乡杜拉特岩画

阿勒泰市克木齐玉衣塔斯画

阿勒泰市康布铁堡乡杜拉特岩画

阿勒泰市蛇川岩画

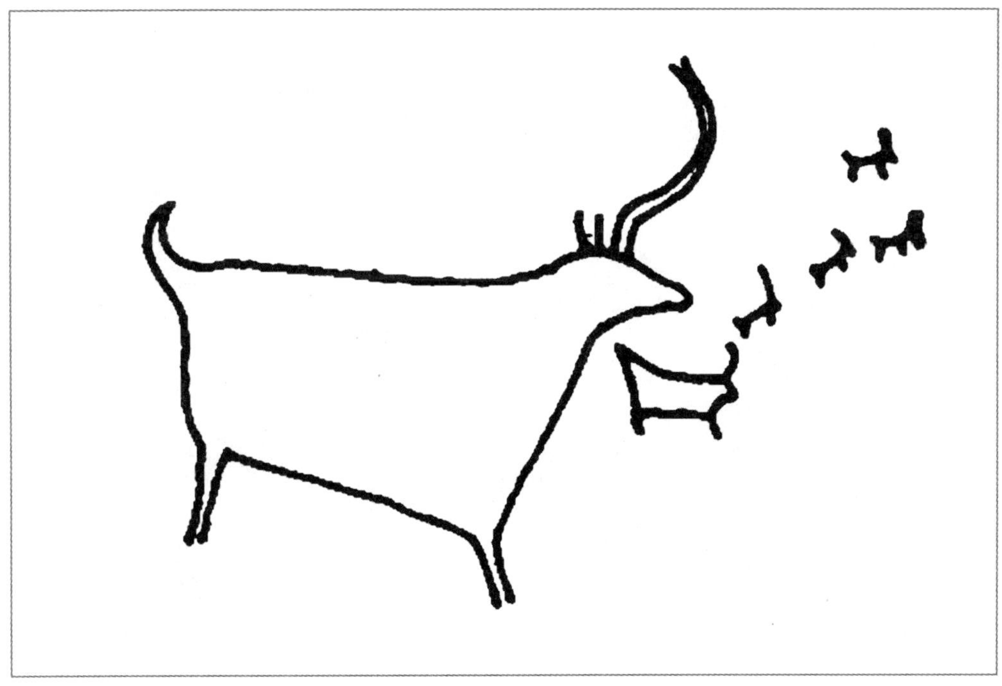

阿勒泰市康布铁堡乡岩画

阿勒泰市蛇川岩画

阿勒泰市克木齐乡科曲塔斯岩画

阿勒泰市将军山岩画

阿勒泰市康布铁堡乡杜拉特岩画

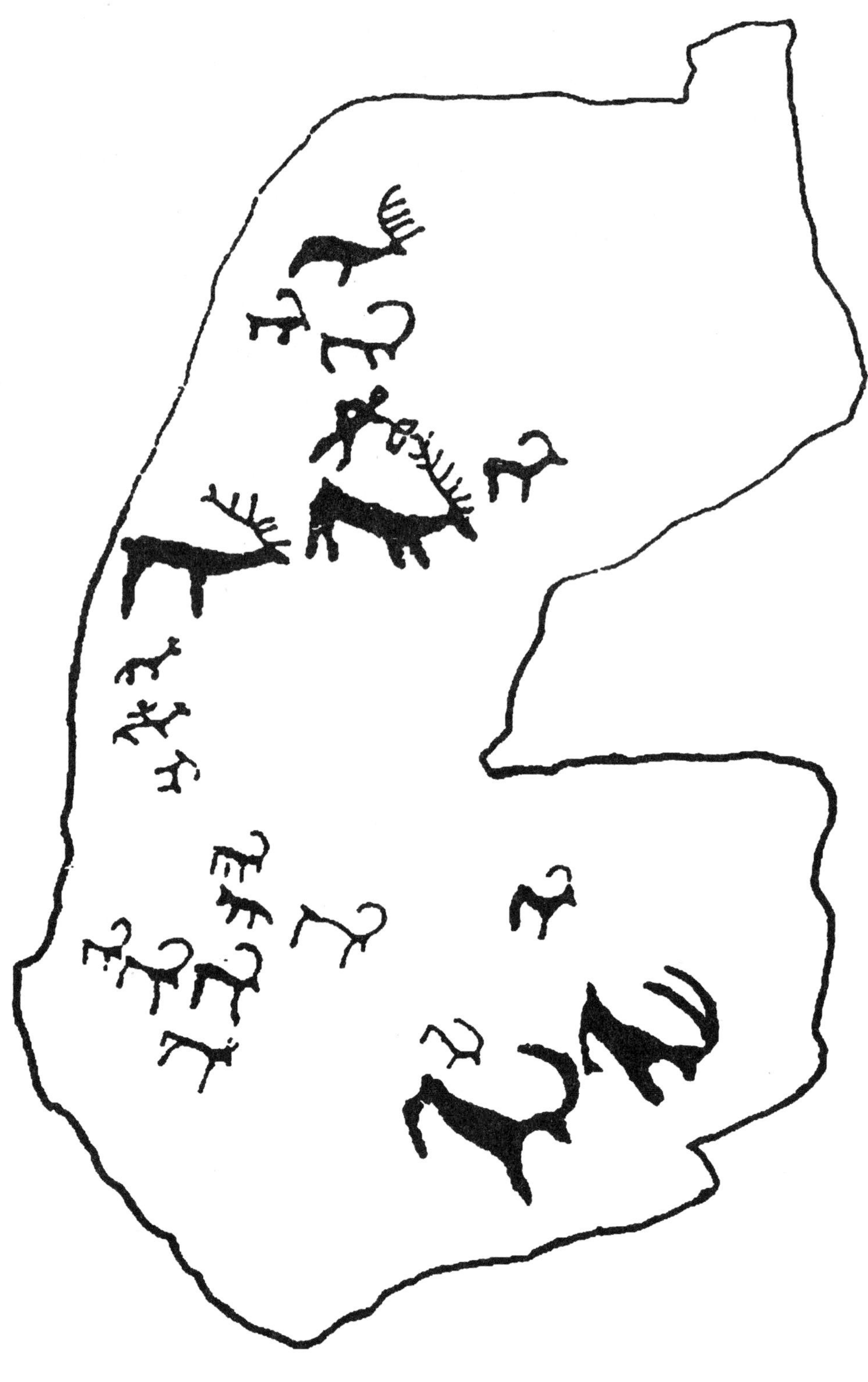

阿勒泰市克木齐乡科曲塔斯岩画

阿勒泰市康布铁堡乡杜拉特岩画

阿勒泰市克木齐乡玉衣塔斯岩画

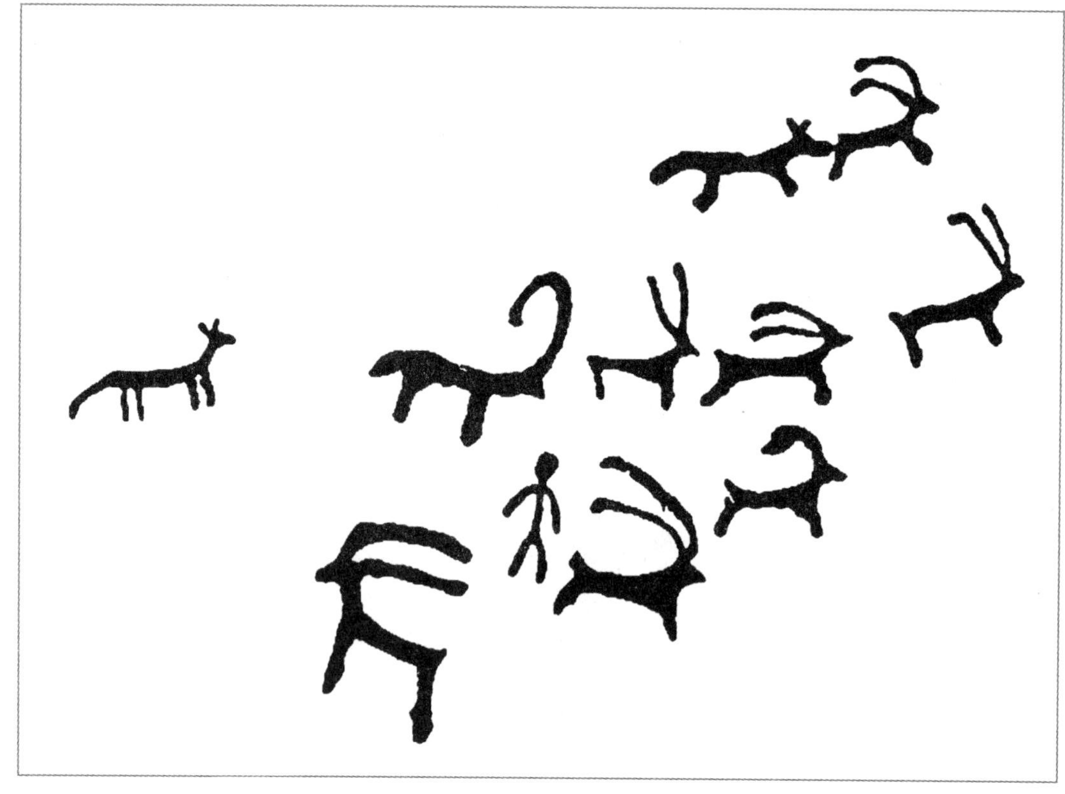

阿勒泰市康布铁堡乡杜拉特岩画

阿勒泰市将军山岩画

阿勒泰市康布铁堡乡杜拉特岩画

阿勒泰市康布铁堡乡杜拉特岩画

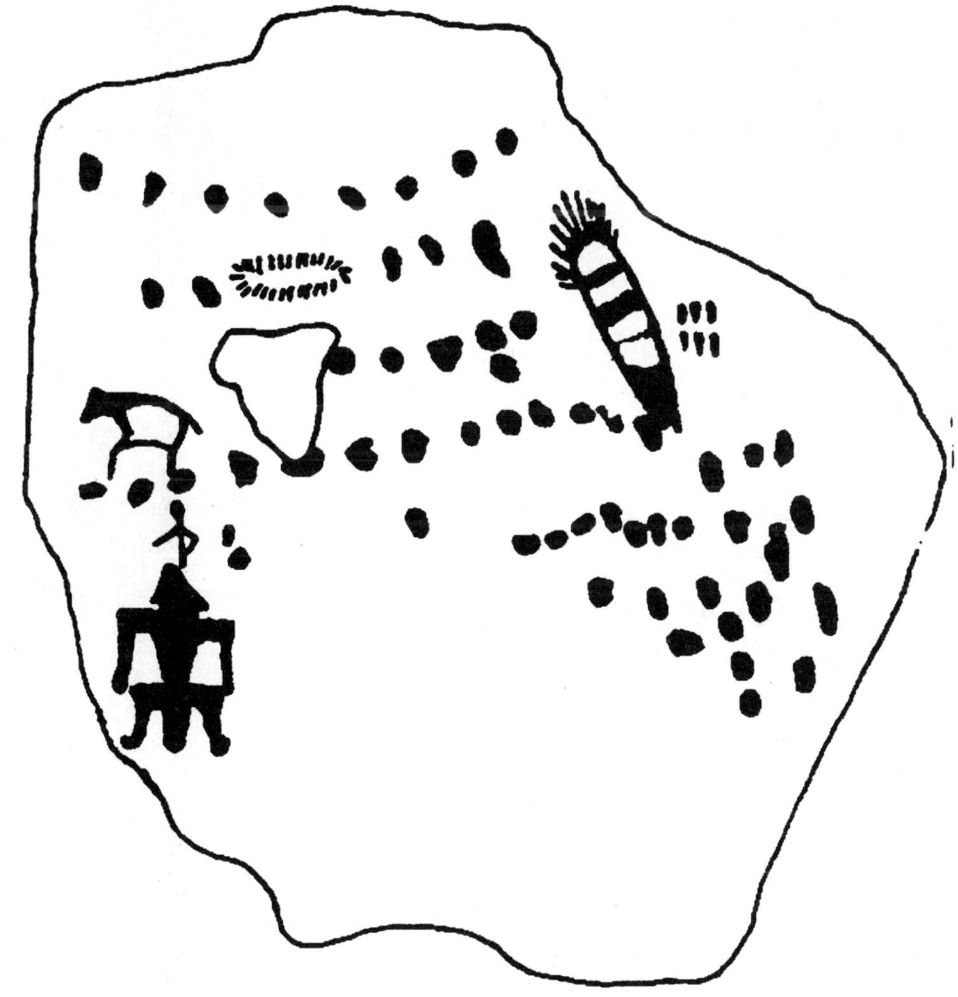

新疆哈巴河县杜阿特沟洞窟彩绘岩画

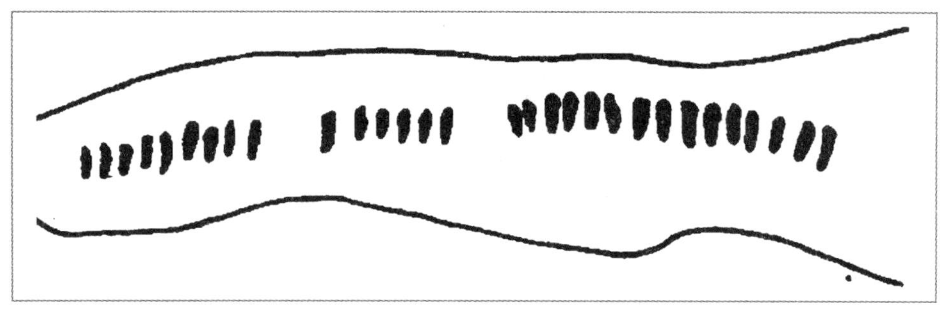

新疆哈巴河县杜阿特沟洞窟彩绘岩画

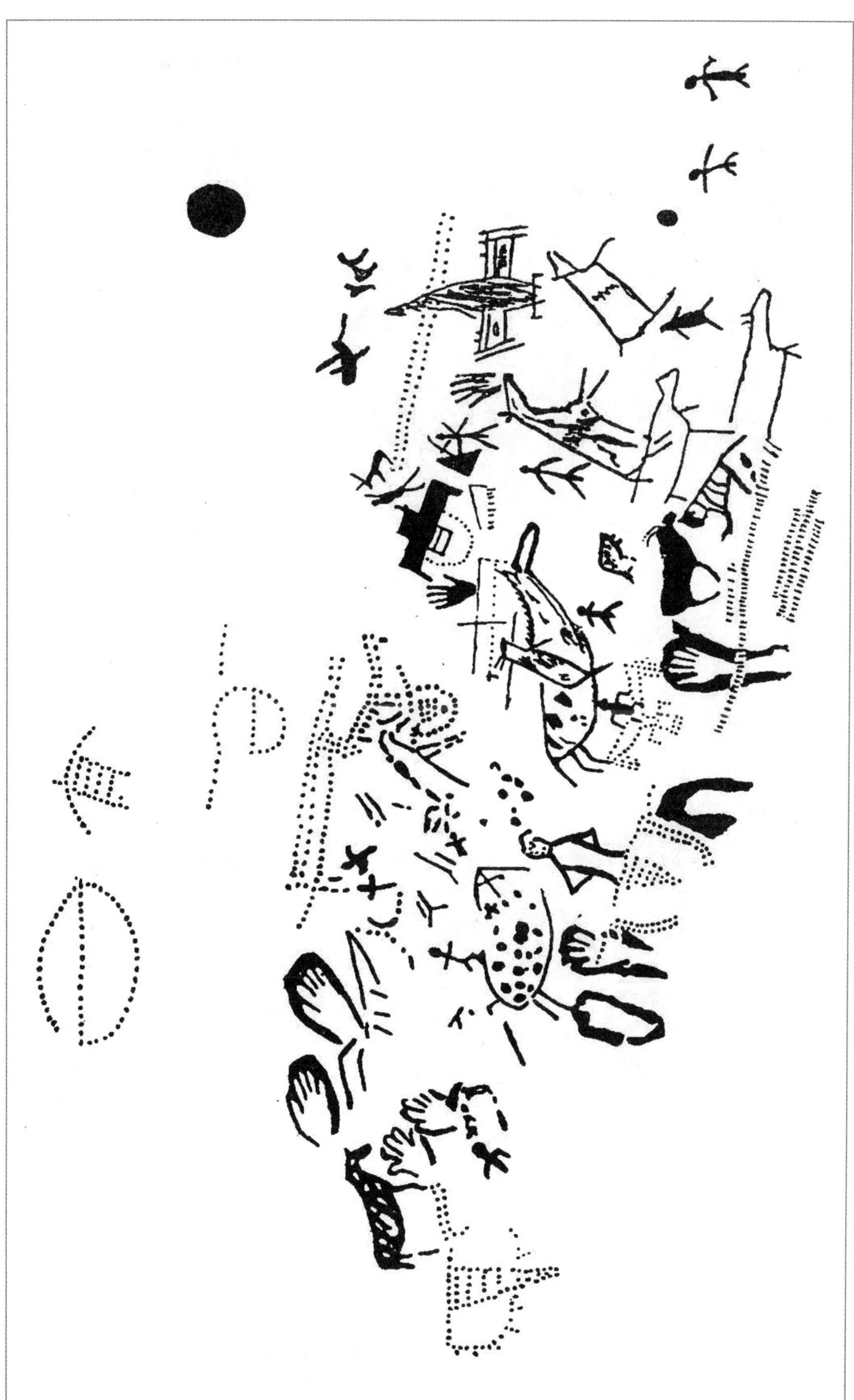

新疆哈巴河县松哈尔沟洞窟彩绘岩画

新疆哈巴河县加那阿希村岩画

新疆哈巴河县加那阿希村岩画

吉木乃县沙吾尔山卡尔麦斯干岩画

吉木乃县沙吾尔山卡尔麦斯干岩画

吉木乃县沙吾尔山卡尔麦斯干岩画

吉木乃县沙吾尔山卡尔麦斯干岩画

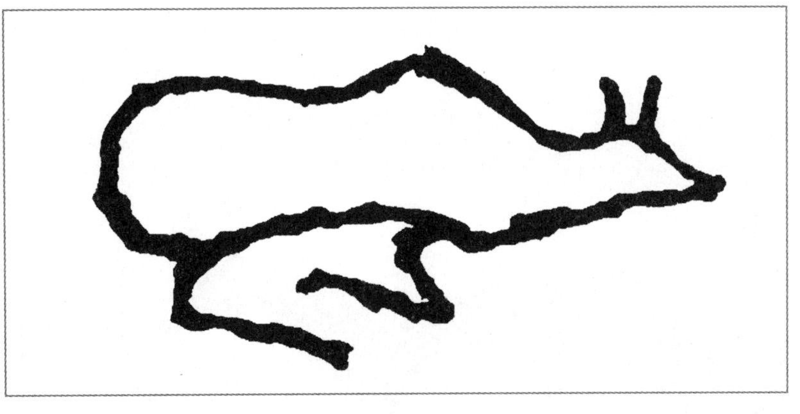

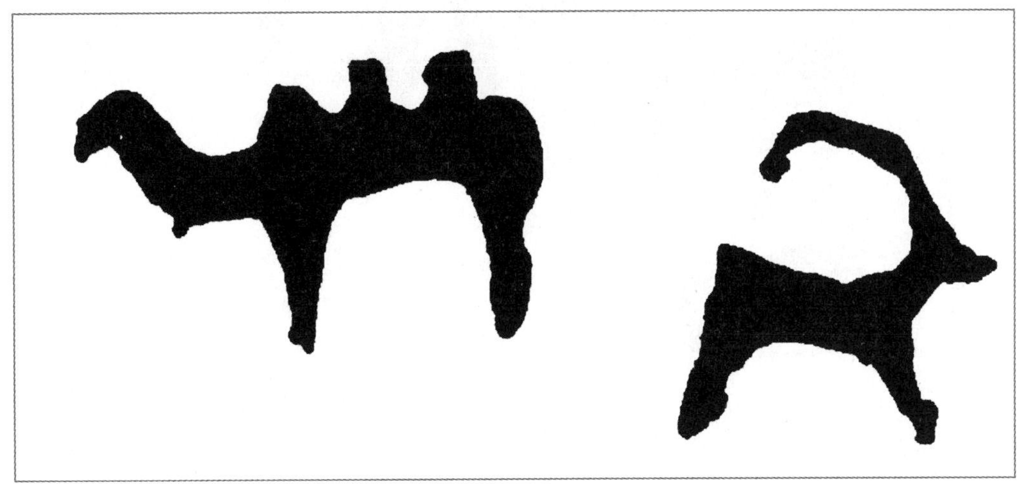

吉木乃县沙吾尔山卡尔麦斯干岩画

吉木乃县沙吾尔山卡尔麦斯干岩画

吉木乃县沙吾尔山卡尔麦斯干岩画

吉木乃县沙吾尔山卡尔麦斯干岩画

吉木乃县沙吾尔山卡尔麦斯干岩画

吉木乃县沙吾尔山卡尔麦斯干岩画

吉木乃县沙吾尔山卡尔麦斯干岩画

吉木乃县沙吾尔山卡尔麦斯干岩画

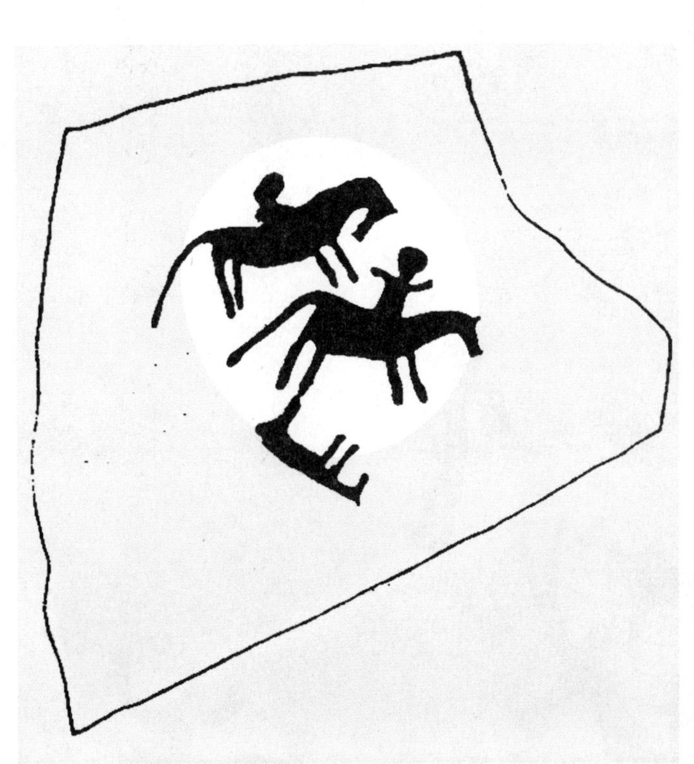

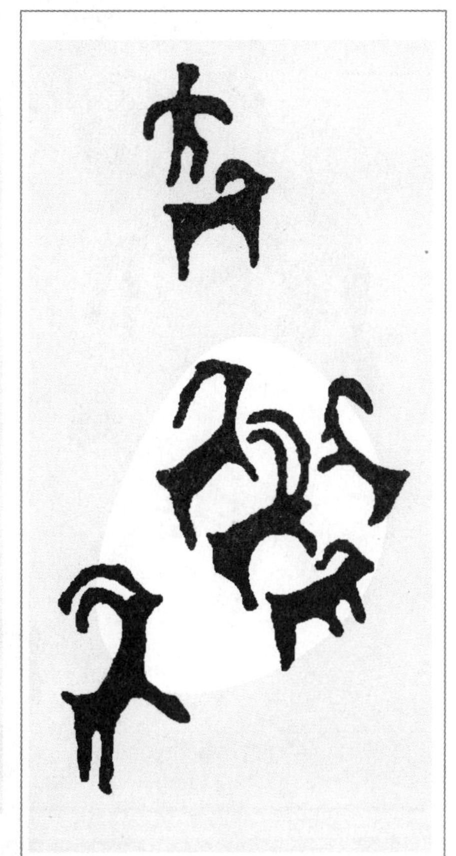

吉木乃县沙吾尔山卡尔麦斯干岩画

新疆裕民县巴尔达库尔山生殖崇拜岩画

新疆裕民县巴尔达库尔山生殖崇拜岩画

新疆裕民县巴尔达库尔山生殖崇拜岩画

新疆裕民县巴尔达库尔山生殖崇拜岩画

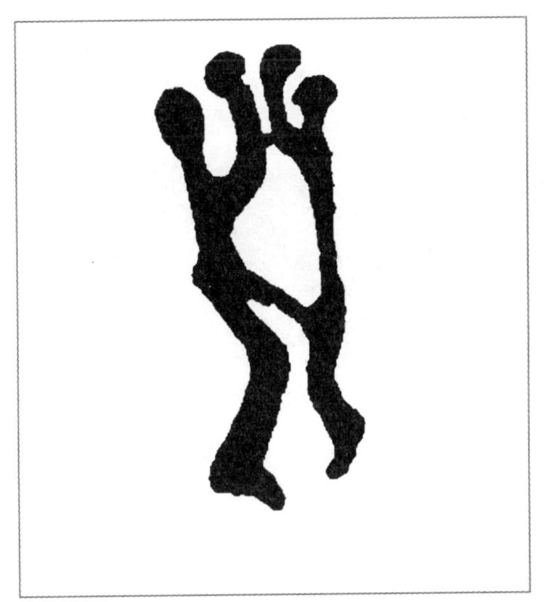

新疆裕民县 161 团 3 连岩画

新疆托里县玛依勒山喀拉曲克牧场岩画

新疆裕民县巴尔达库尔山车辆岩画

新疆裕民县巴尔达库尔山岩画

新疆裕民县巴尔达库尔山岩画

新疆裕民县巴尔达库尔山岩画

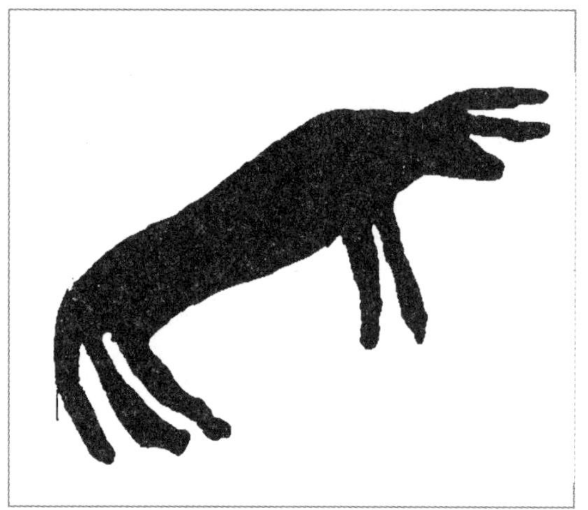

新疆裕民县巴尔达库尔山岩画

新疆裕民县巴尔达库尔山岩画

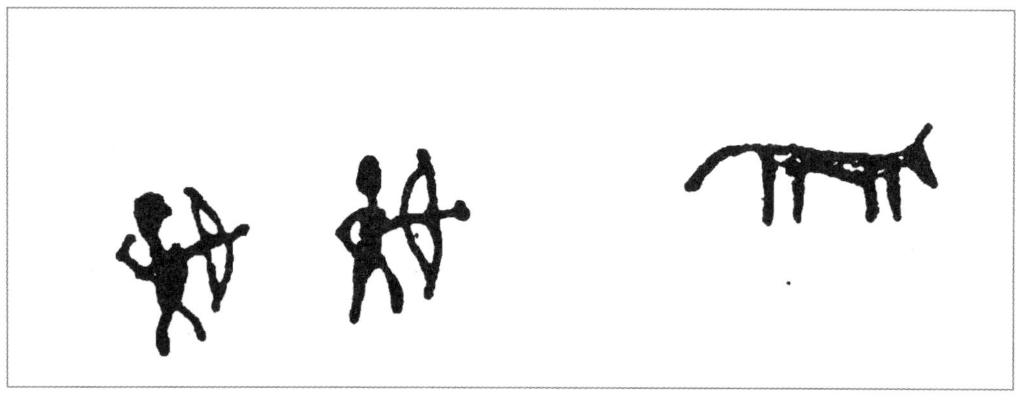

新疆裕民县巴尔达库尔山岩画

新疆裕民县巴尔达库尔山岩画

新疆裕民县巴尔达库尔山岩画

新疆裕民县巴尔达库尔山岩画

新疆裕民县巴尔达库尔山岩画

新疆裕民县巴尔达库尔山岩画

新疆裕民县巴尔达库尔山岩画

新疆裕民县巴尔达库尔山岩画

新疆裕民县巴尔达库尔山岩画

新疆裕民县巴尔达库尔山岩画

新疆裕民县巴尔达库尔山岩画

新疆裕民县 161 团 1 营 3 连(乌什德特沟)岩画

新疆裕民县巴尔达库尔山岩画

新疆托里县喀拉曲克牧场岩画

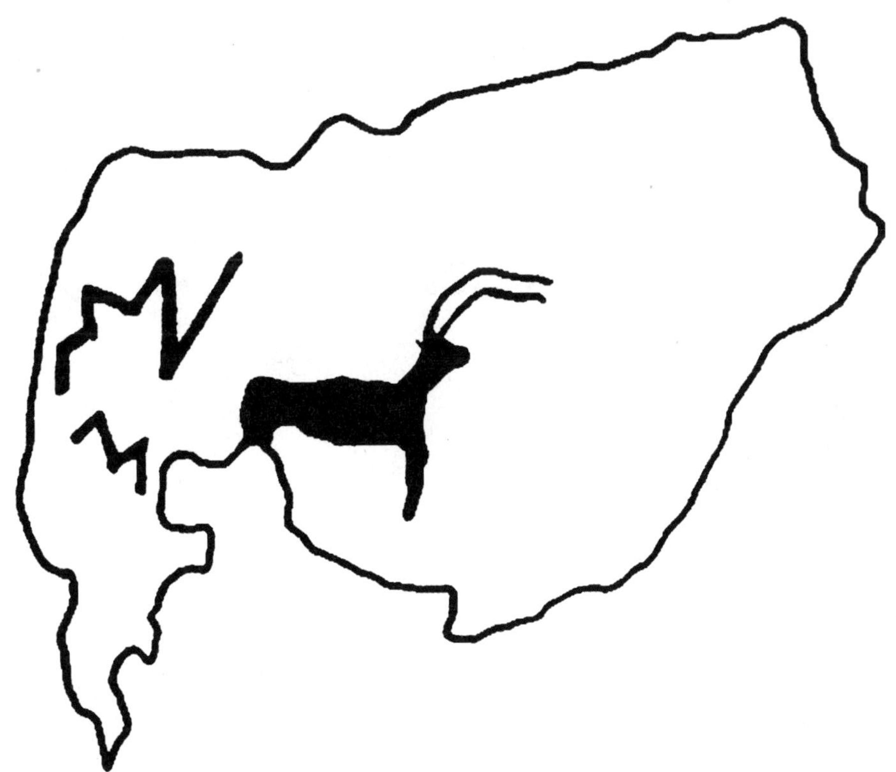

新疆托里县玛依勒山喀拉曲克牧场岩画

新疆托里县玛依勒山喀拉曲克牧场岩画

新疆托里县喀拉曲克牧场岩画

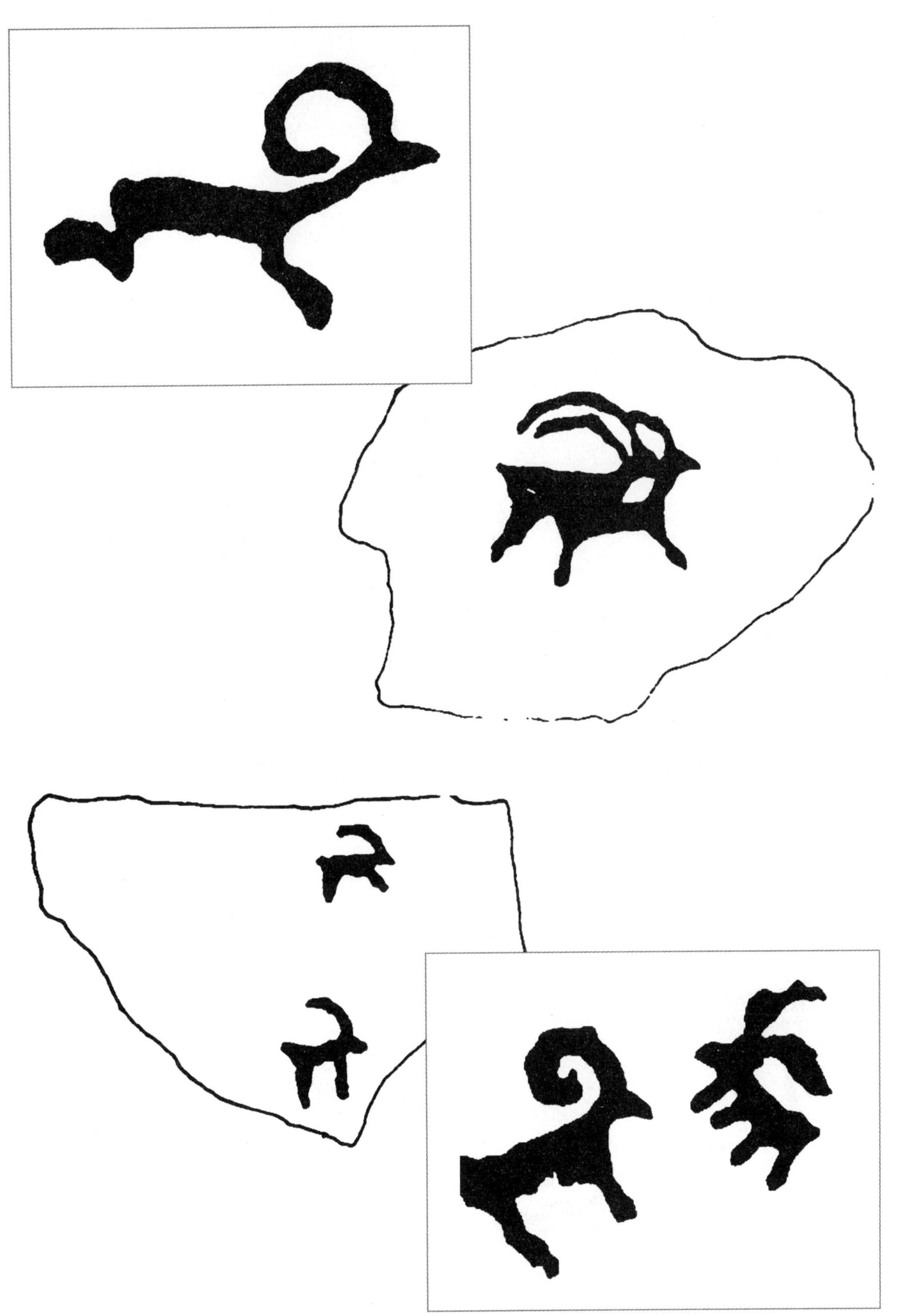

新疆巴尔鲁克山冬牧场哈因沟岩画

新疆巴尔鲁克山冬牧场哈因沟岩画

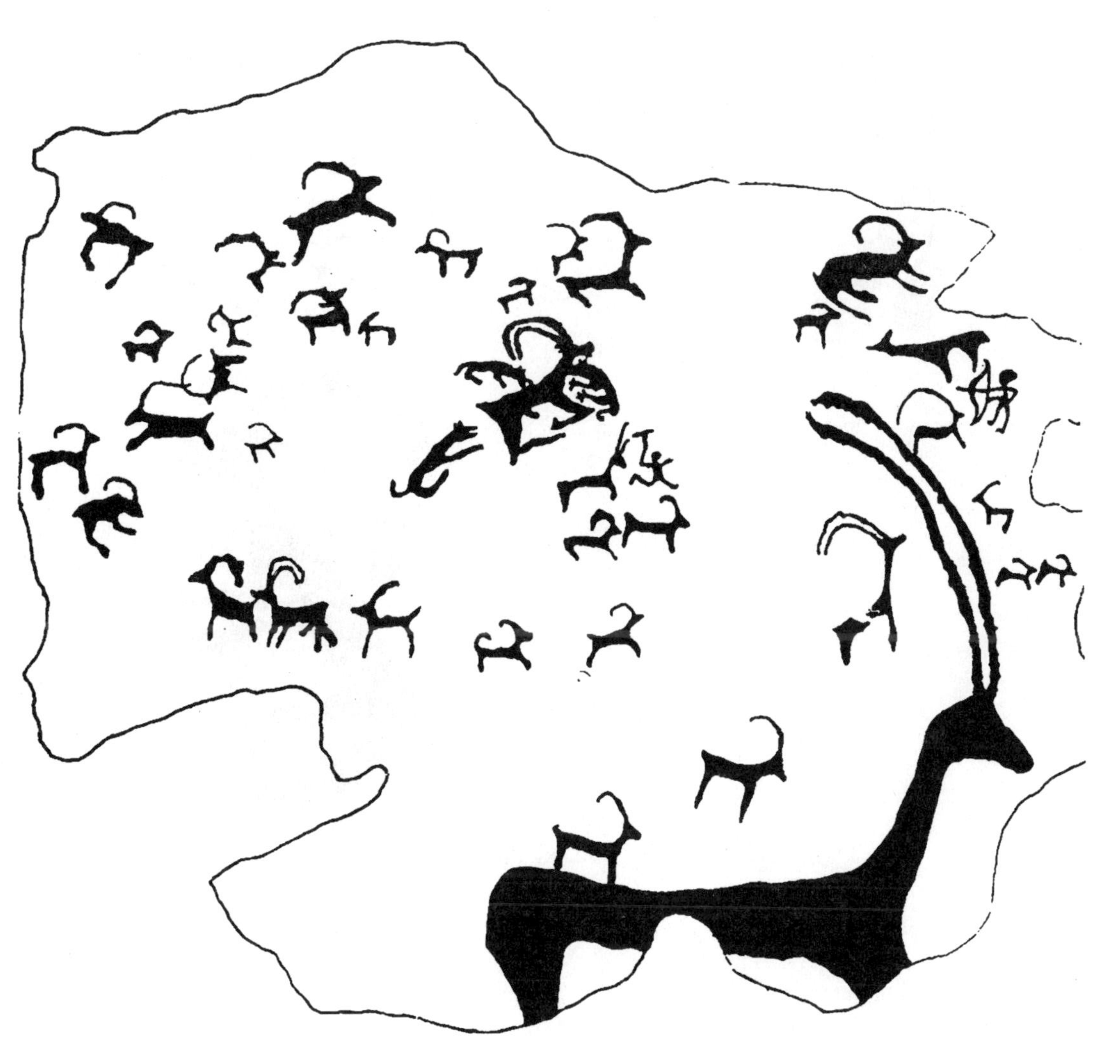

新疆托里县玛依勒山喀拉曲克牧场司马衣勒冬牧场岩画

新疆巴尔鲁克山冬牧场哈因沟岩画

新疆托里县喀拉曲克牧场岩画

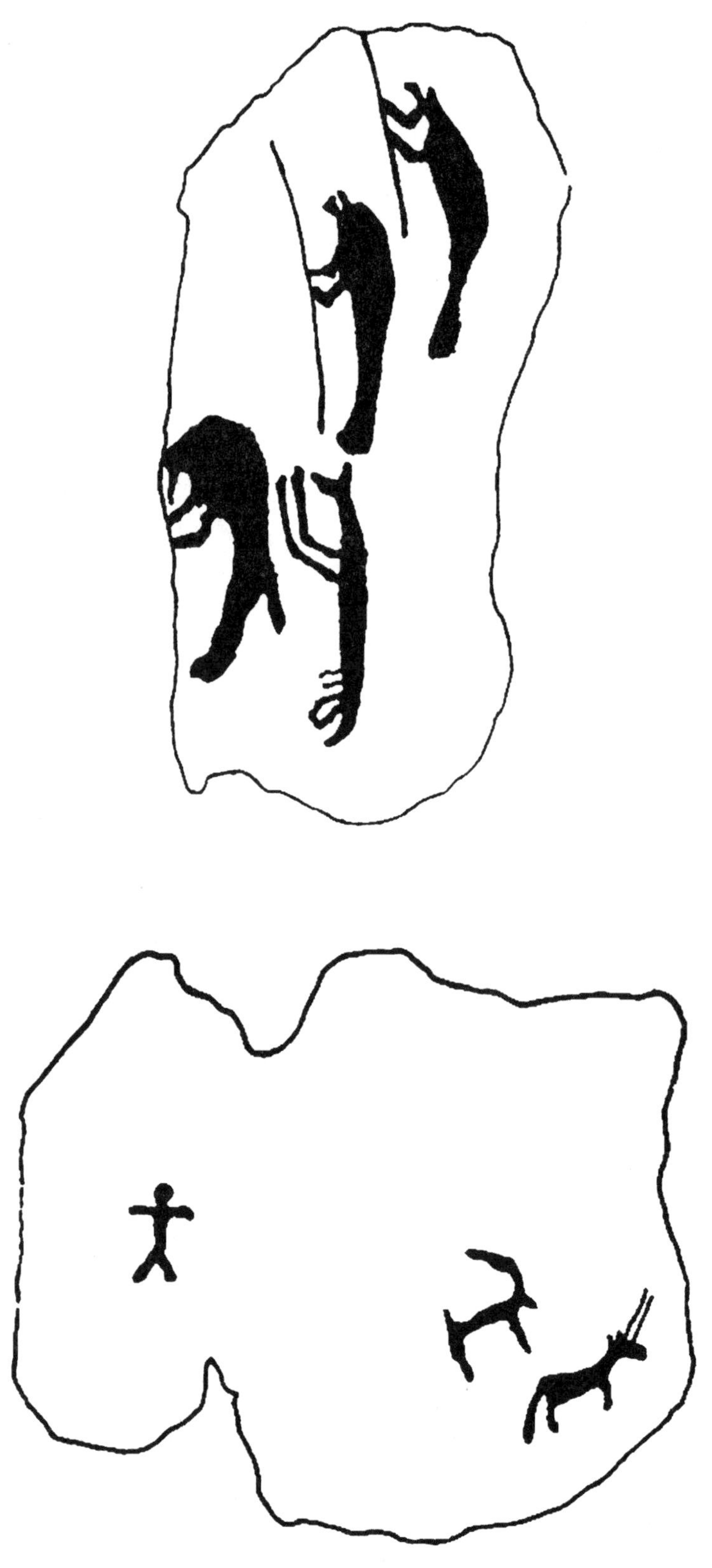

新疆托里县喀拉曲克牧场岩画

新疆托里县喀拉曲克牧场岩画

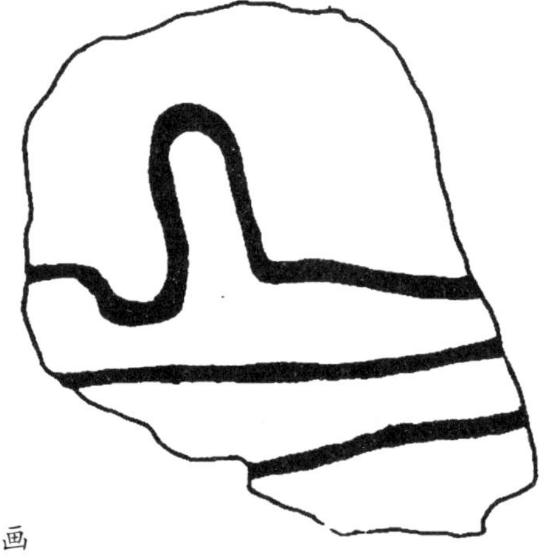

新疆托里县喀拉曲克牧场岩画

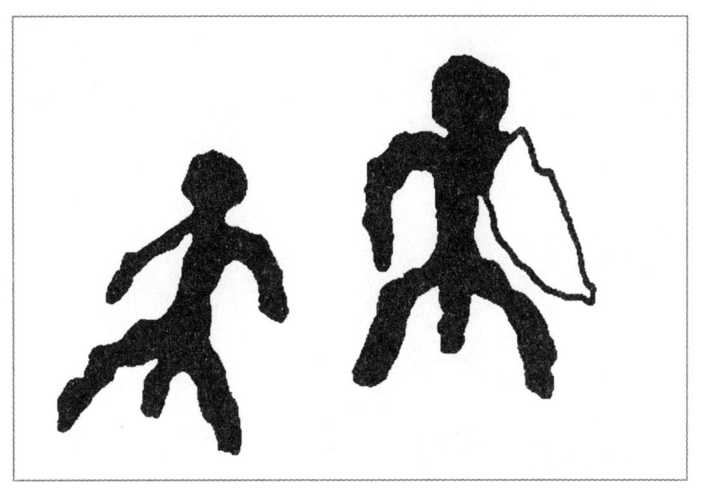

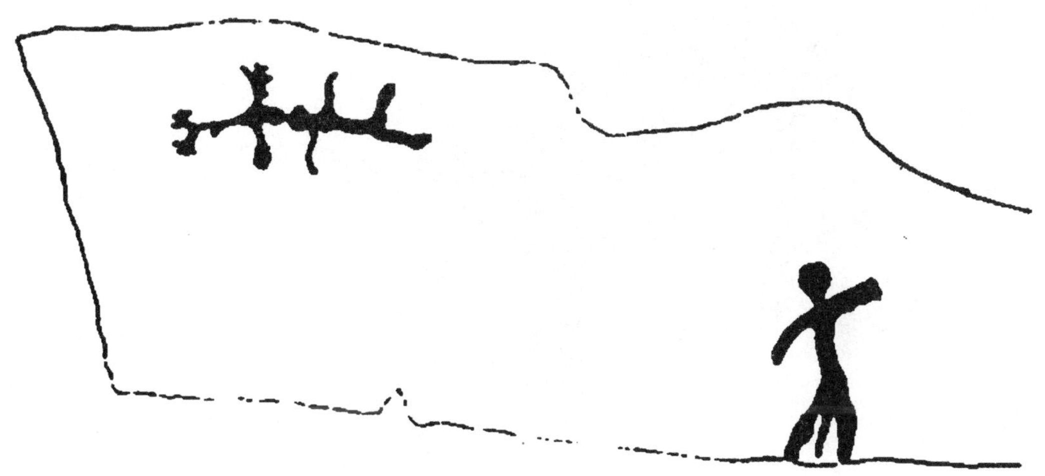

新疆托里县喀拉曲克牧场岩画

新疆巴尔鲁克山冬牧场哈因沟岩画

新疆巴尔鲁克山冬牧场哈因沟岩画

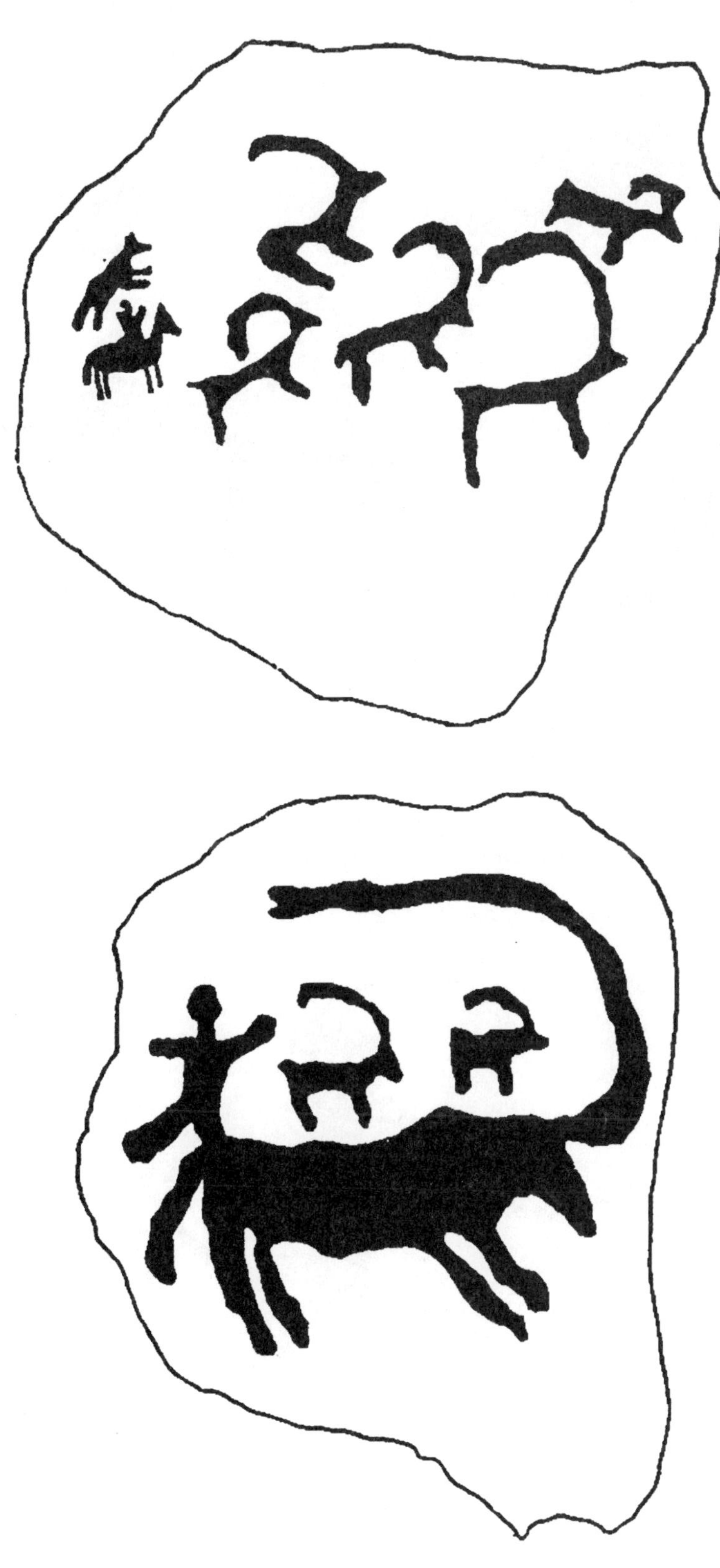

新疆巴尔鲁克山冬牧场哈因沟岩画

新疆托里县喀拉曲克牧场岩画

新疆巴尔鲁克山冬牧场哈因沟岩画

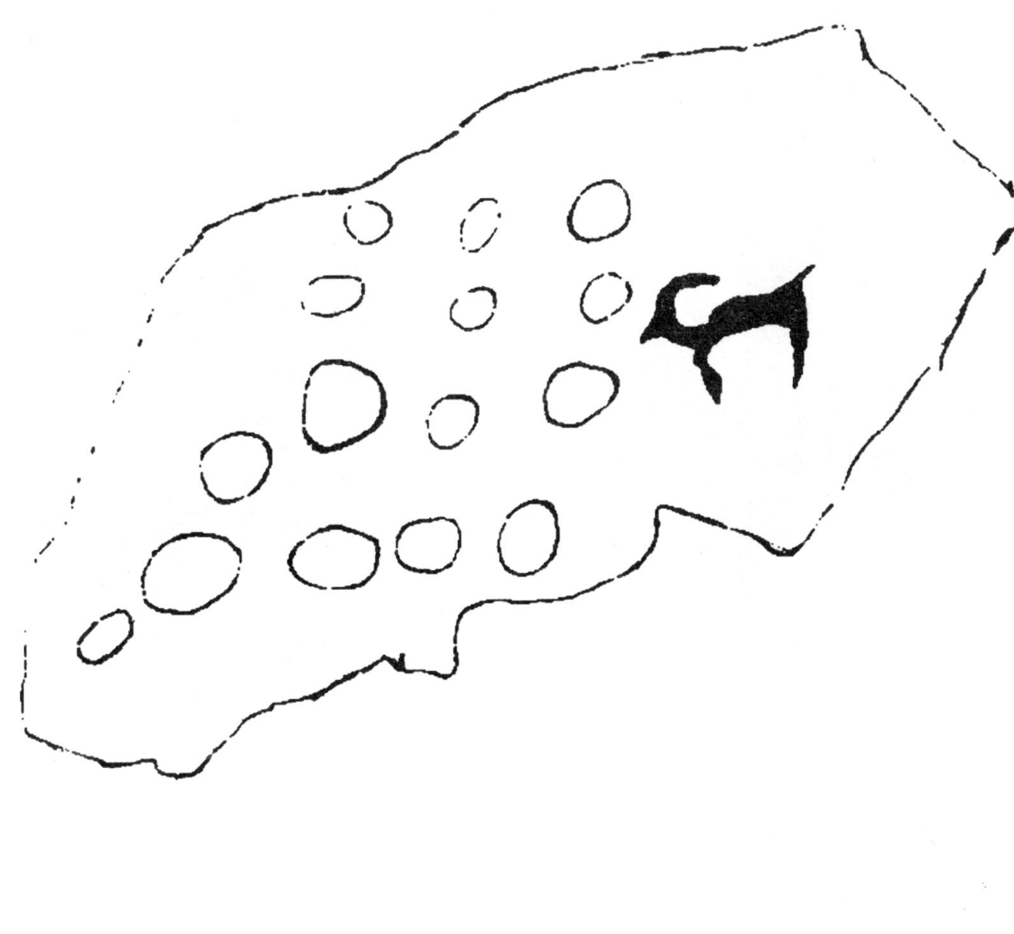

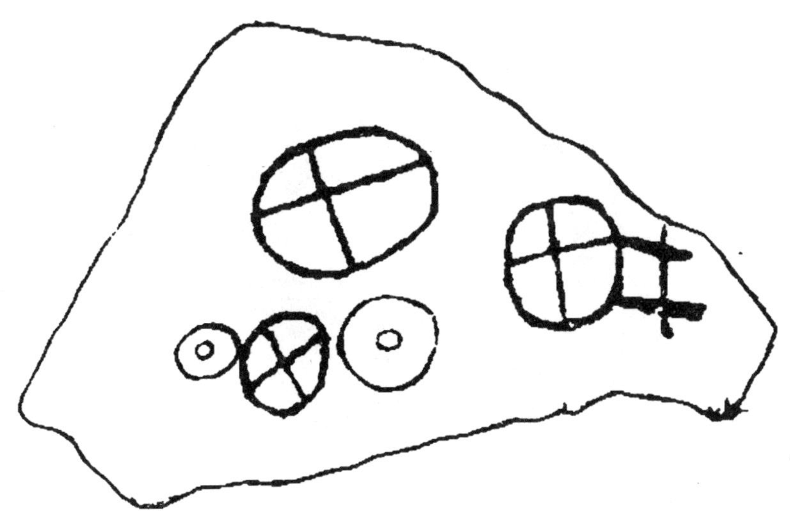

新疆巴尔鲁克山冬牧场哈因沟岩画

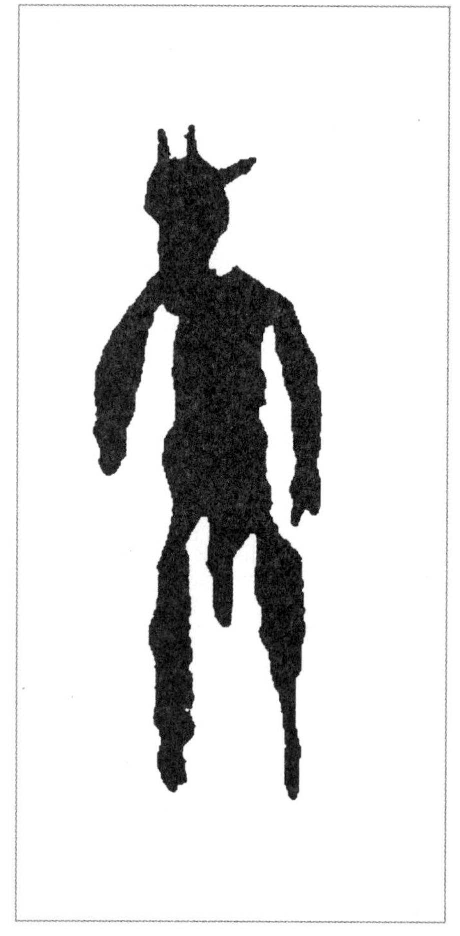

新疆托里县玛依勒山唐巴勒霍拉岩画

新疆托里县玛依勒山唐巴勒霍拉岩画

新疆托里县玛依勒山唐巴勒霍拉岩画

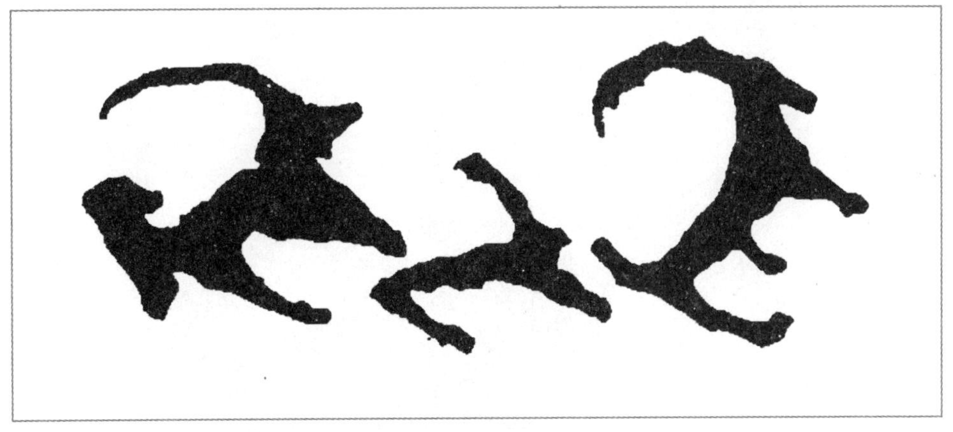

新疆托里县玛依勒山唐巴勒霍拉岩画

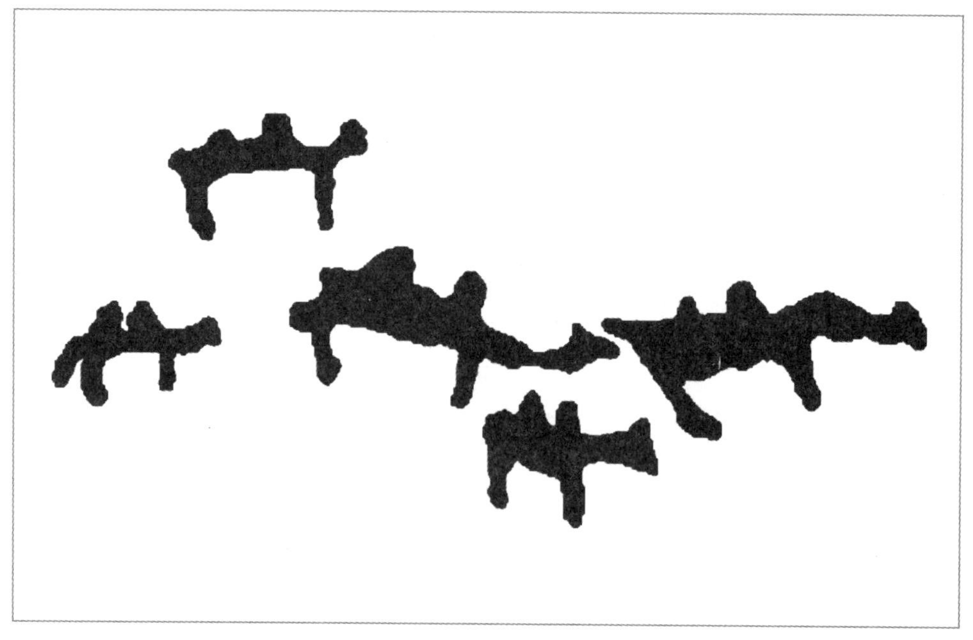

新疆托里县玛依勒山唐巴勒霍拉岩画

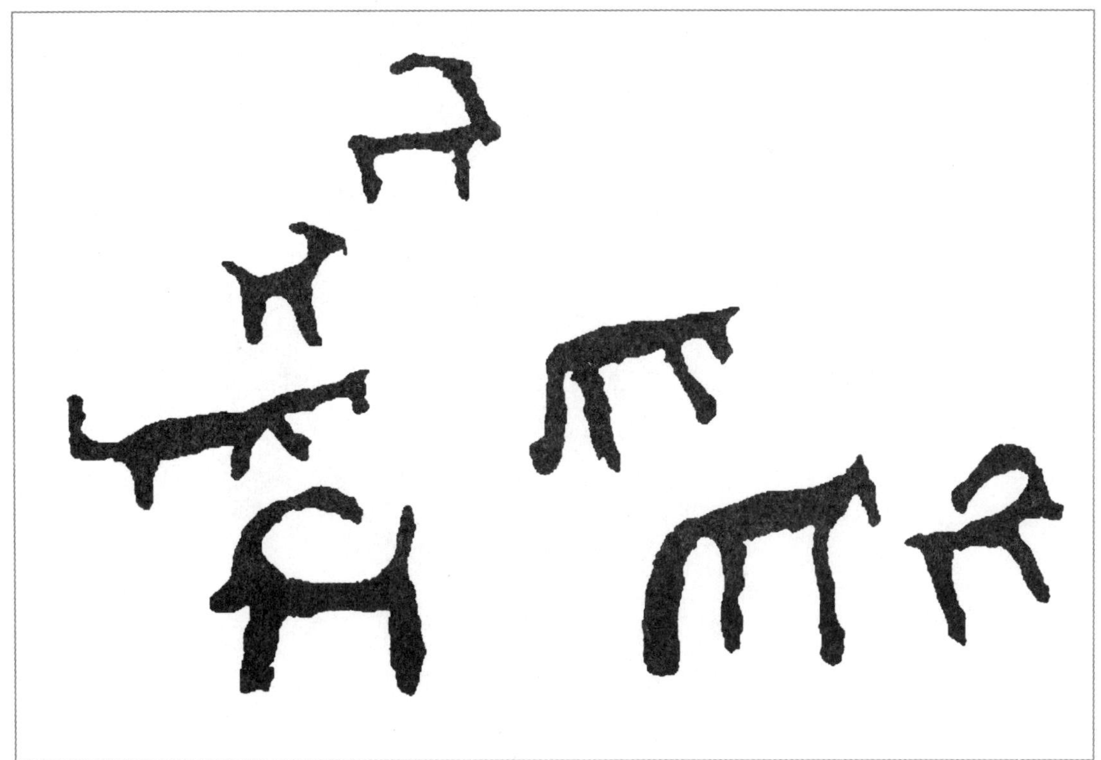

新疆托里县玛依勒山唐巴勒霍拉岩画

新疆托里县玛依勒山唐巴勒霍拉岩画

新疆托里县玛依勒山唐巴勒霍拉岩画

新疆托里县玛依勒山唐巴勒霍拉岩画

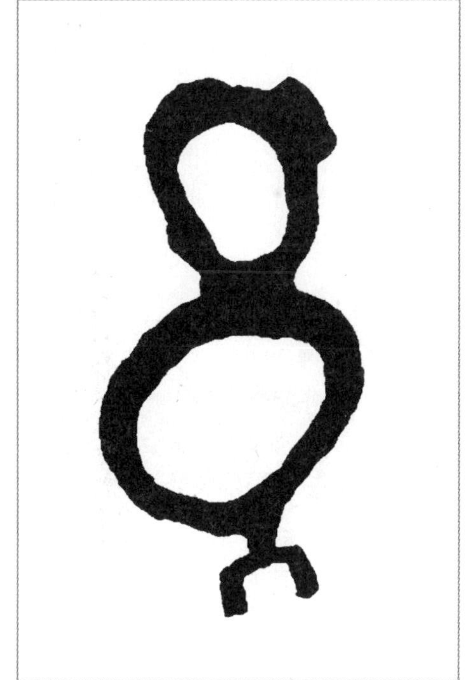

新疆托里县玛依勒山唐巴勒霍拉岩画

伊吾县吐葫芦乡科托果勒岩画

伊吾县吐葫芦乡科托果勒岩画

伊吾县前山乡乌勒盖岩画

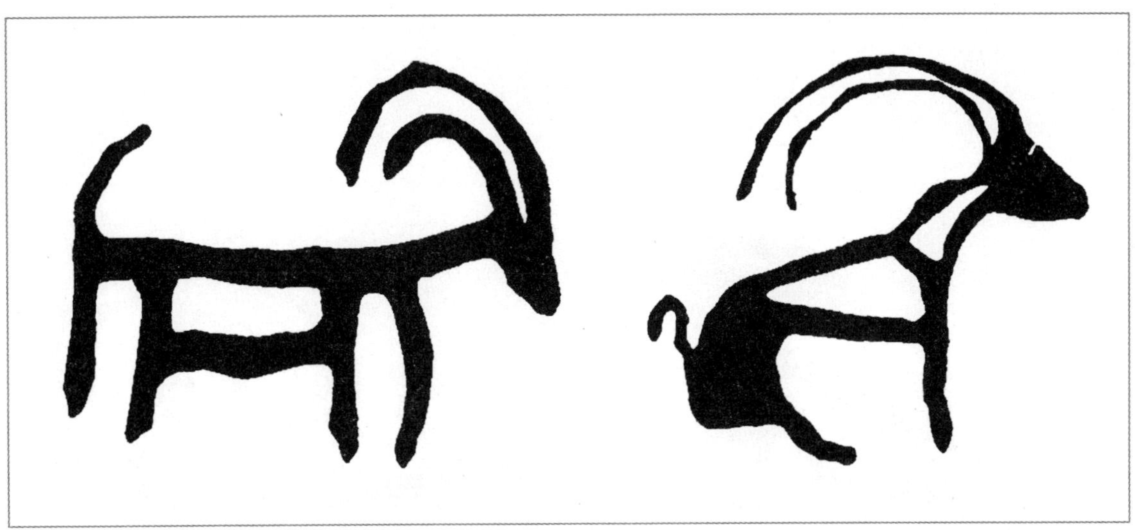

伊吾县吐葫芦乡白杨沟岩画

伊吾县前山乡乌勒盖岩画

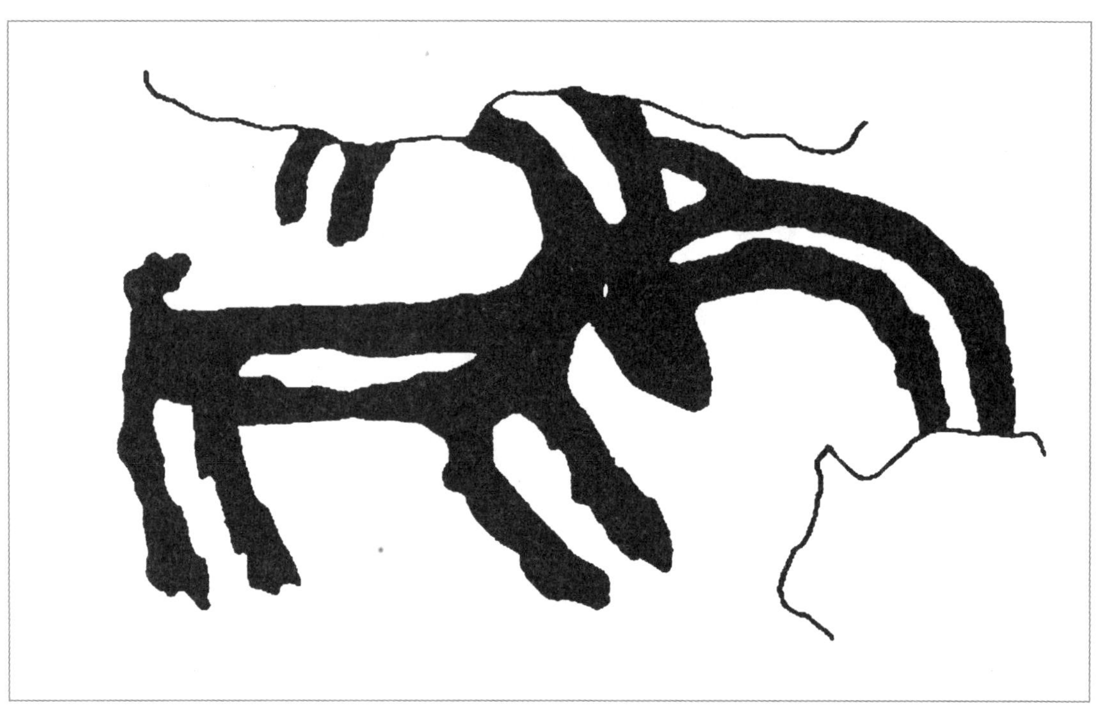

伊吾县前山乡乌勒盖岩画

伊吾县前山乡乌勒盖岩画

伊吾县吐葫芦乡骆驼石岩画

伊吾县吐葫芦乡骆驼石岩画

伊吾县吐葫芦乡科托果勒岩画

伊吾县盐池乡卡塔布齐岩画

伊吾县吐葫芦乡白杨沟岩画

伊吾县前山乡乌勒盖岩画

伊吾县吐葫芦乡科托果勒岩画

伊吾县吐葫芦乡科托果勒岩画

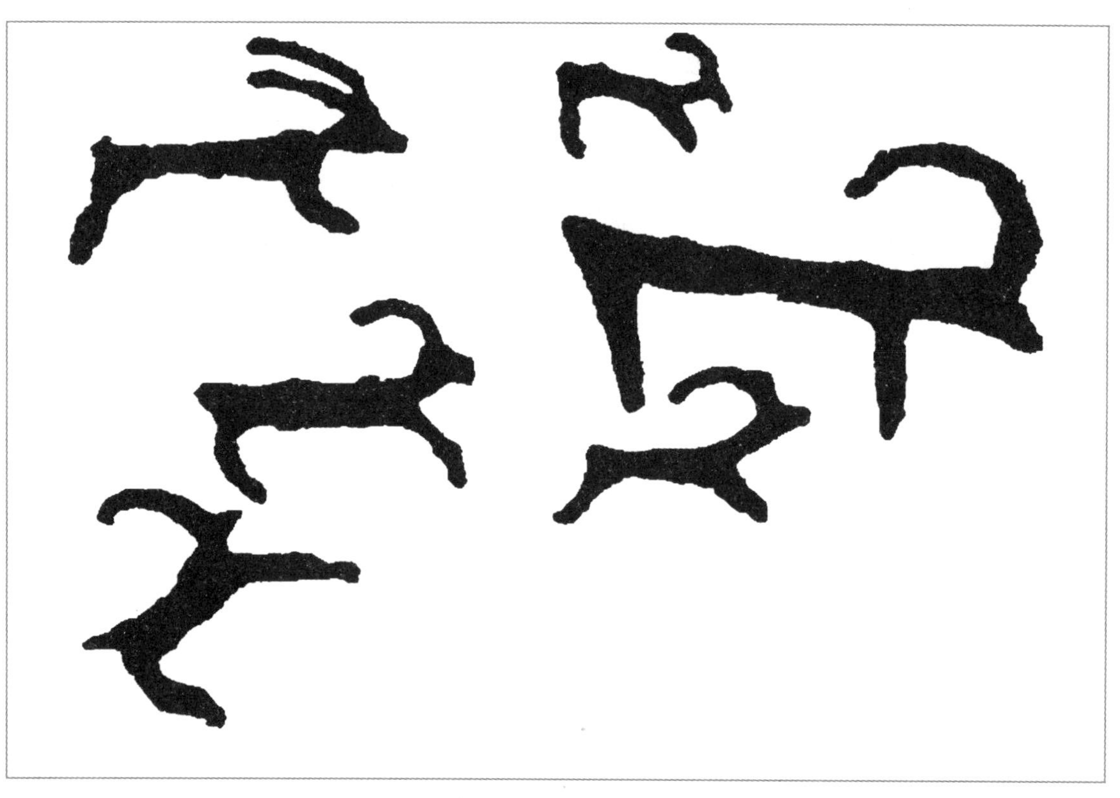

伊吾县前山乡乌勒盖岩画

伊吾县盐池乡卡塔布齐岩画

伊吾县吐葫芦乡骆驼石岩画

伊吾县吐葫芦乡科托果勒岩画

伊吾县前山乡乌勒盖岩画

伊吾县前山乡乌勒盖岩画

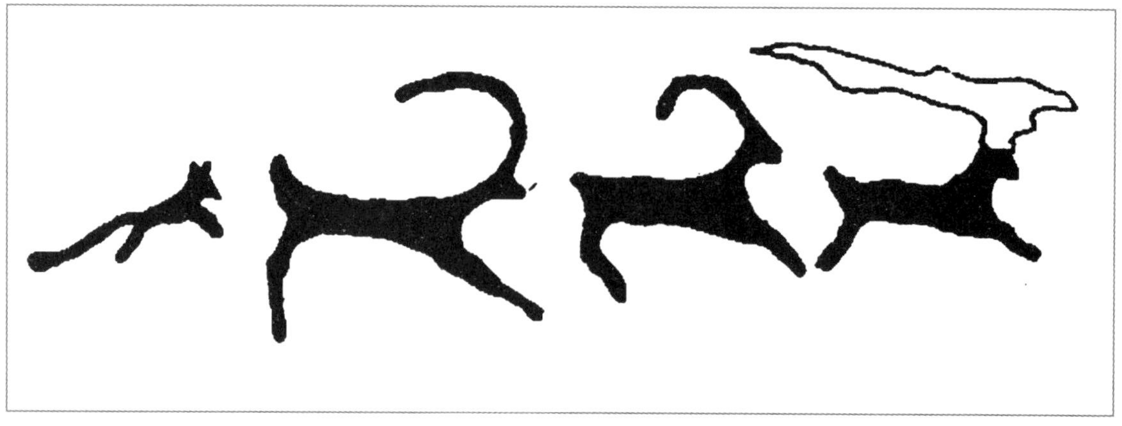

伊吾县吐葫芦乡骆驼石岩画

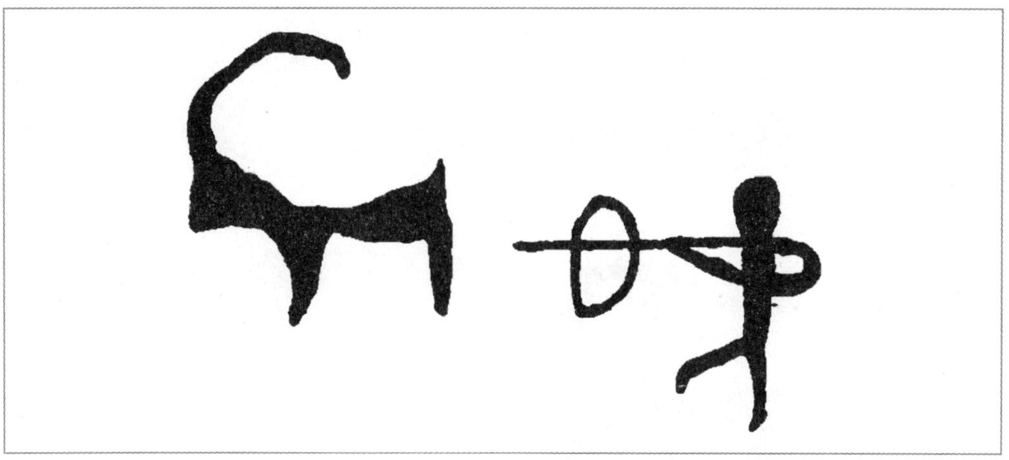

伊吾县盐池乡卡塔布齐岩画

伊吾县吐葫芦乡白杨沟岩画

伊吾县吐葫芦乡科托果勒岩画

伊吾县吐葫芦乡白杨沟岩画

伊吾县前山乡乌勒盖岩画

伊吾县前山乡乌勒盖岩画

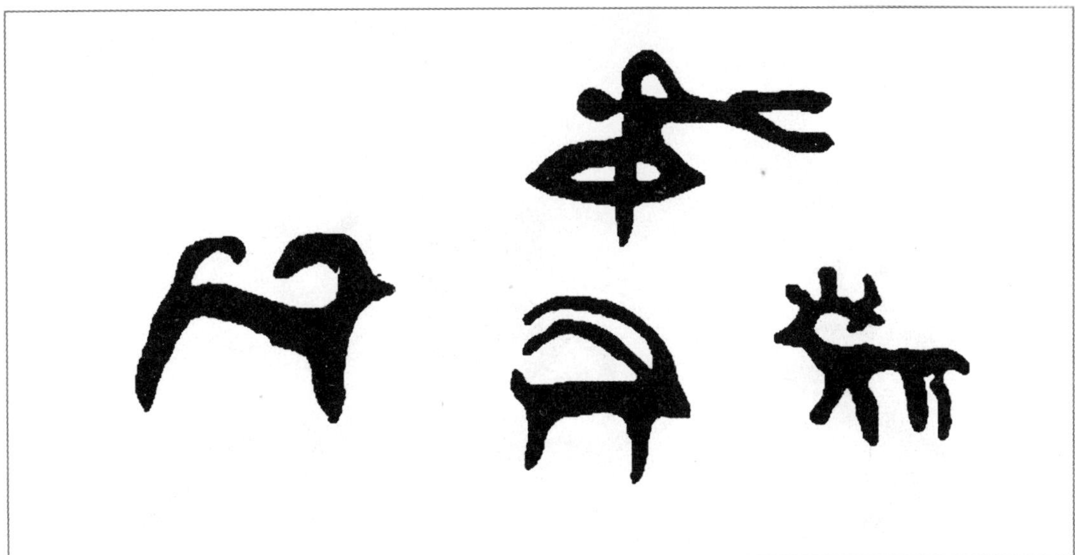

伊吾县吐葫芦乡白杨沟岩画

伊吾县前山乡乌勒盖岩画

伊吾县吐葫芦乡骆驼石岩画

伊吾县吐葫芦乡白杨沟岩画

伊吾县吐葫芦乡骆驼石岩画

伊吾县前山乡乌勒盖岩画

伊吾县前山乡乌勒盖岩画

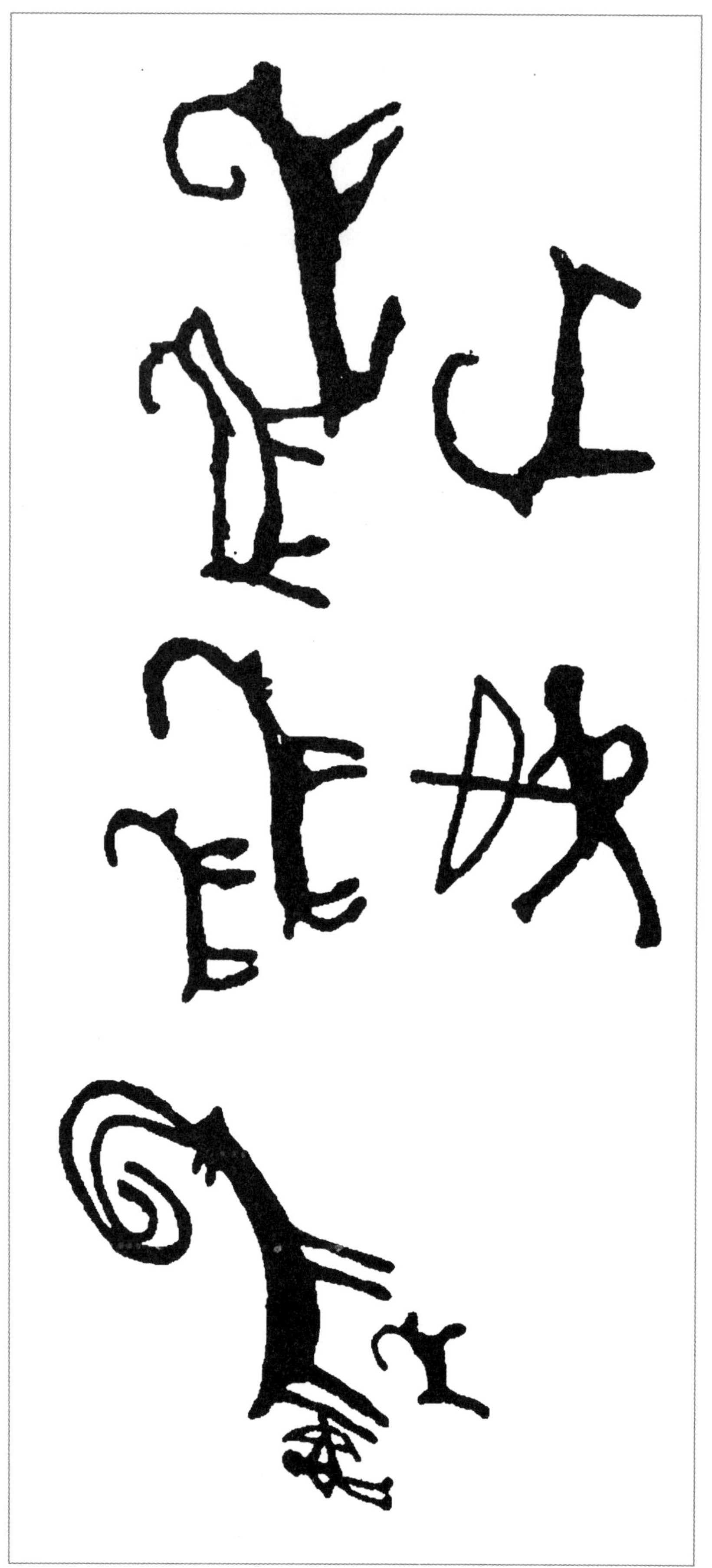

伊吾县前山乡乌勒盖岩画

伊吾县前山乡乌勒盖岩画

伊吾县前山乡乌勒盖岩画

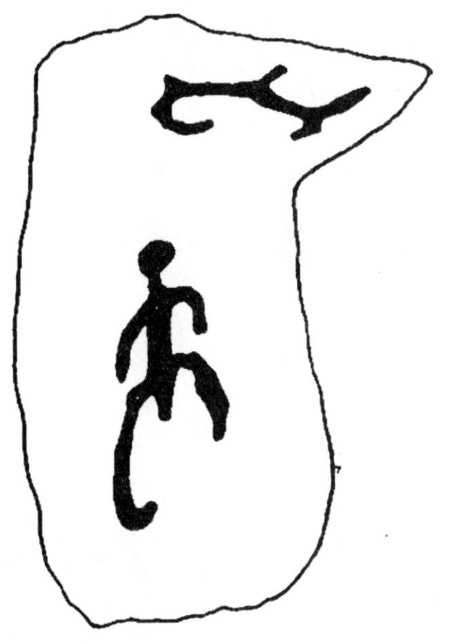

伊吾县吐葫芦乡白杨沟岩画

伊吾县吐葫芦乡骆驼石岩画

伊吾县吐葫芦乡科托果勒岩画

伊吾县吐葫芦乡科托果勒岩画

伊吾县盐池乡卡塔布齐岩画

伊吾县前山乡乌勒盖岩画

伊吾县前山乡乌勒盖岩画

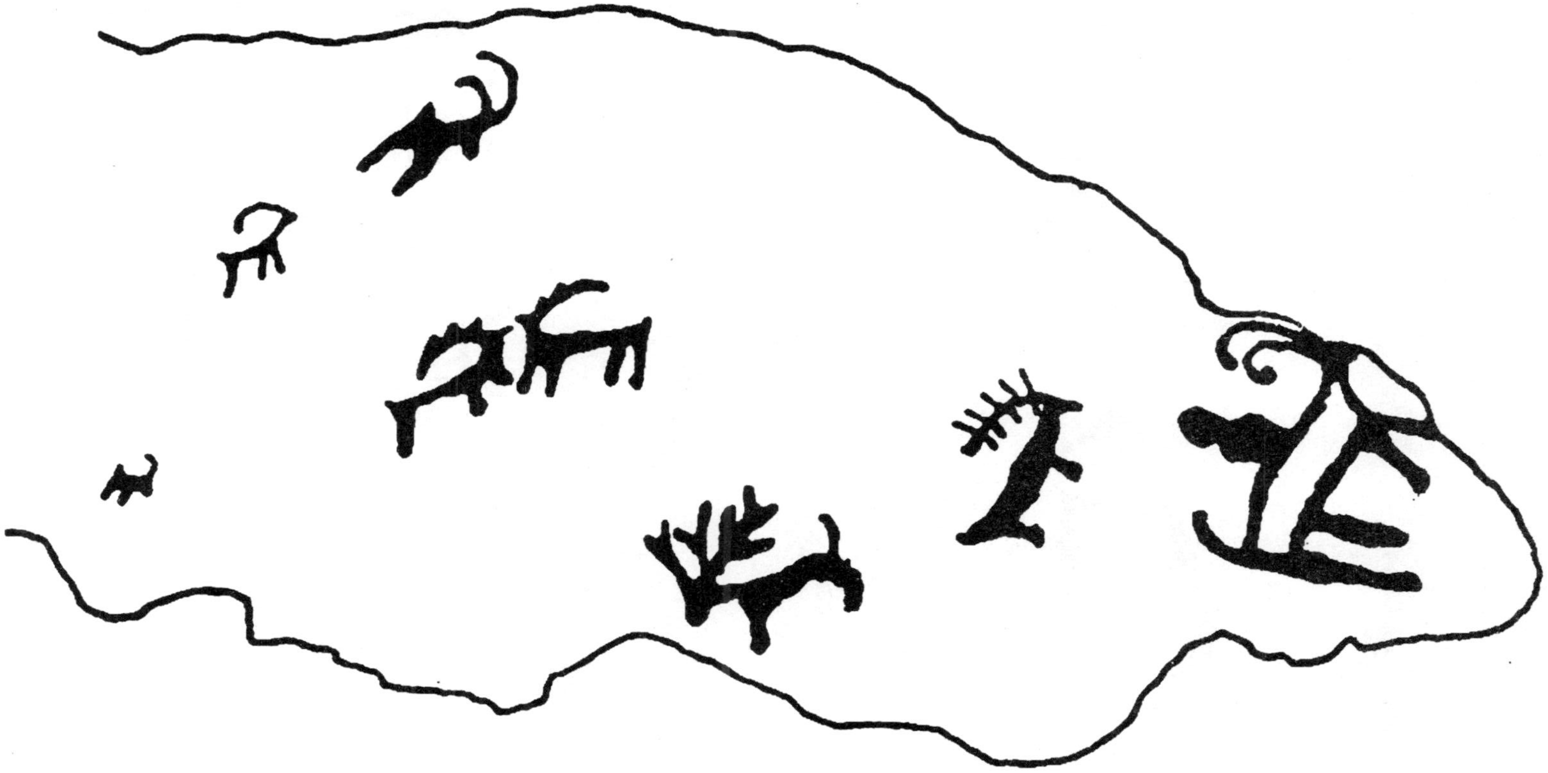

伊吾县前山乡乌勒盖岩画

伊吾县吐葫芦乡白杨沟岩画

伊吾县吐葫芦乡白芨岩画

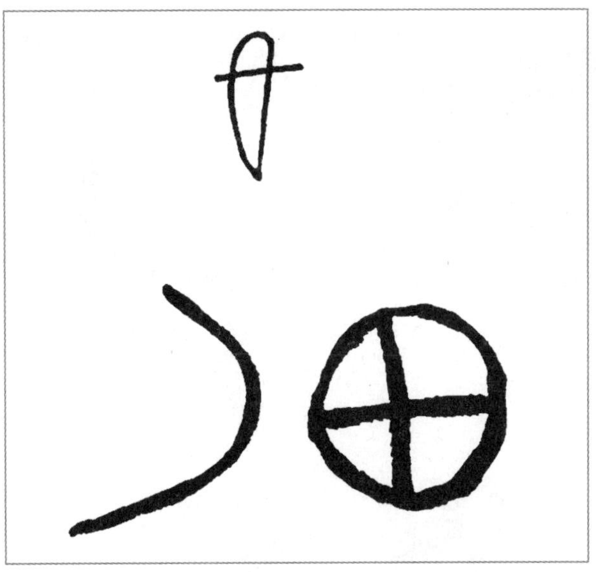

伊吾县前山乡乌勒盖岩画

伊吾县吐葫芦乡骆驼石岩画

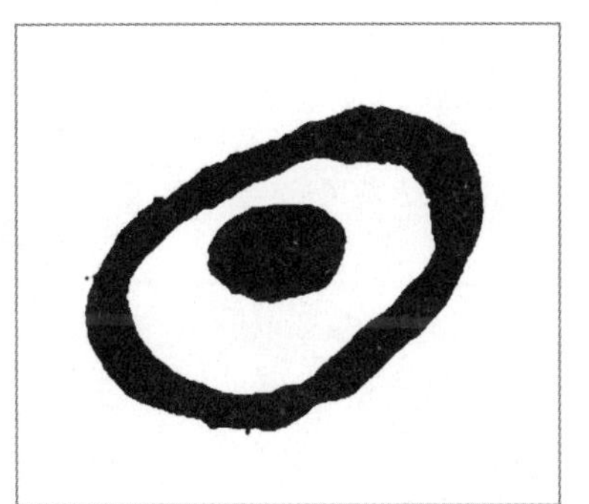

伊吾县吐葫芦乡白杨沟岩画

巴里坤县小夹山柳树泉岩画

巴里坤县小夹山柳树泉岩画

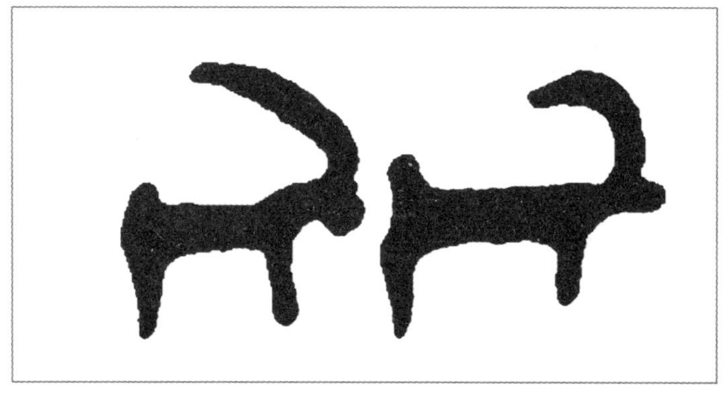

巴里坤县小夹山岩画

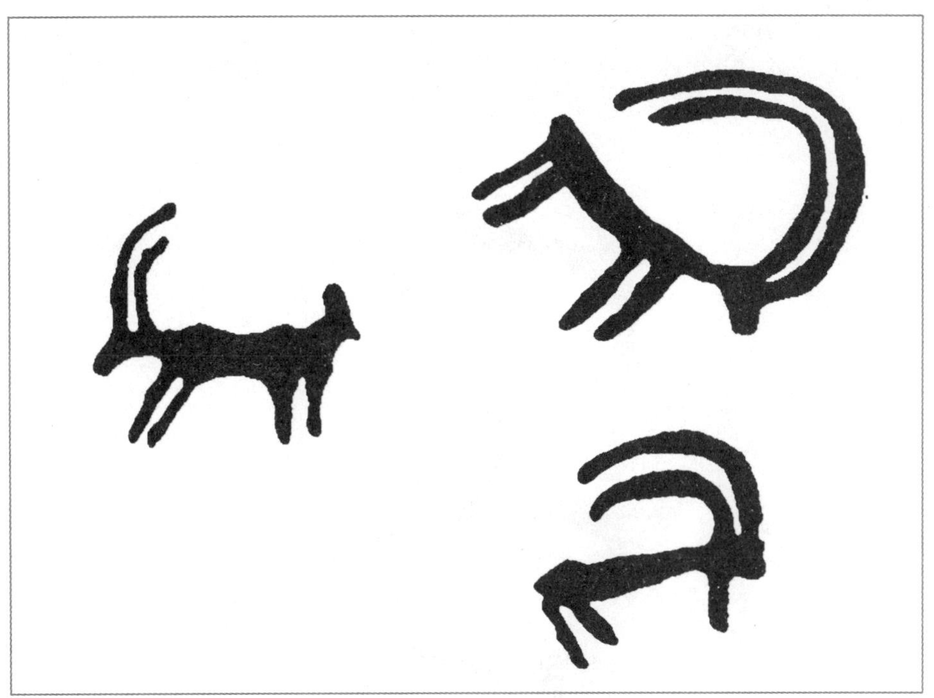

巴里坤县莫钦乌拉山小柳沟岩画

巴里坤县小夹山柳树泉岩画

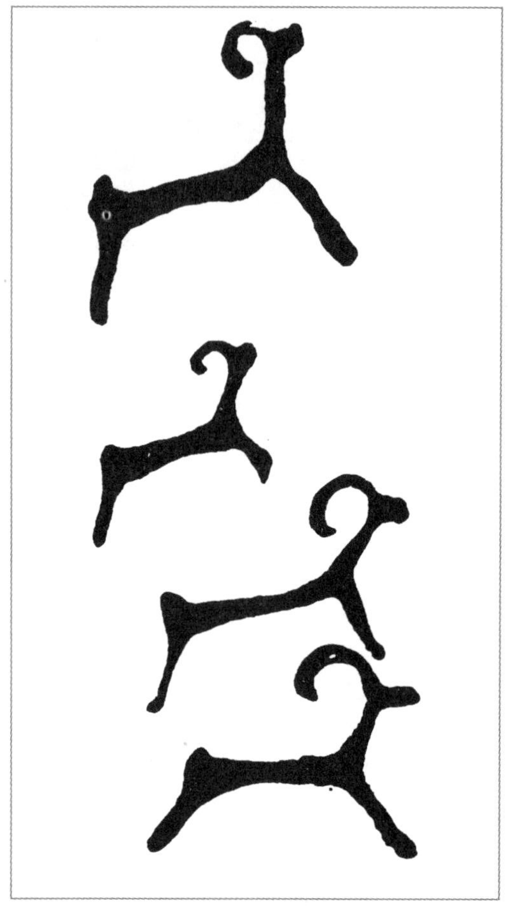

巴里坤县大夹山库特尔库拉岩画

巴里坤县莫钦乌拉山小柳沟岩画

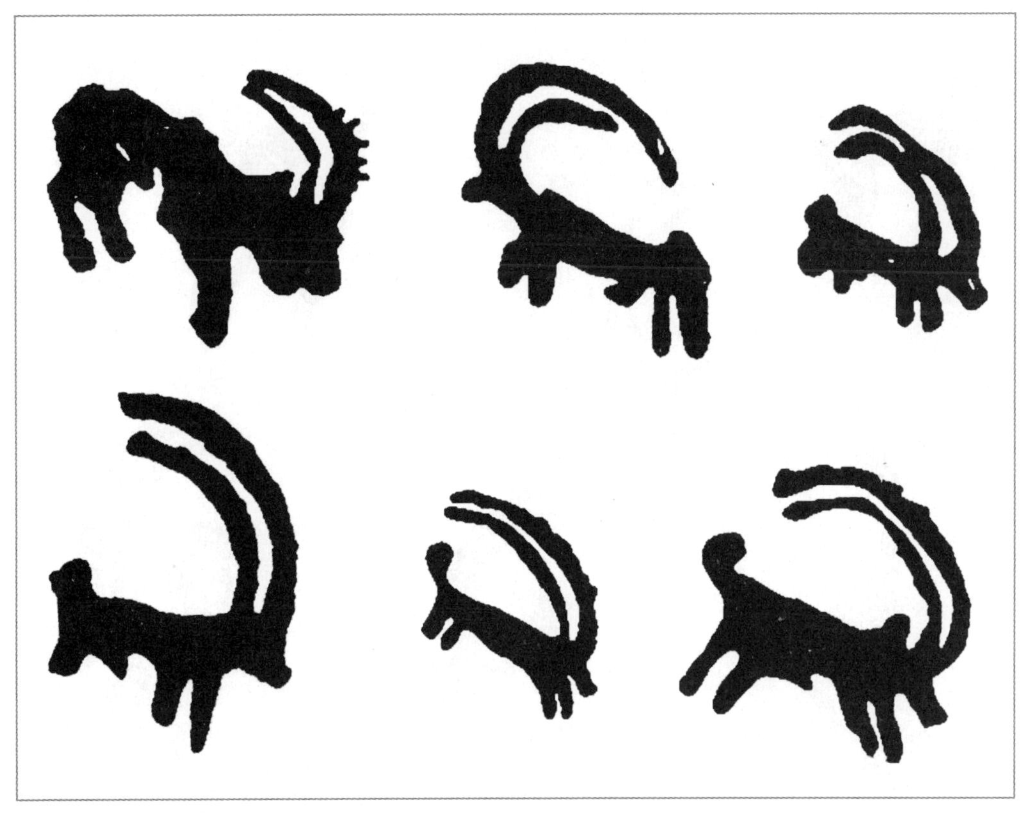

巴里坤县莫钦乌拉山北面八墙子乡洞塔斯岩画

巴里坤县莫钦乌拉山北面八墙子乡洞塔斯岩画

巴里坤县莫钦乌拉山北面八墙子乡洞塔斯岩画

巴里坤县小夹山柳树泉岩画

巴里坤县小夹山柳树泉岩画

巴里坤县莫钦乌拉山东部小柳沟岩画

巴里坤县莫钦乌拉山中段库克托贝岩画

巴里坤县大夹山岩画

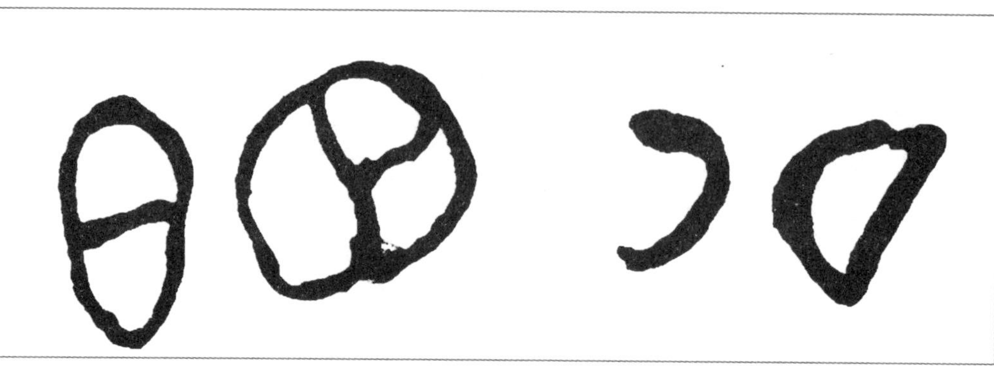

巴里坤县莫钦乌拉山小柳沟岩画

巴里坤县小夹山柳树泉岩画

巴里坤县大夹山库特尔库拉岩画

巴里坤县大夹山库特尔库拉岩画

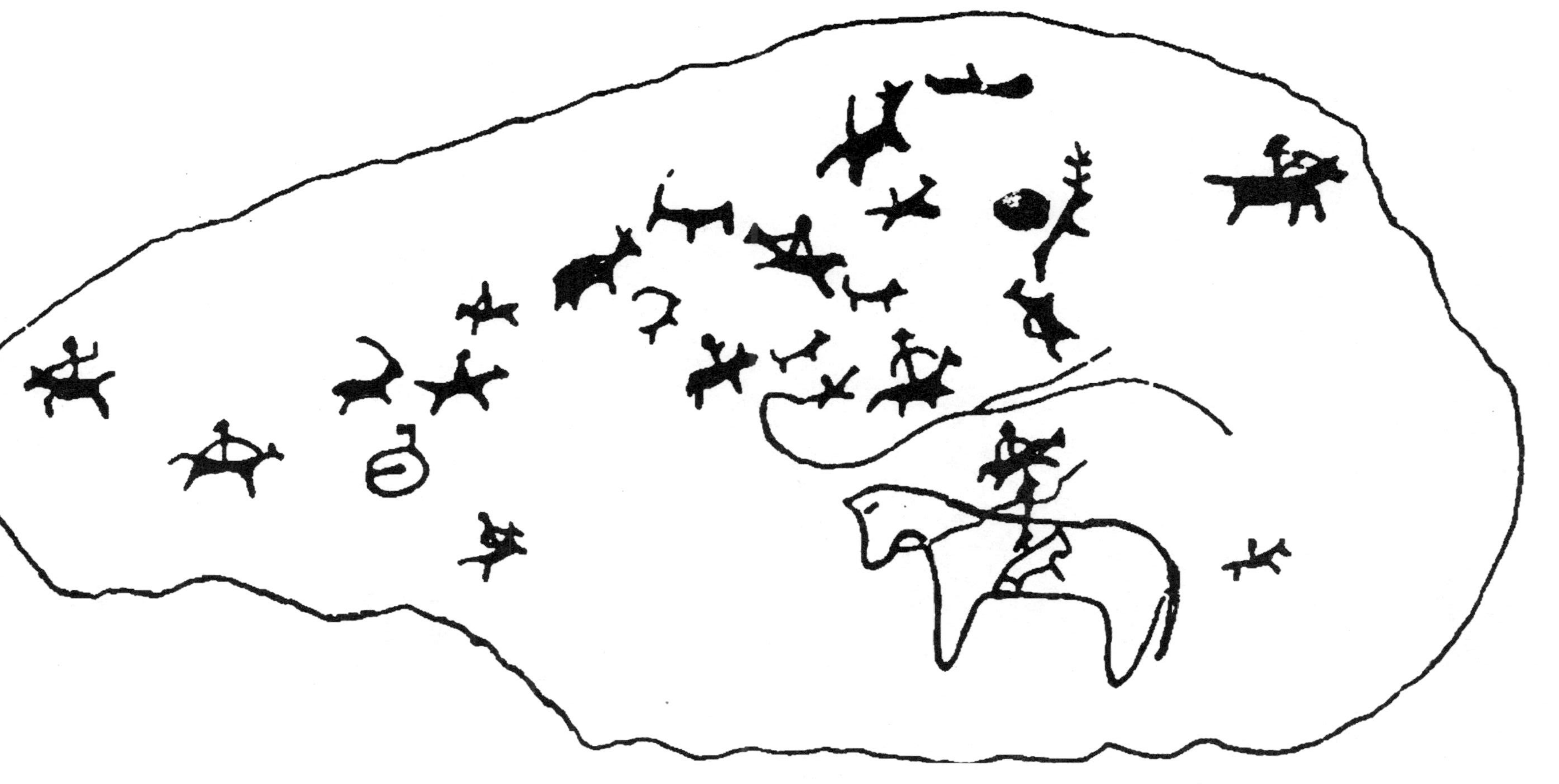

巴里坤县兰州湾子岩画

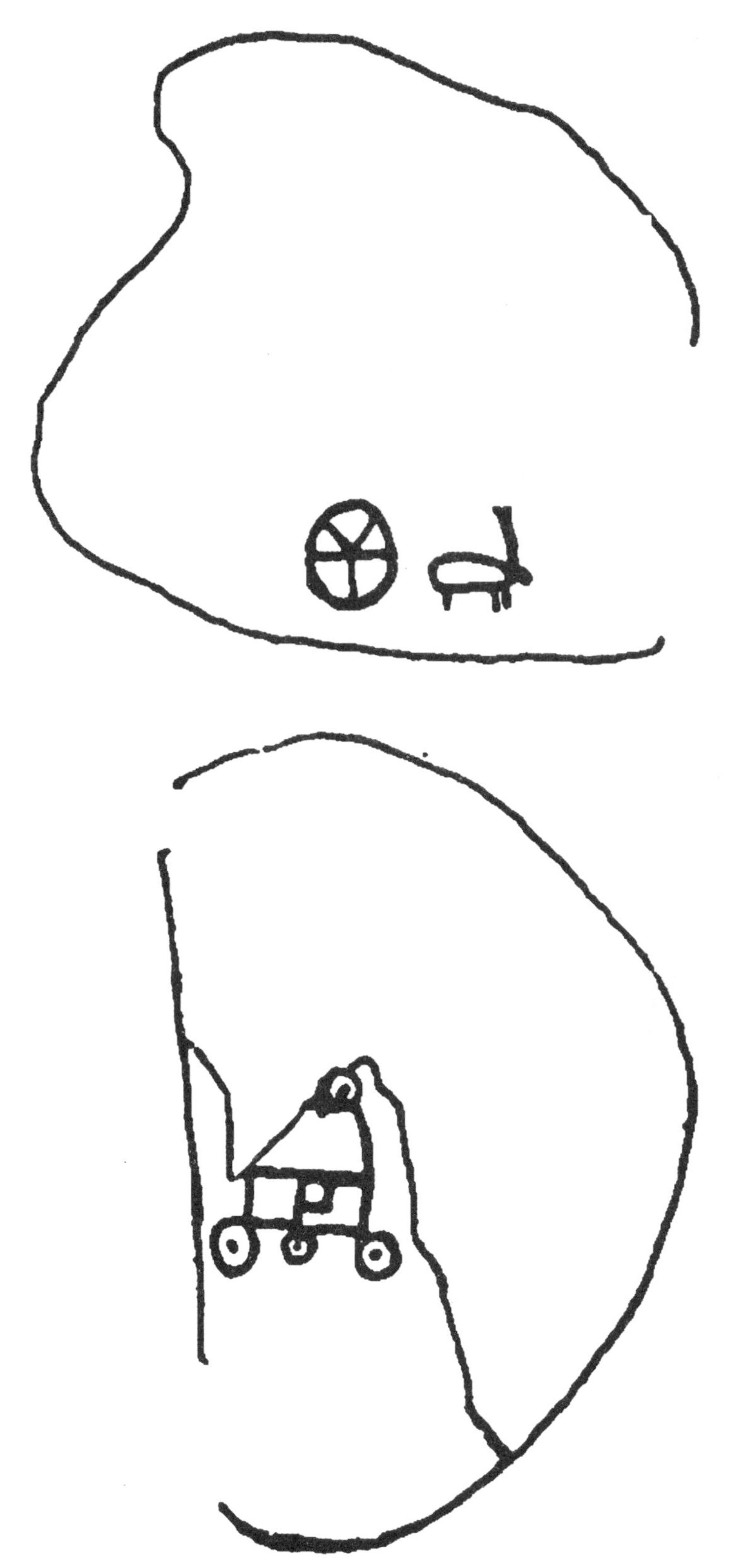

巴里坤县兰州湾子岩画

巴里坤县李家湾岩画

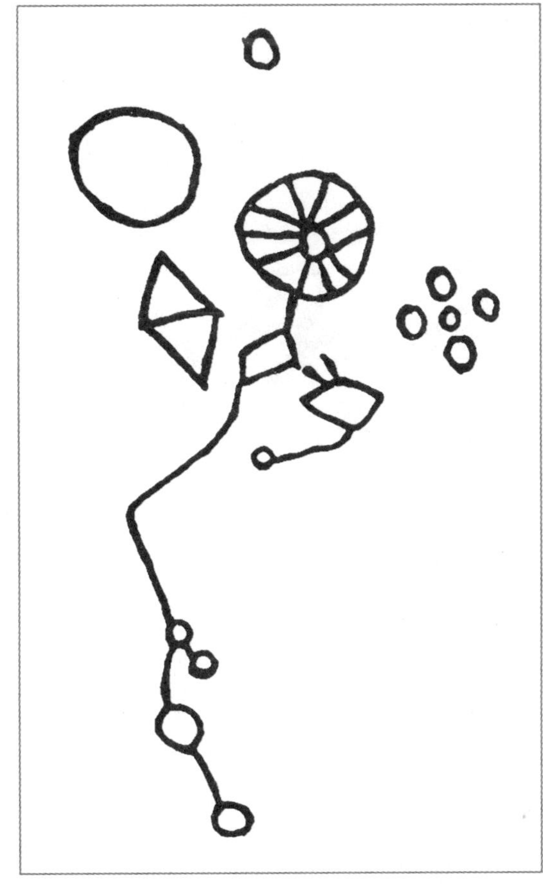

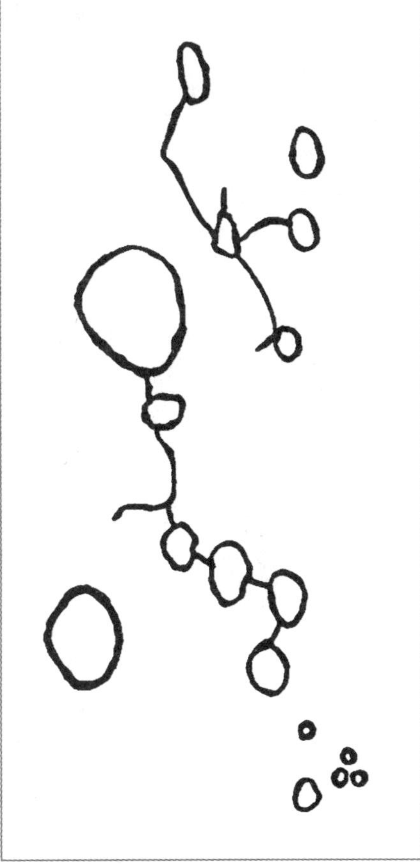

巴里坤县莫钦乌拉山小柳沟岩画

木垒县白杨河乡芦塘沟岩画

木垒县白杨河乡芦塘沟印记岩刻

木垒县东城乡鸡心梁印记岩刻

木垒县白杨河乡芦塘沟岩画

木垒县白杨河乡芦塘沟岩画

木垒县白杨河乡芦塘沟岩画

木垒县白杨河乡芦塘沟岩画

木垒县白杨河乡芦塘沟岩画

木垒县白杨河乡芦塘沟岩画

木垒县白杨河乡芦塘沟岩画

木垒县白杨河乡芦塘沟岩画

木垒县白杨河乡芦塘沟岩画

木垒县博斯坦牧场岩画

木垒县博斯坦牧场岩画

木垒县博斯坦牧场岩画

木垒县博斯坦牧场岩画

木垒县博斯坦牧场岩画

木垒县博斯坦牧场岩画

木垒县博斯坦牧场岩画

木垒县博斯坦牧场岩画

木垒县博斯坦牧场岩画

木垒县博斯坦牧场岩画

木垒县博斯坦牧场岩画

木垒县博斯坦牧场岩画

木垒县博斯坦牧场岩画

木垒县博斯坦牧场岩画

木垒县博斯坦牧场岩画

木垒县博斯坦牧场岩画

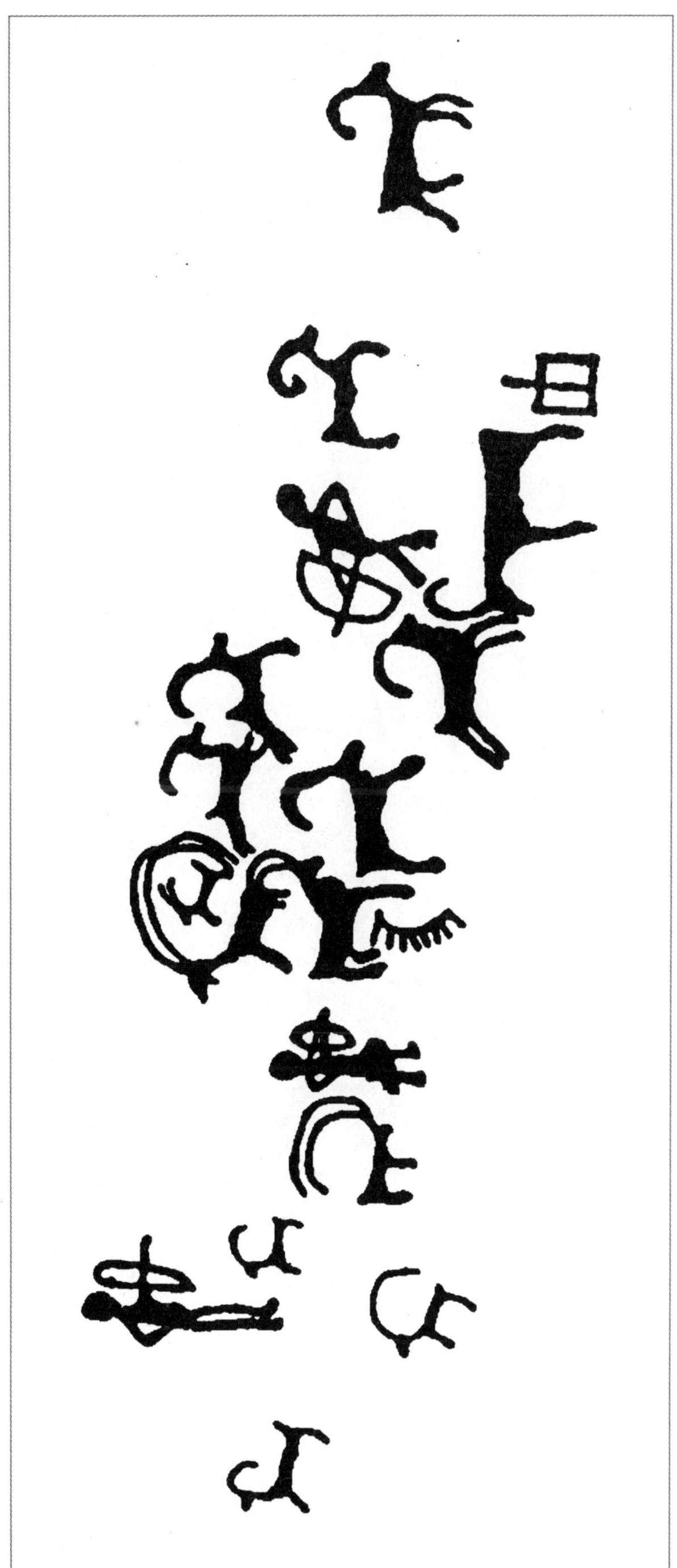

木垒县博斯坦牧场岩画

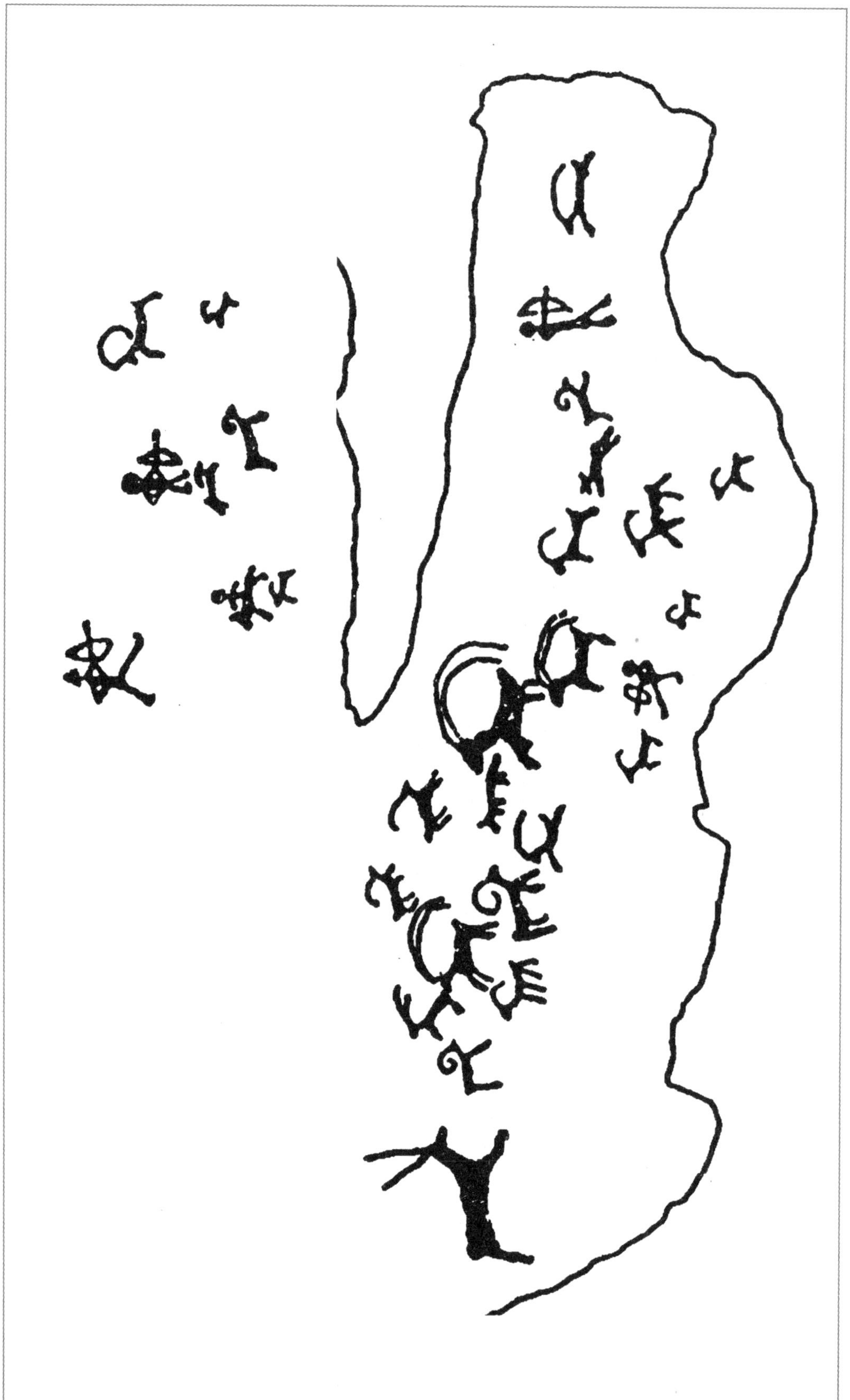

木垒县博斯坦牧场岩画

木垒县博斯坦牧场岩画

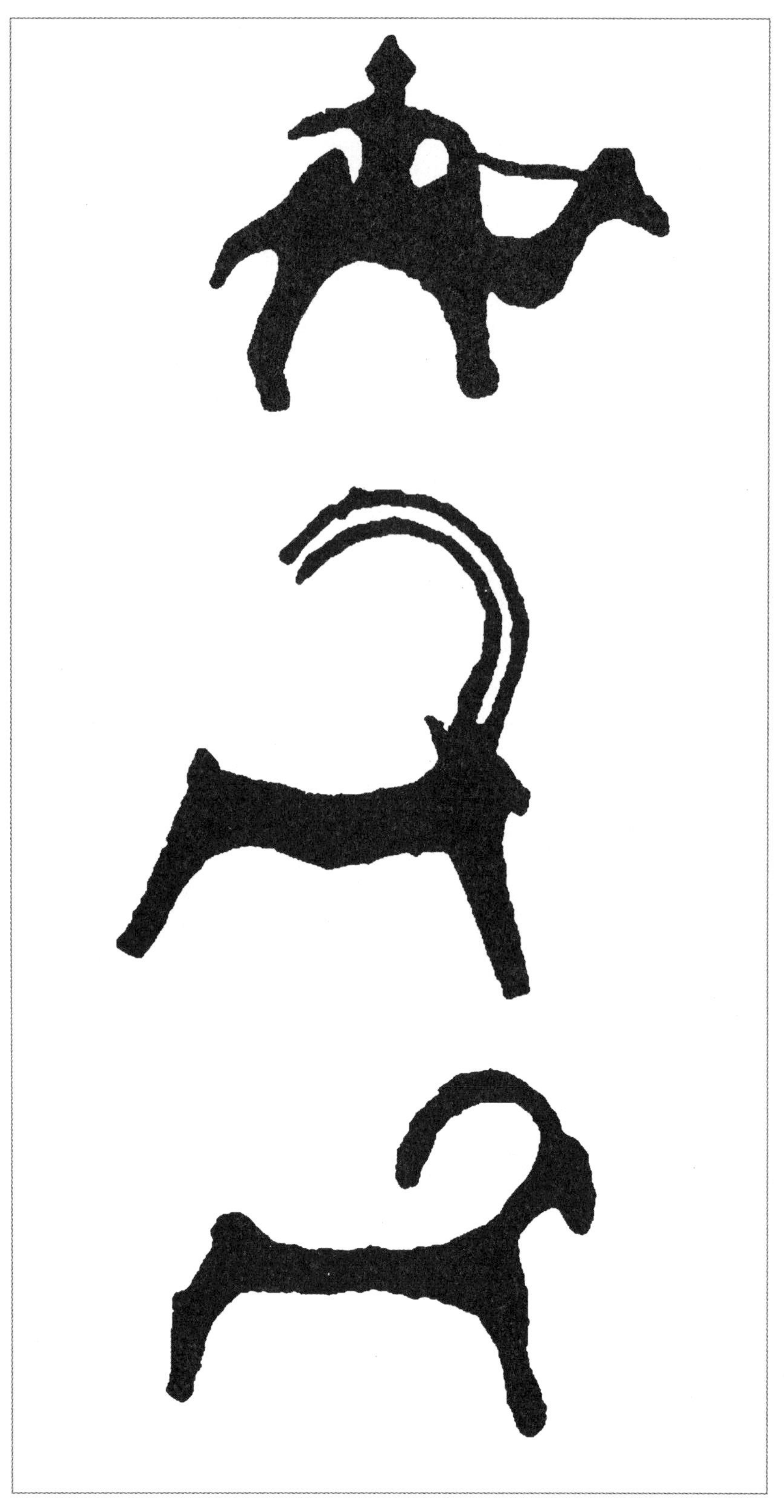

木垒县博斯坦牧场岩画

木垒县博斯坦牧场岩画

木垒县博斯坦牧场岩画

木垒县博斯坦牧场岩画

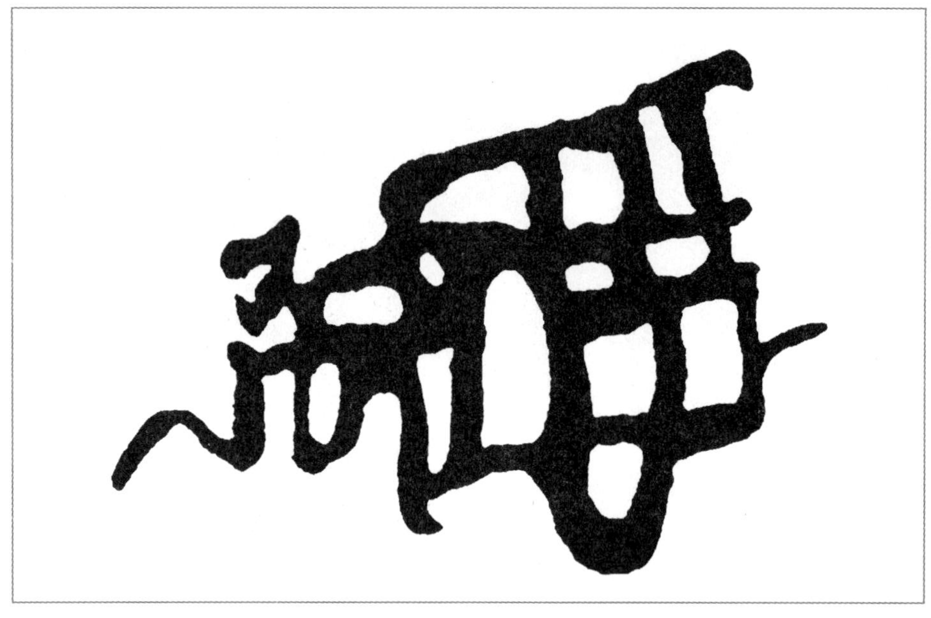

木垒县博斯坦牧场岩画

奇台县北塔山库甫沟岩画

奇台县北塔山库甫沟岩画

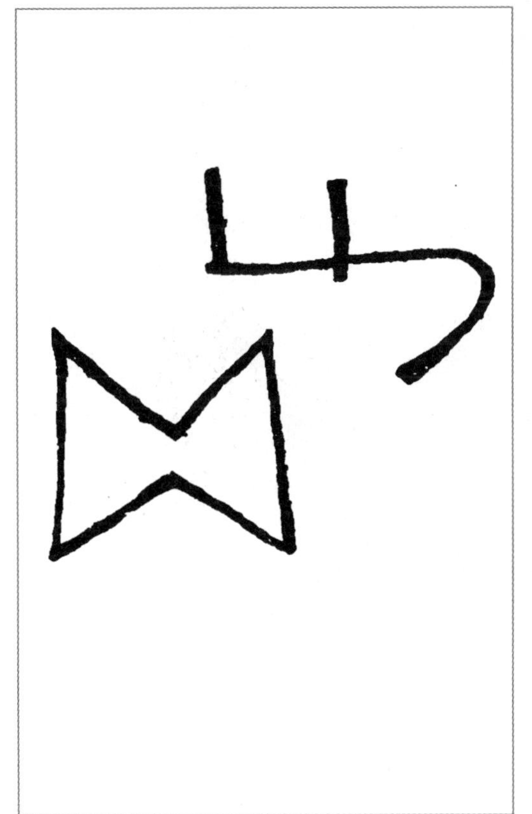

奇台县北塔山库甫沟印记岩画

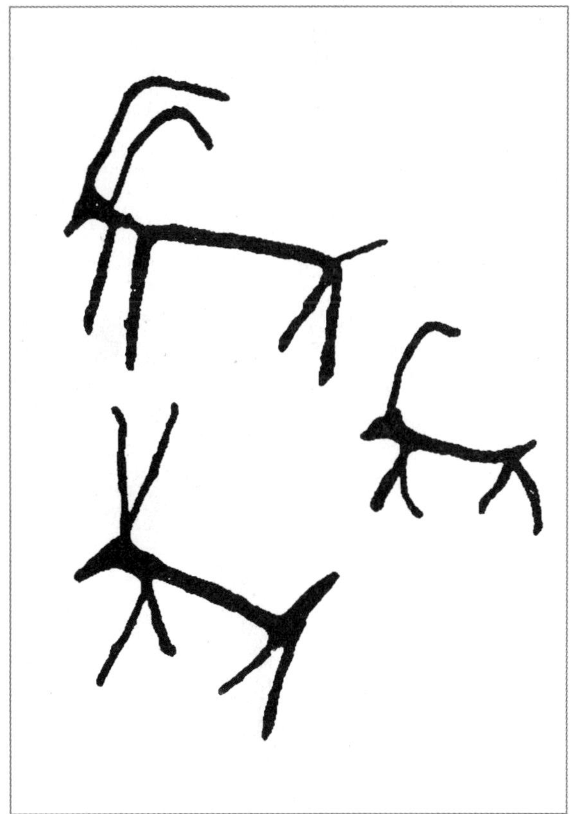

奇台县北塔山库甫沟岩画

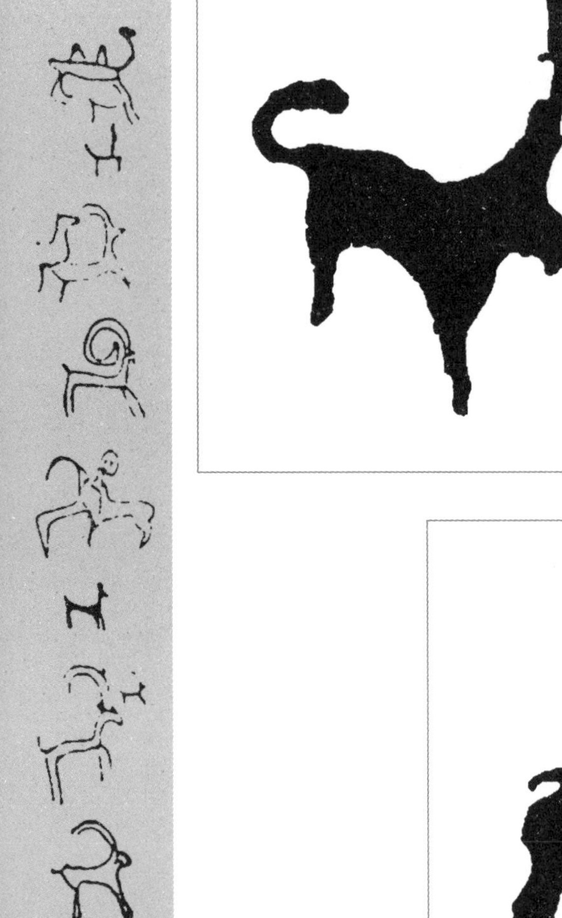

奇台县北塔山库甫沟岩画

北塔山库甫沟岩画

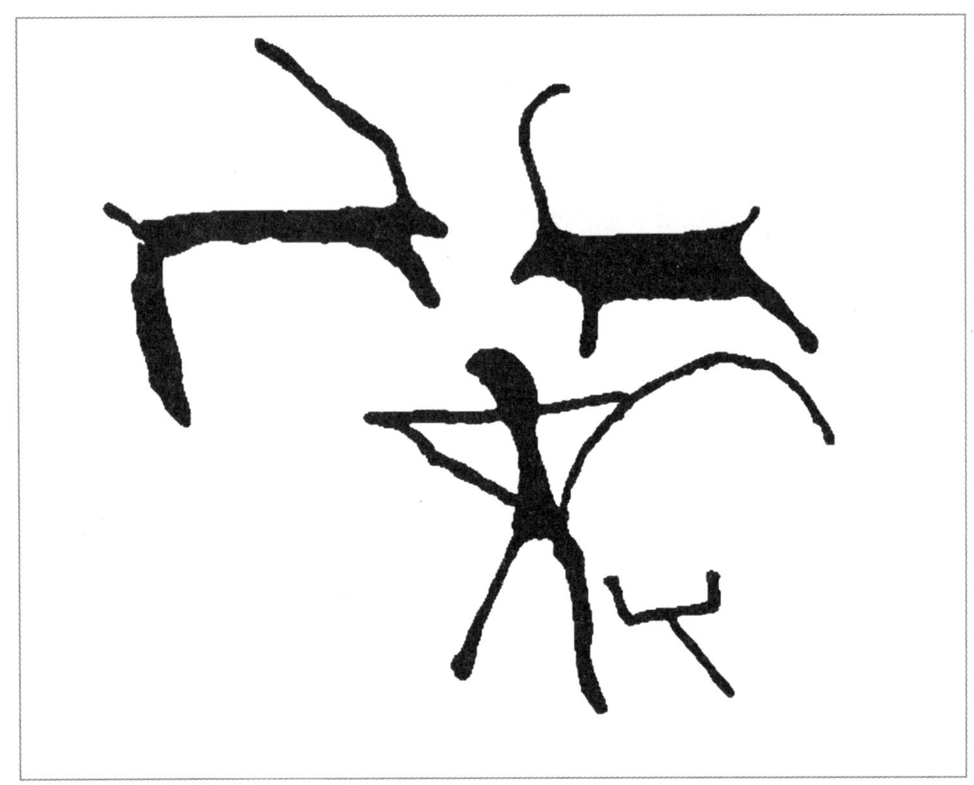

奇台县北塔山库甫沟岩画

奇台县北塔山阿艾提沟岩画

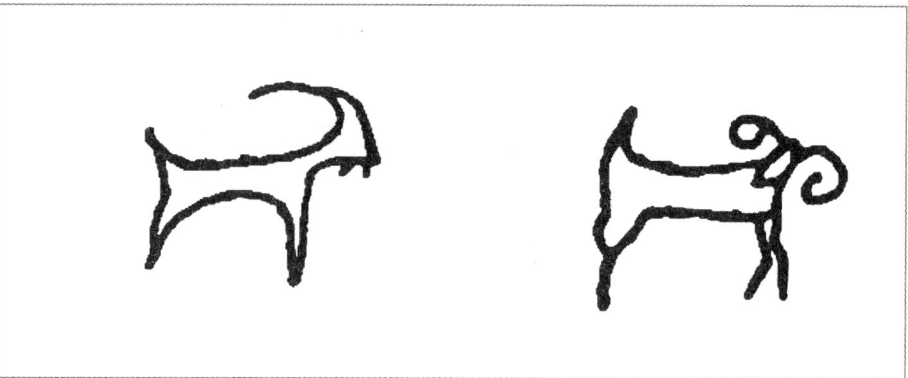

奇台县北塔山库甫沟岩画

奇台县北塔山叶尔哈巴克岩画

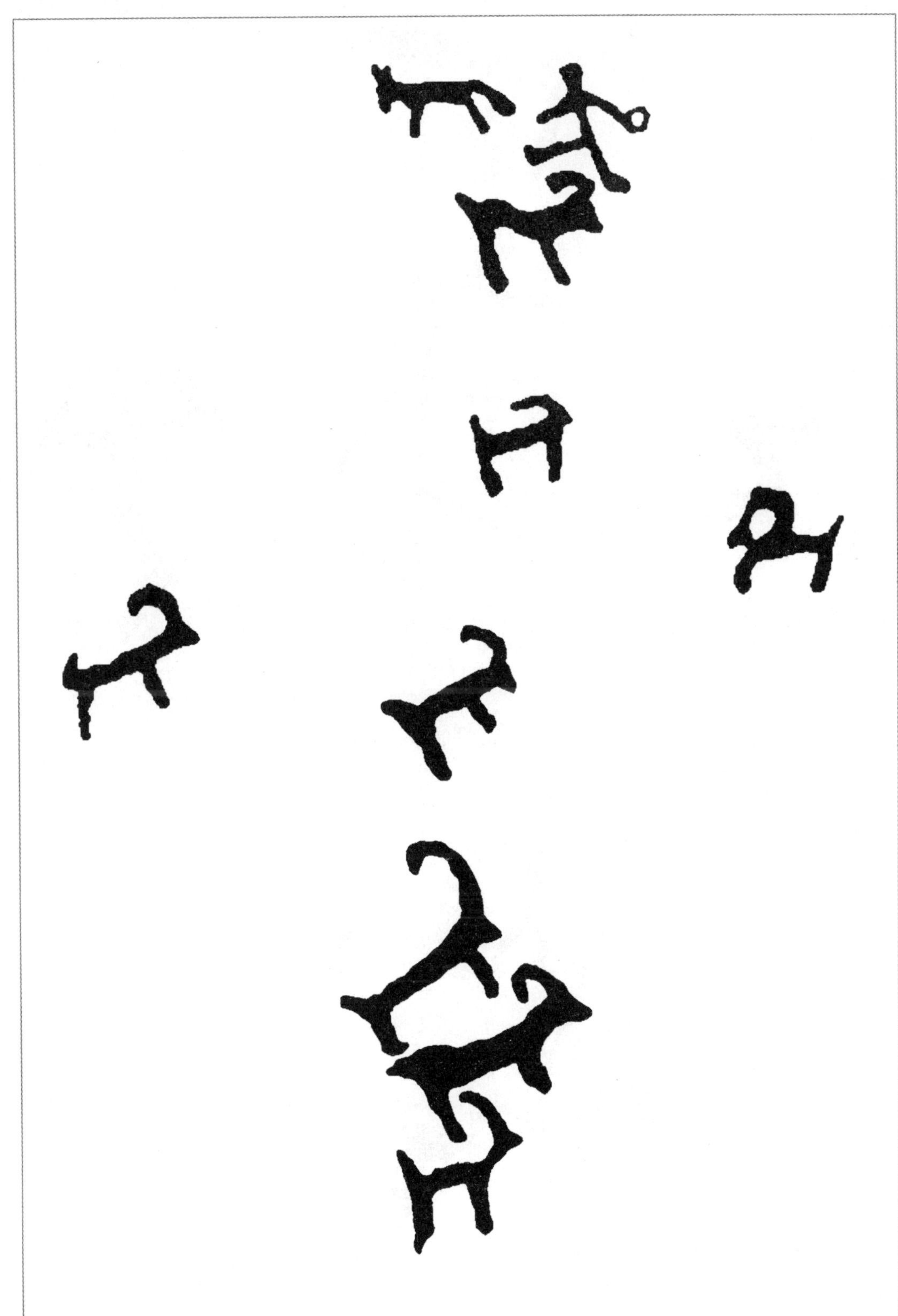

奇台县北塔山叶尔哈巴克岩画

奇台县北塔山叶尔哈巴克岩画

阜康县吉沿坚岩画

阜康县吉沿竖岩画

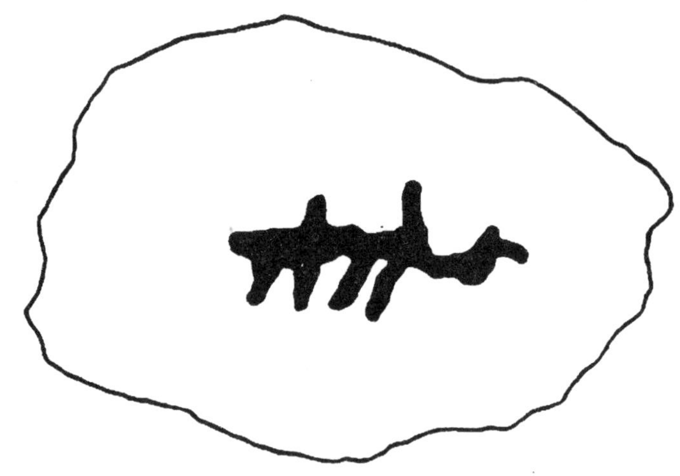

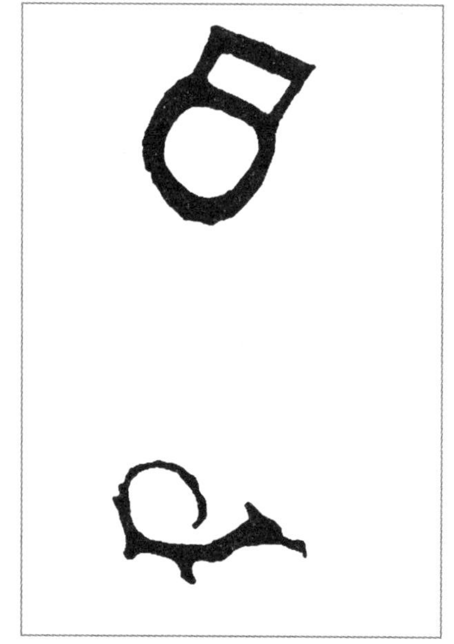

阜康县黄山沟岩画

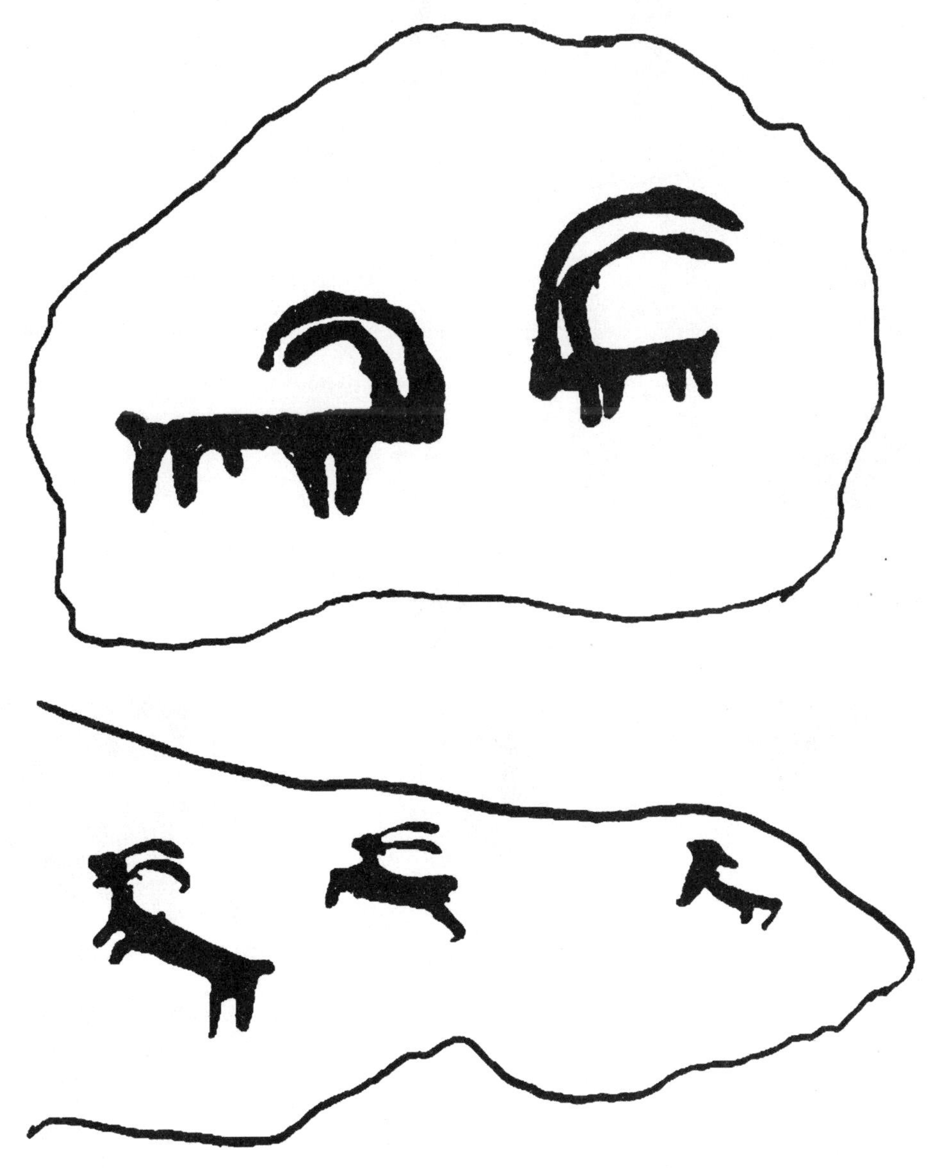

阜康县黄山沟岩画

阜康县黄山沟岩画

阜康县黄山沟岩画

阜康县黄山沟岩画

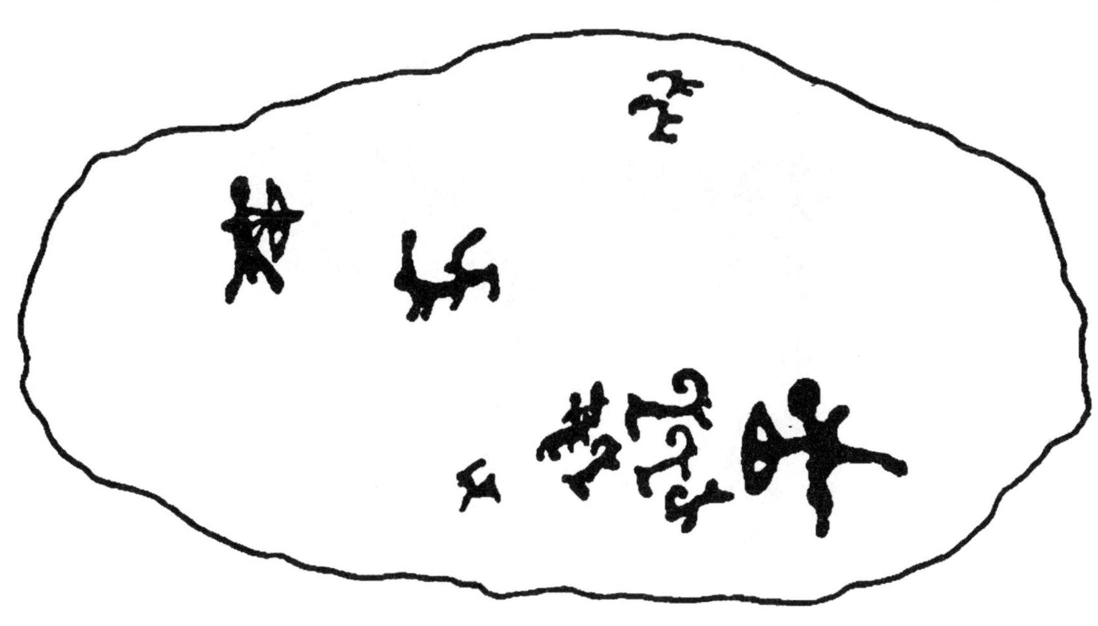

阜康县黄山沟岩画

乌鲁木齐县阿克苏乡哈姆斯特沟岩画

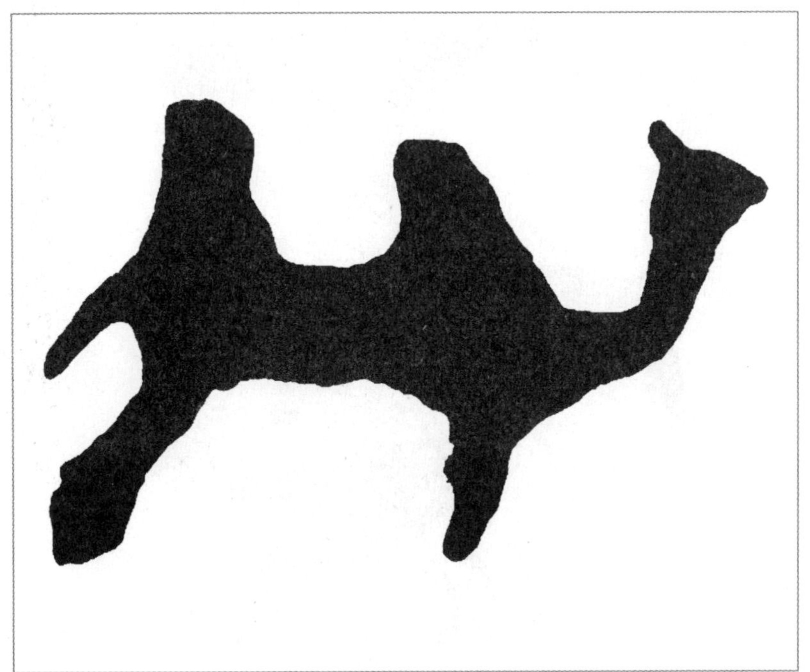

乌鲁木齐县阿克苏乡哈姆斯特沟岩画

乌鲁木齐县阿克苏乡哈姆斯特沟岩画

乌鲁木齐县阿克苏乡哈姆斯特沟岩画

乌鲁木齐县阿克苏乡哈姆斯特沟岩画

乌鲁木齐县阿克苏乡哈姆斯特沟岩画

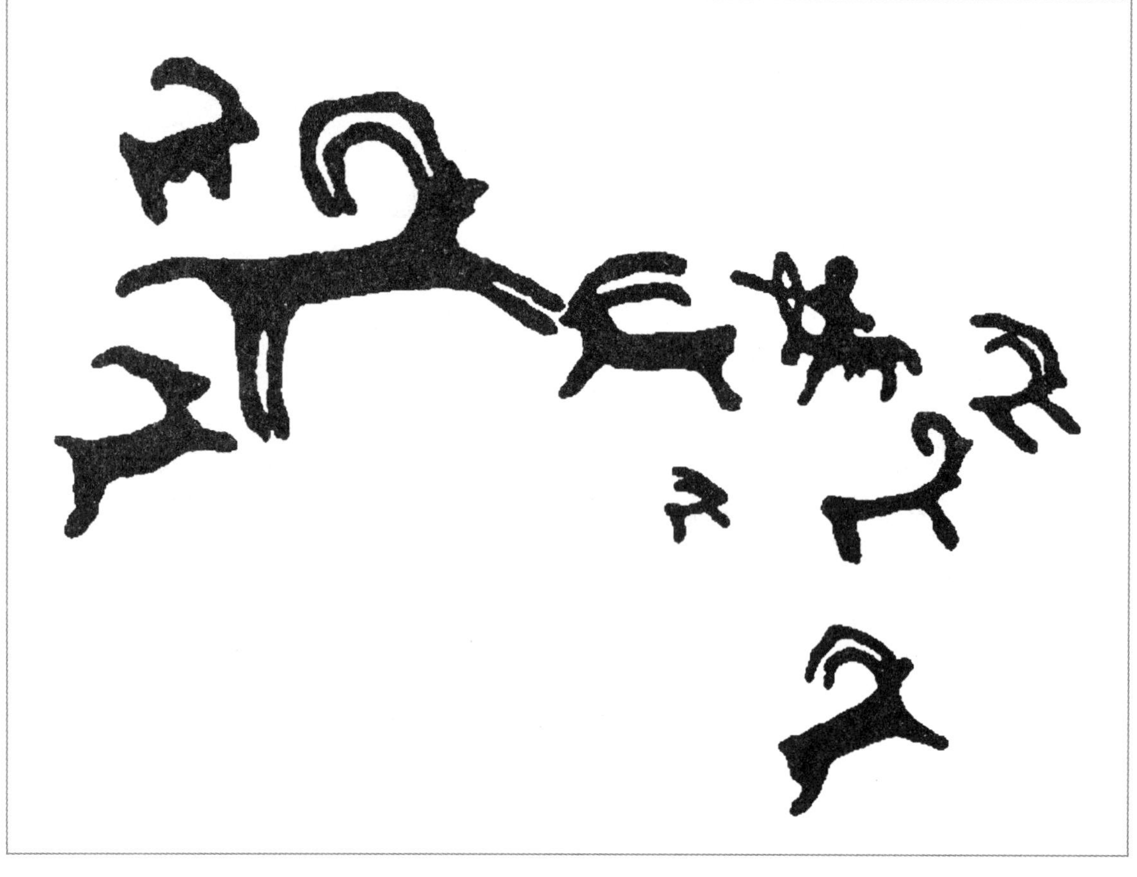

乌鲁木齐县阿克苏乡哈姆斯特沟岩画

乌鲁木齐县阿克苏乡哈姆斯特沟岩画

乌鲁木齐县阿克苏乡哈姆斯特沟岩画

乌鲁木齐县阿克苏乡哈姆斯特沟岩画

乌鲁木齐县阿克苏乡哈姆斯特沟岩画

乌鲁木齐县阿克苏乡哈姆斯特沟岩画

米泉县柏杨河乡独山子岩画

米泉县柏杨河乡独山子岩画

米泉县柏杨河乡独山子岩画

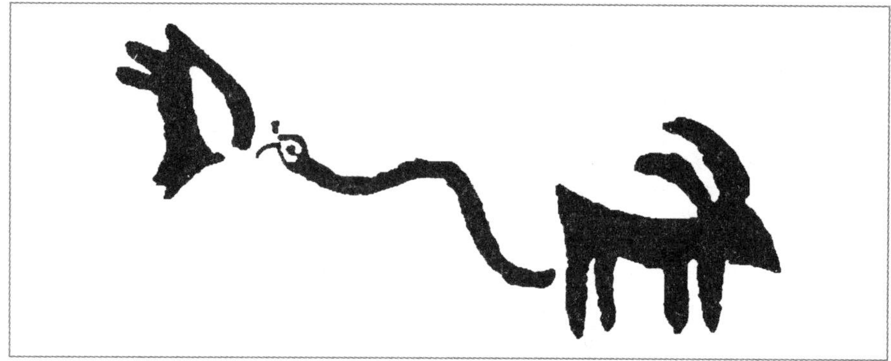

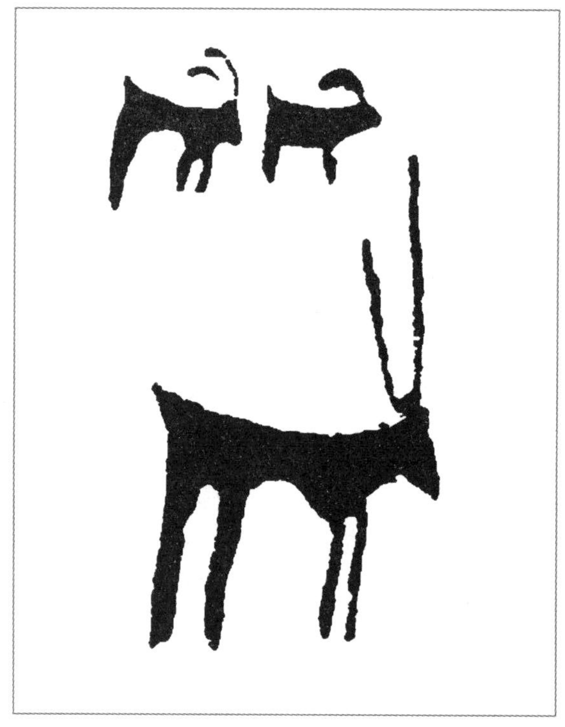

米泉县柏杨河乡独山子岩画

米泉县柏杨河乡独山子岩画

米泉县柏杨河乡独山子岩画

米泉县柏杨河乡独山子岩画

米泉县柏杨河乡独山子岩画

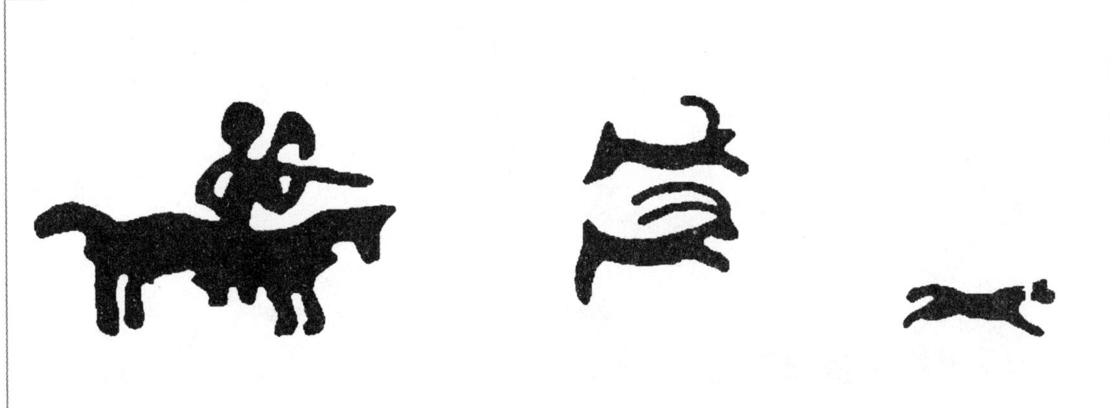

米泉县柏杨河乡独山子岩画

米泉县柏杨河乡独山子岩画

米泉县柏杨河乡独山子岩画

呼图壁县康家石门子岩画

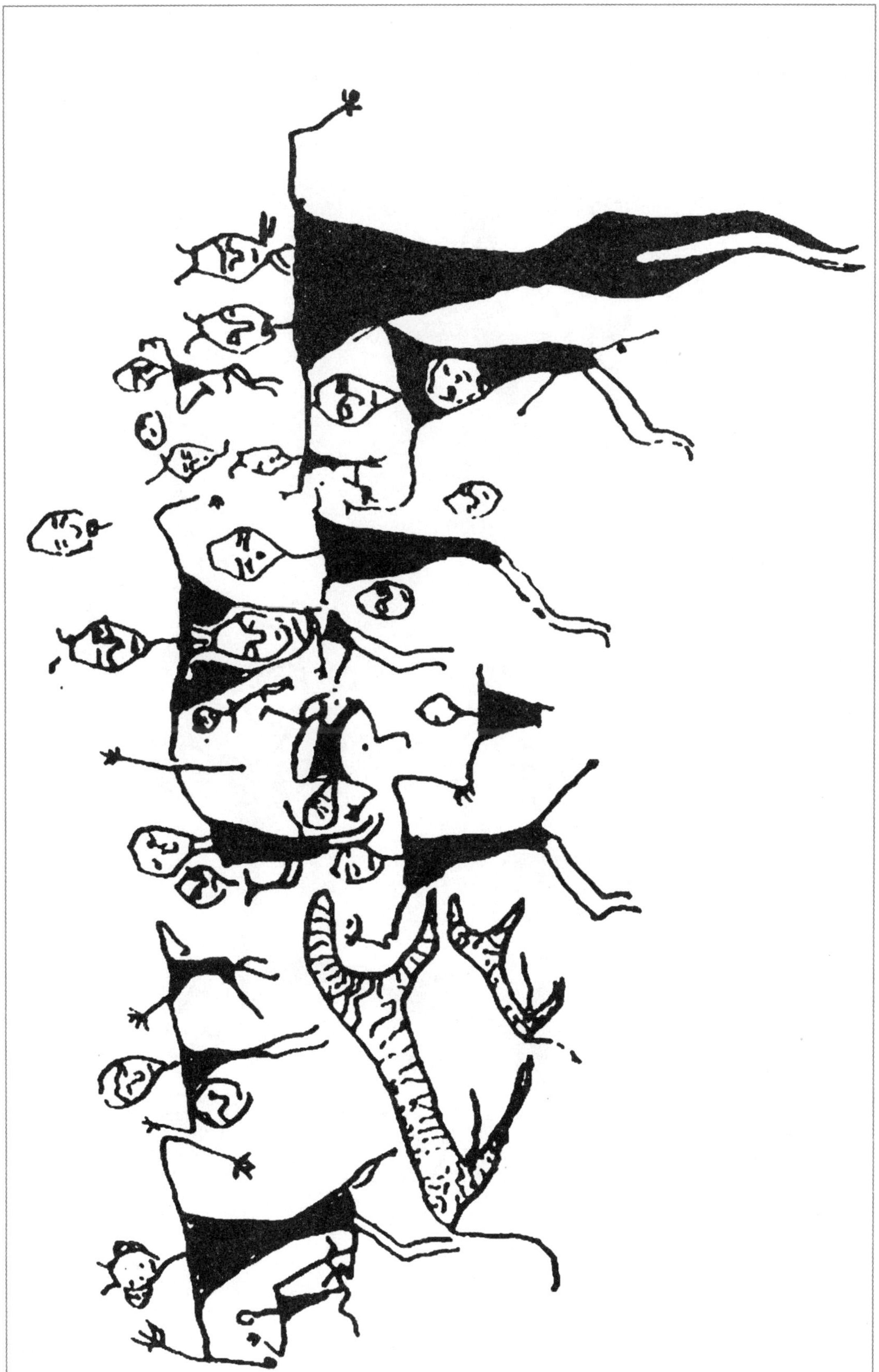

呼图壁县康家石门子岩画

呼图壁县康家石门子岩画

呼图壁县康家石门子岩画

呼图壁县康家石门子岩画

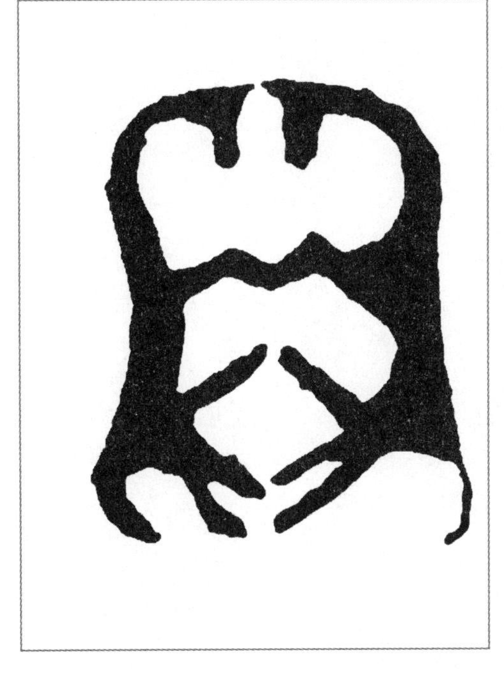

呼图壁县康家石门子对马岩画

呼图壁县康家石门子马匹岩画

裕民县巴尔达库尔生殖崇拜岩画

米泉县柏杨河乡独山子村生殖崇拜岩画

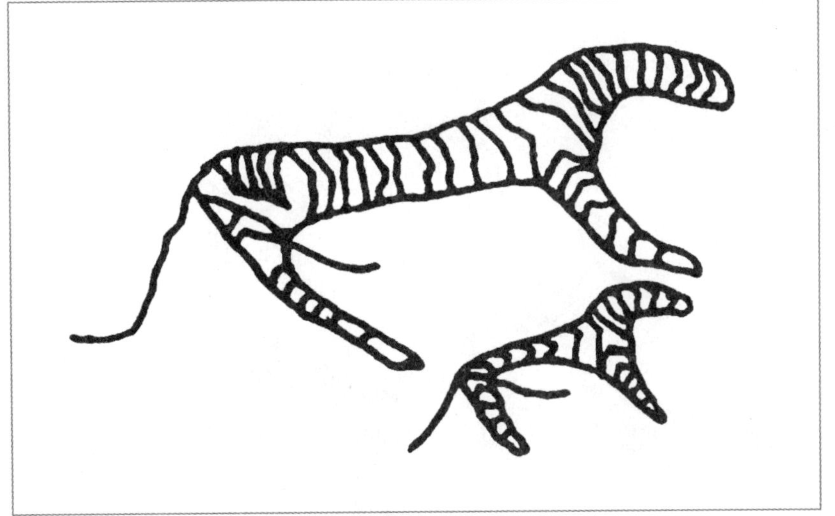

呼图壁县康家石门子老虎岩画

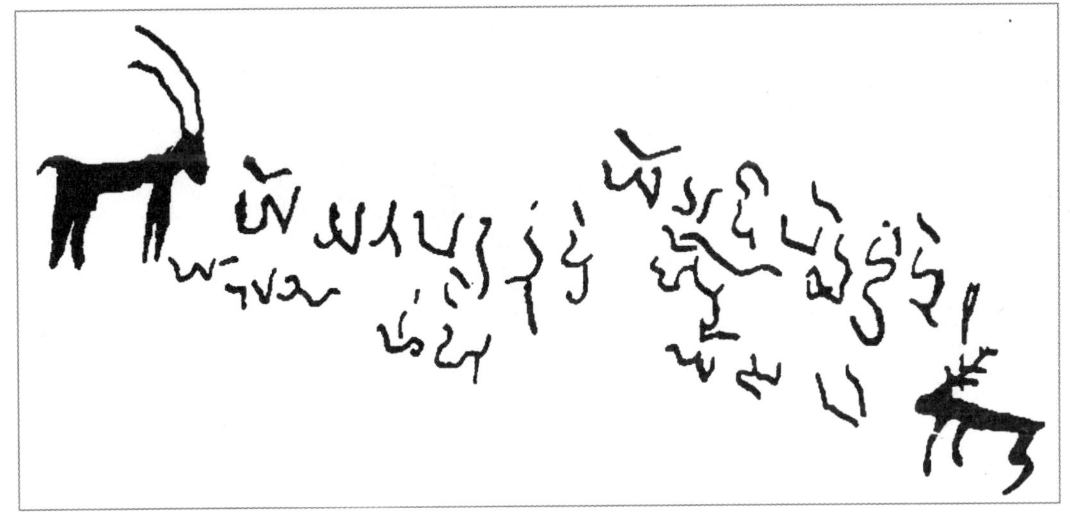

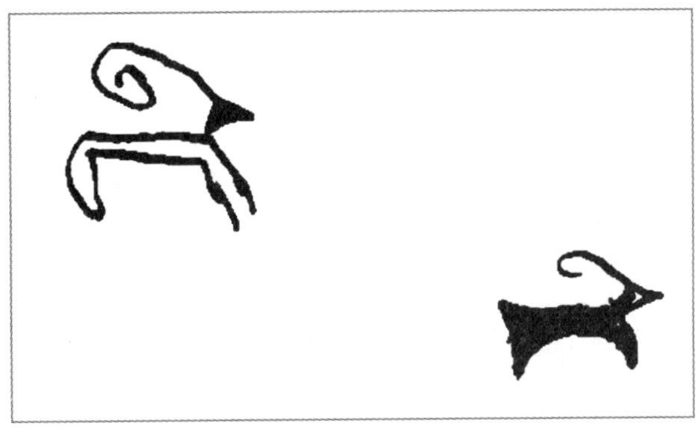

呼图壁县康家石门子岩画

呼图壁县康家石门子岩画

呼图壁县康家石门子岩画

呼图壁县宽沟岩画

呼图壁县宽沟岩画

呼图壁县宽沟岩画

呼图壁县登格克霍拉岩画

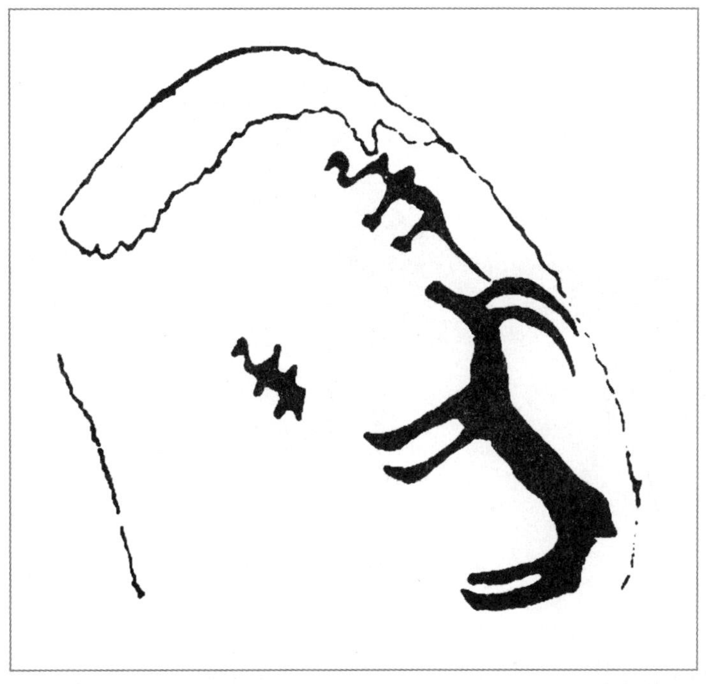

玛纳斯县塔西河沙拉乔克岩画

玛纳斯县塔西河苏鲁萨依岩画

博乐市阿拉套山阔衣塔斯岩画

博乐市阿拉套山阔衣塔斯岩画

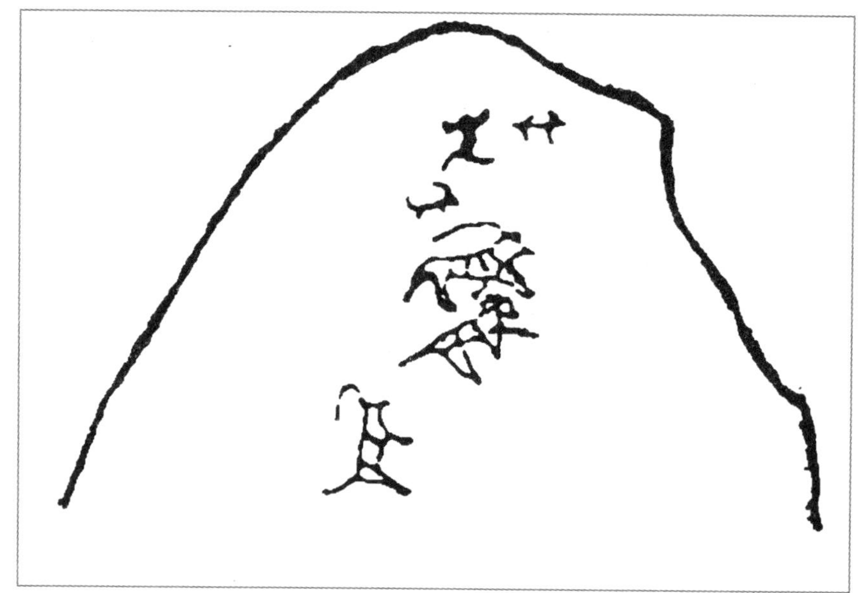

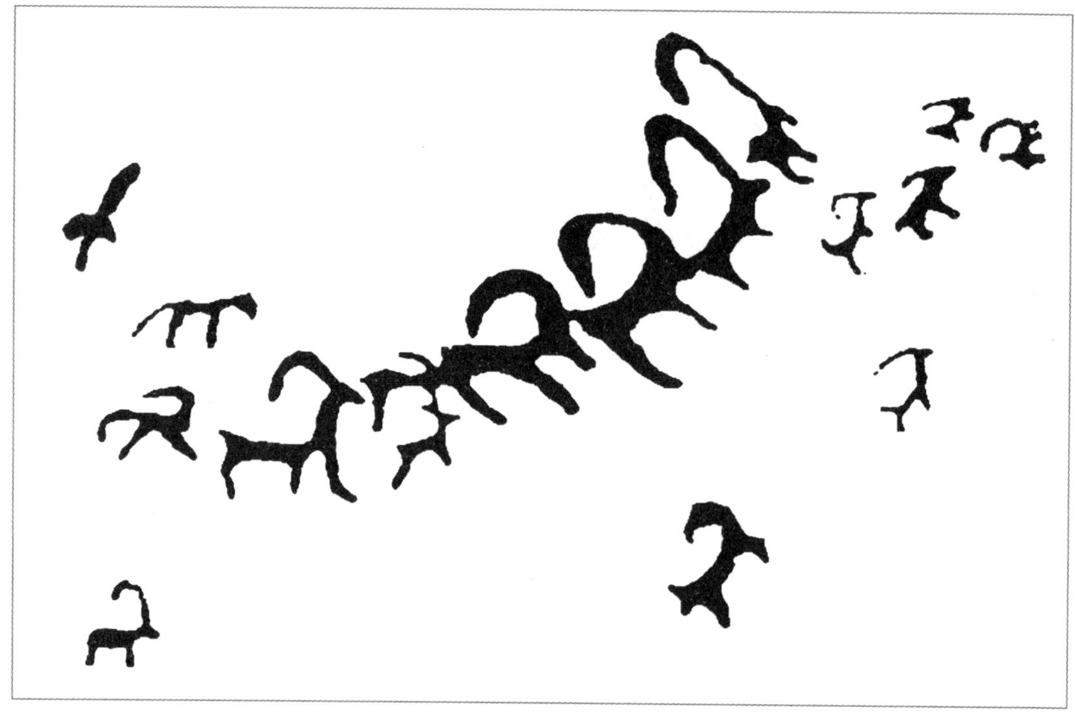

温泉县阿拉套山多浪特岩画

温泉县阿登确鲁岩画

温泉县阿登确鲁岩画

温泉县阿登确鲁岩画

温泉县阿登确鲁岩画

温泉县阿登确鲁岩画

温泉县阿登确鲁岩画

温泉县阿登确鲁岩画

博乐市岗吉格山岩画

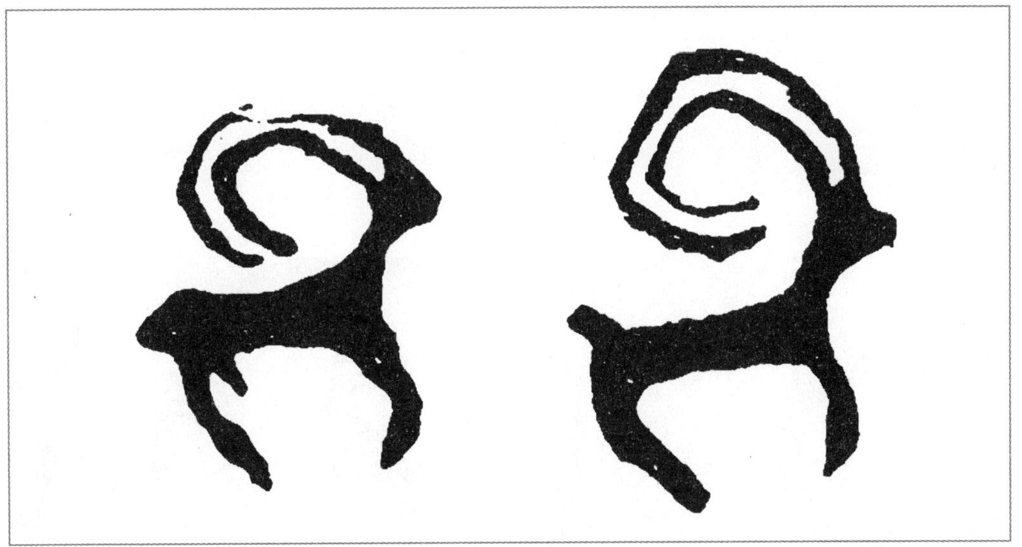

博乐市岗吉格山岩画

博乐市岗吉格山岩画

博乐市岗吉格山岩画

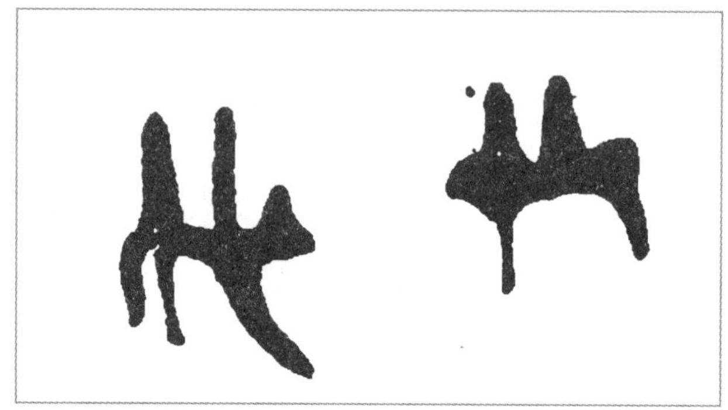

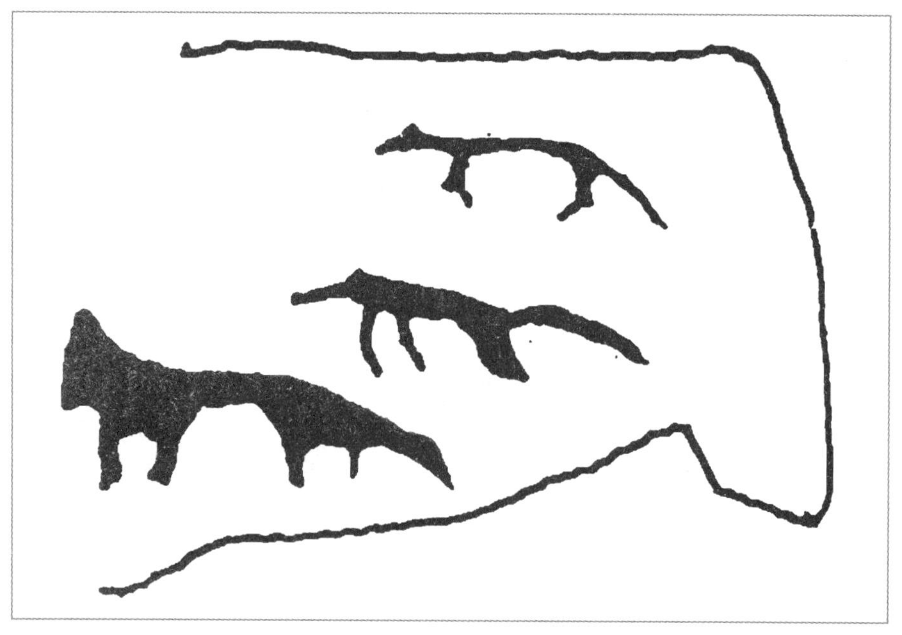

温泉县苏鲁北津岩画

温泉县苏鲁北津岩画

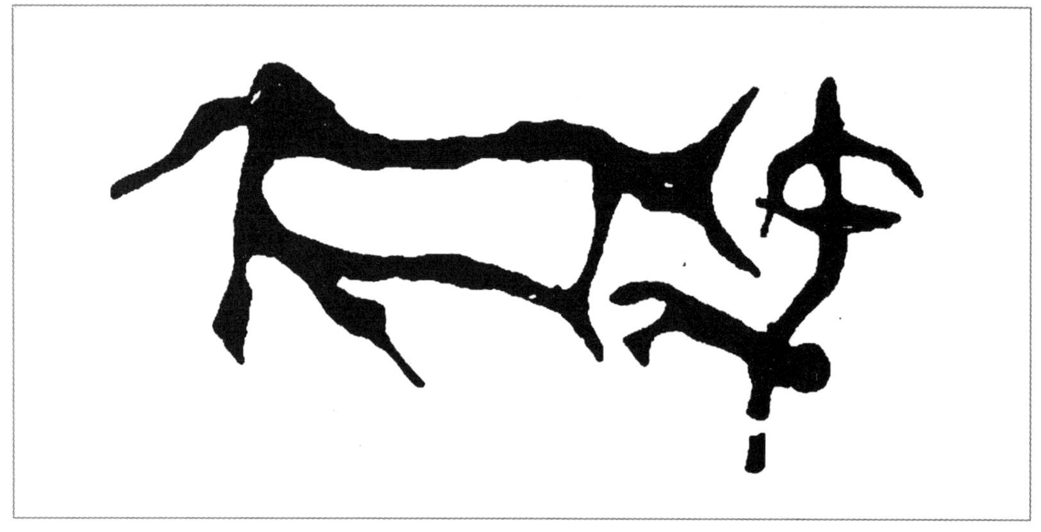

温泉县苏鲁北津岩画

温泉县苏鲁北津岩画

新源县则克台镇洞买勒岩画

特克斯县乌孙山阿克塔斯洞穴彩绘岩画

新源县则克台镇铁木尔勒克村洞买勒岩画

尼勒克县阿克塔斯牧场却米克拜岩画

新源县则克台镇铁木尔勒克村阿克赛衣岩画

特克斯县乔拉克铁热克乡阔克苏岩画

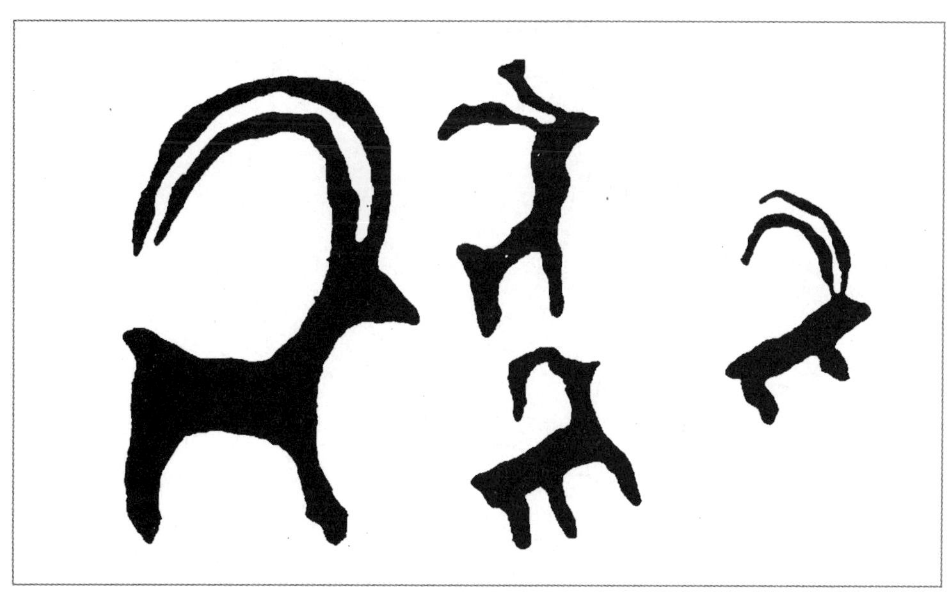

新源县则克台镇铁木尔勒克村阿克赛衣岩画

特克斯县乔拉克铁热克乡阔克苏岩画

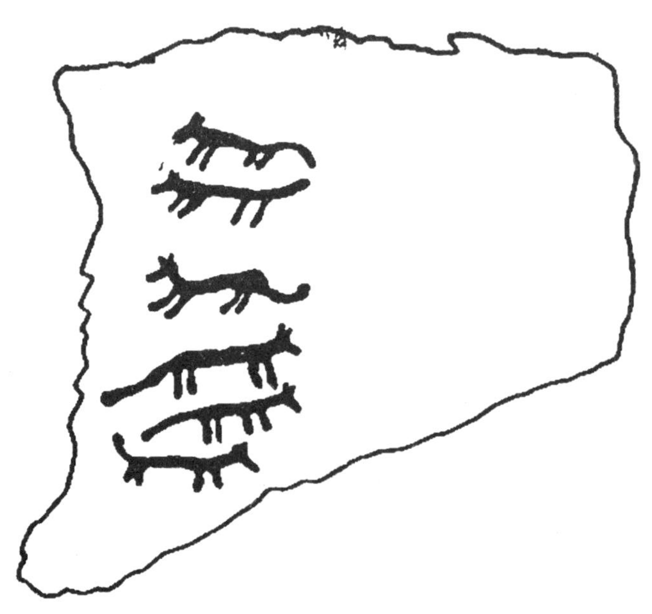

新源县则克台镇洪沙尔沟岩画

特克斯县乔拉克铁热克乡阔克苏岩画

巩留县铁克阿拉克乡乌孙山布角特岩画

新源县则克台镇铁木尔勒克村洞买勒岩画

新源县则克台镇洪沙尔沟岩画

新源县则克台镇喇叭村杜斯别尔沟岩画

尼勒克县阿克塔斯牧场却米克拜沟岩画

昭苏县夏塔乡马拉尔特沟岩画

新源县则克台镇洪沙尔沟岩画

新源县则克台镇洪沙尔沟岩画

新源县则克台镇洪沙尔沟岩画

新源县则克台镇洪沙尔沟岩画

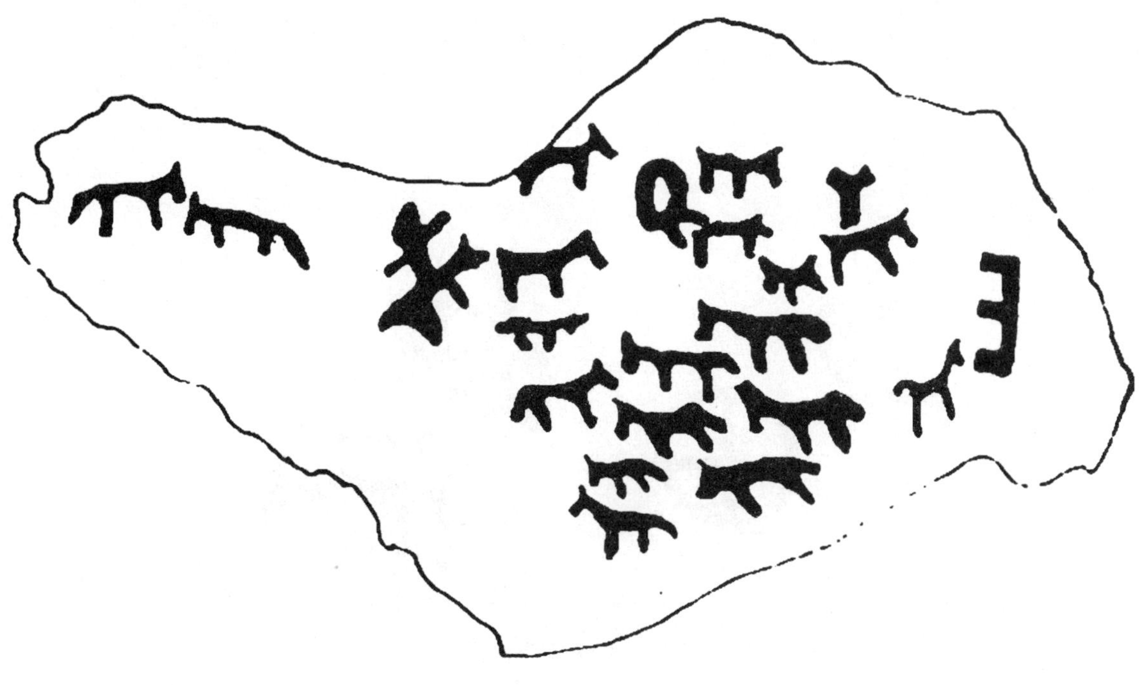

特克斯县乔拉克铁热克乡阔克苏岩画

尼勒克县阿克塔斯牧场却米克拜岩画

尼勒克县阿克塔斯牧场却米克拜岩画

特克斯县乔拉克铁热克乡阔克苏岩画

哈密市沁城区折腰沟战斗岩画

哈密市沁城区白山车辆岩画

哈密市沁城区折腰沟战斗岩画

哈密市沁城区白山车辆岩画

哈密市沁城区白山车辆岩画

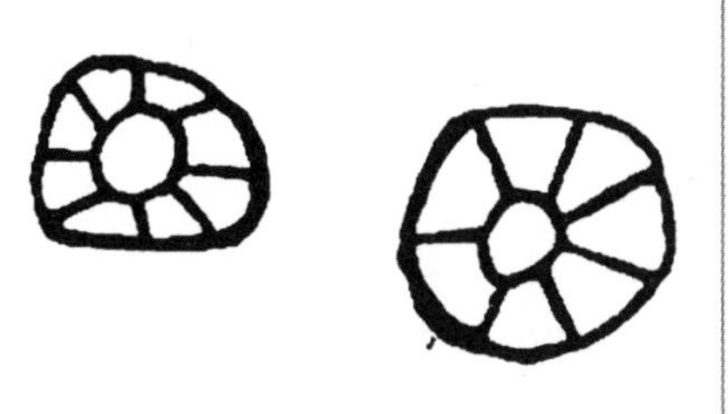

尉犁县兴地岩画

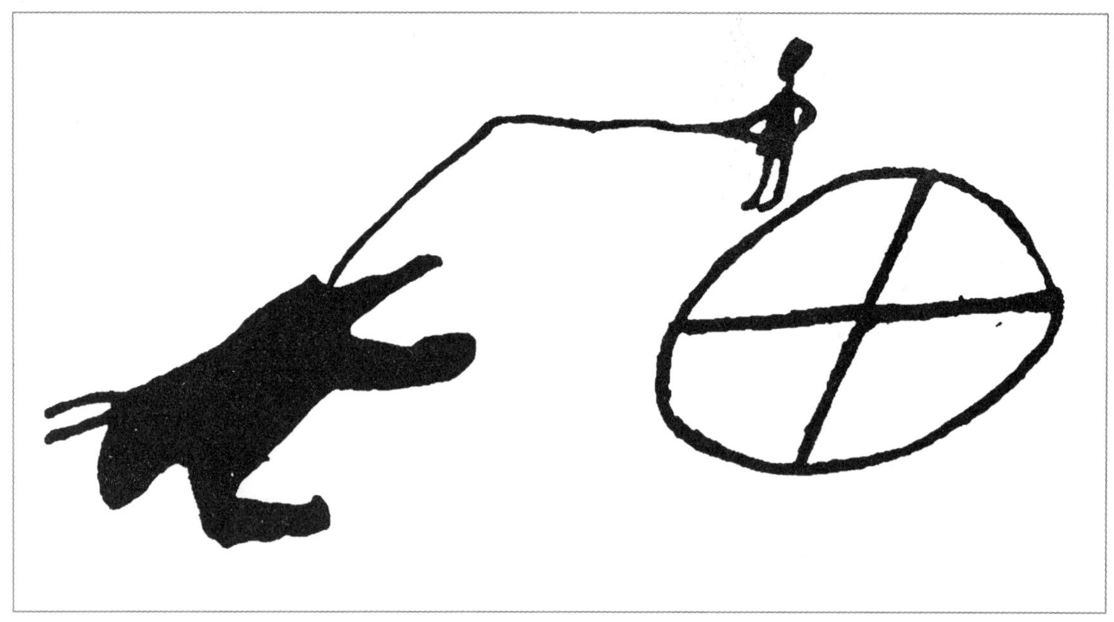

鄯善县连木沁沟车辆岩画

温宿县包孜东车辆岩画

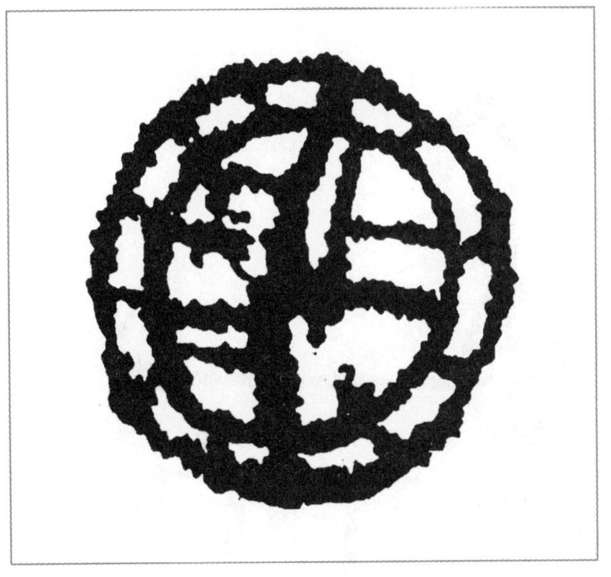

伊吾县南山车辆岩画

巴里坤兰州湾子车辆岩画

巴里坤李家湾子车辆岩画

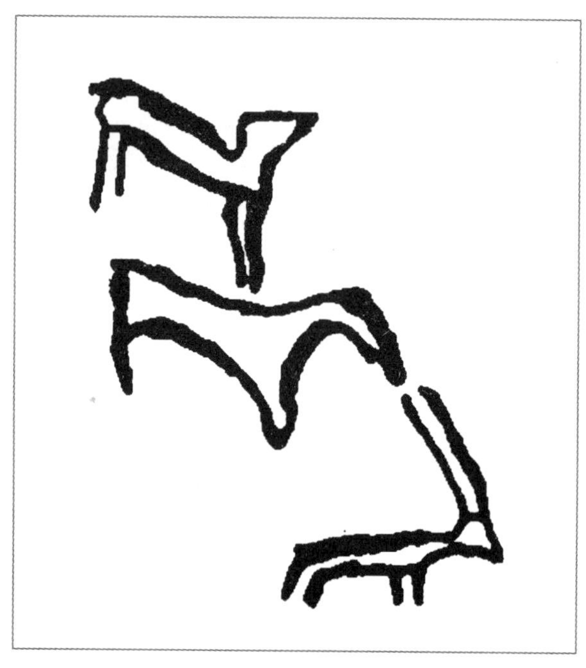

哈密市沁城区白山岩画

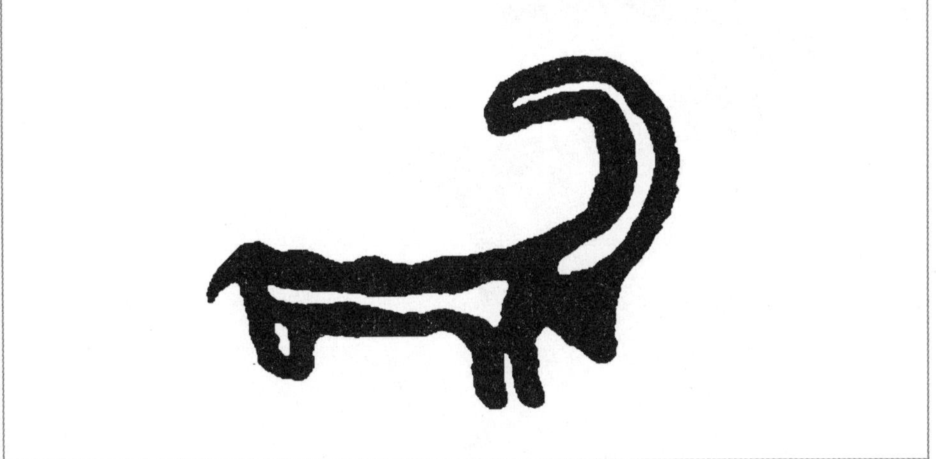

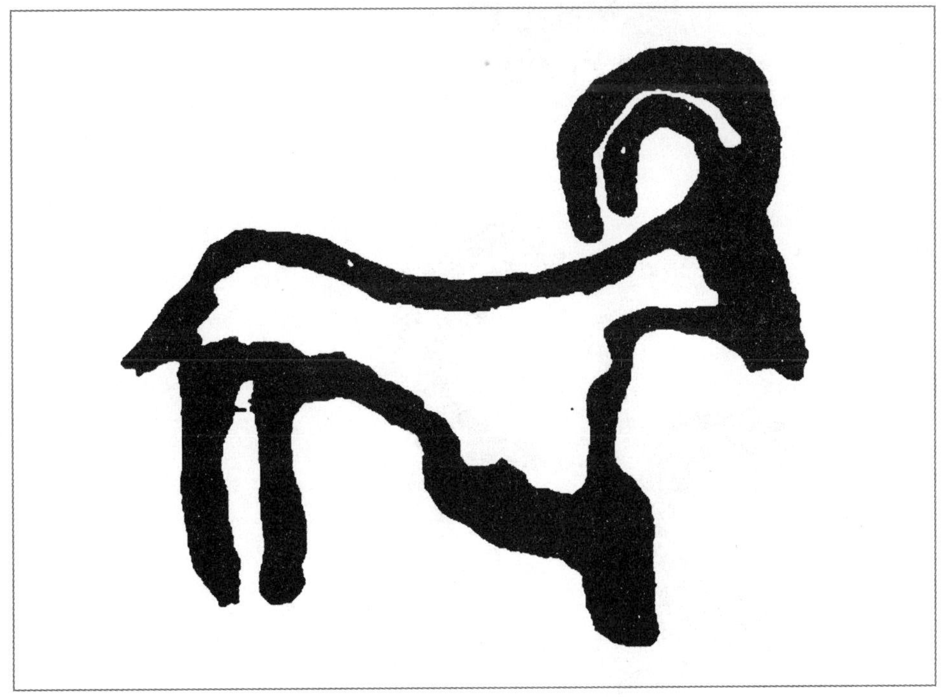

哈密市沁城区白山岩画

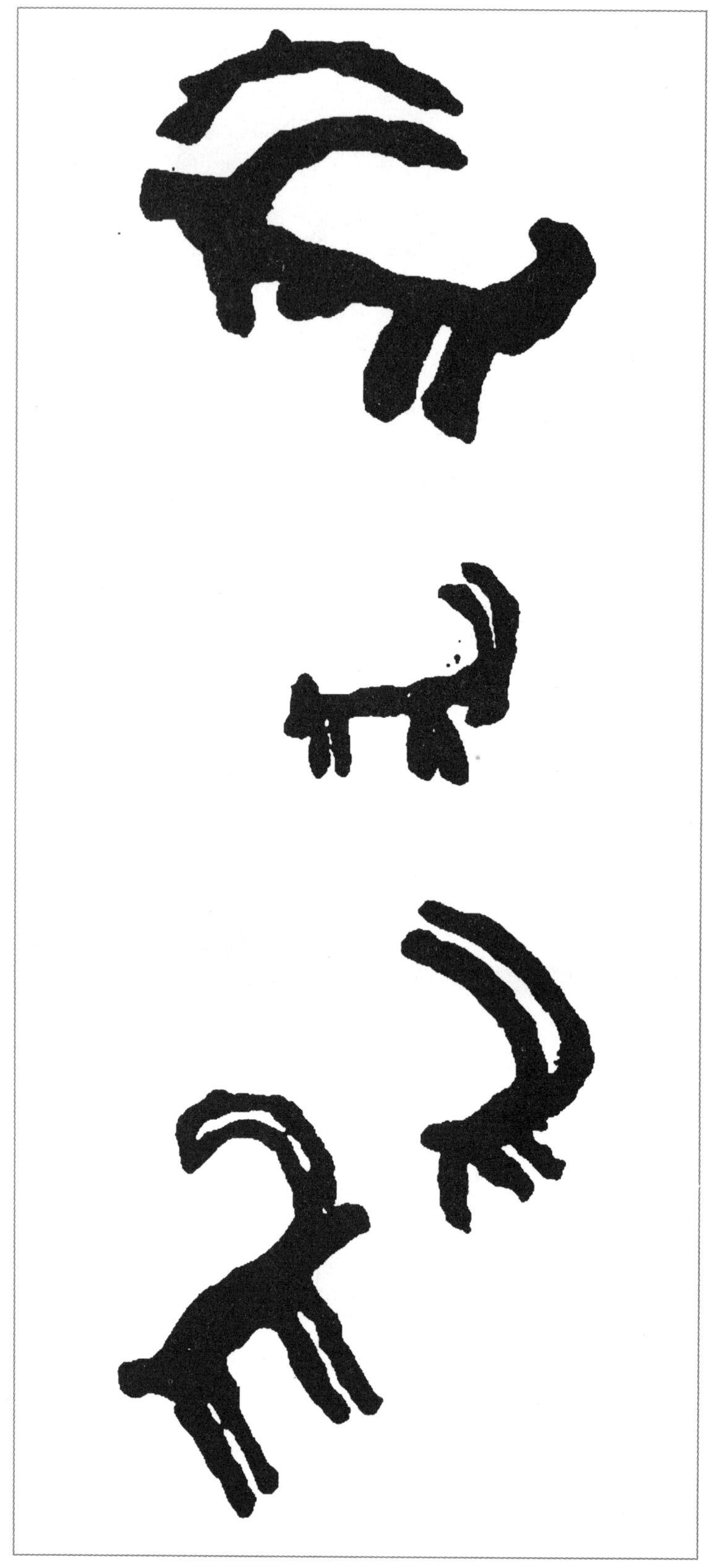

哈密市沁城区白山岩画

哈密市沁城区白山岩画

哈密市沁城区白山岩画

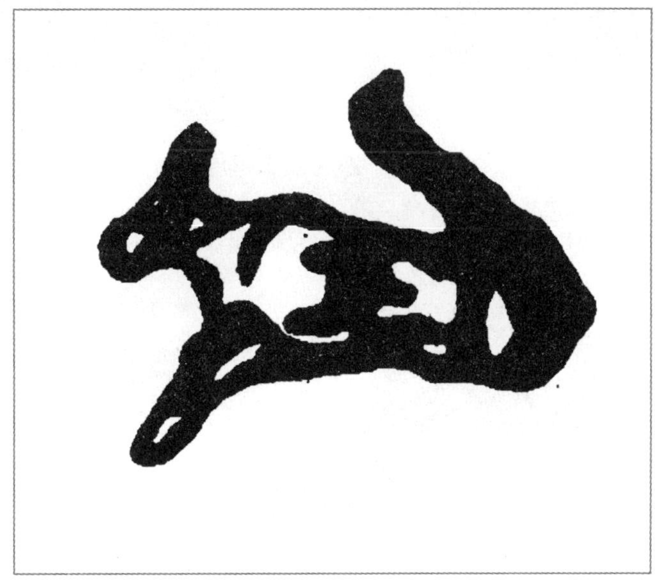

哈密市沁城区白山岩画

哈密市沁城区白山岩画

哈密市沁城区白山岩画

哈密市沁城区白山岩画

哈密市沁城区白山岩画

哈密市沁城区头宫口子岩画

哈密市沁城区折腰沟岩画

哈密市沁城区折腰沟岩画

哈密市沁城区折腰沟岩画

哈密市沁城区折腰沟岩画

哈密市沁城区折腰沟岩画

托克逊县科普加衣岩画

托克逊县科普加衣岩画

托克逊县科普加衣狩猎图岩画

托克逊县科普加衣岩画

托克逊县科普加衣围猎图岩画

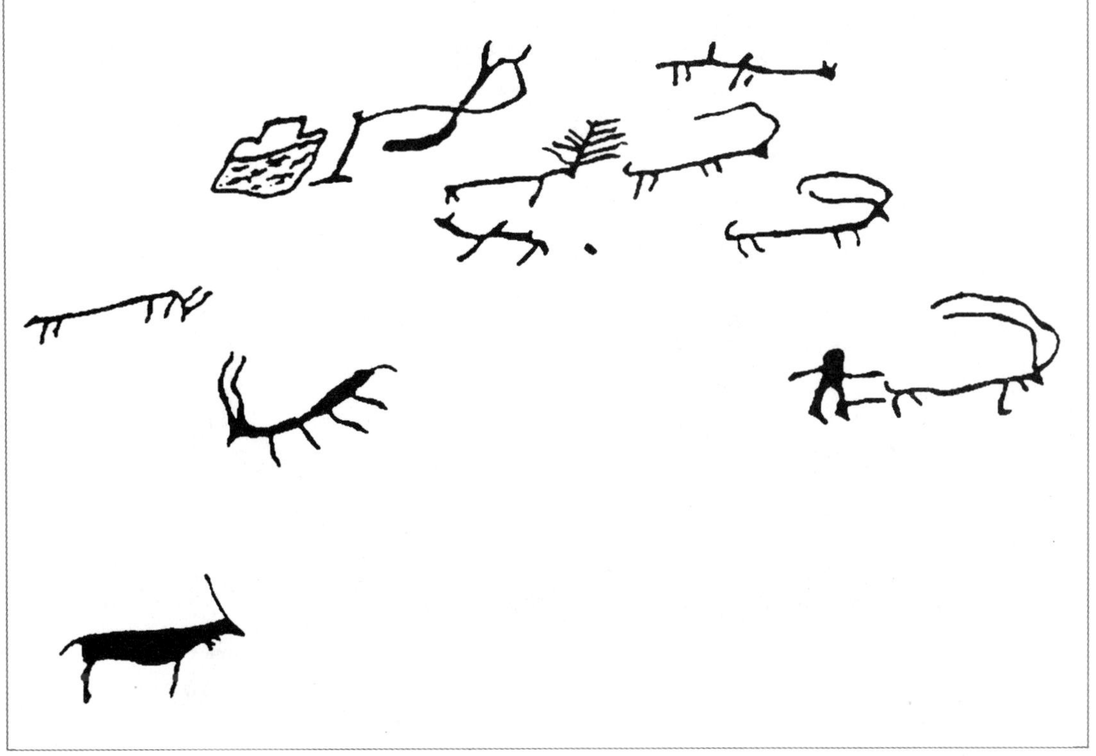

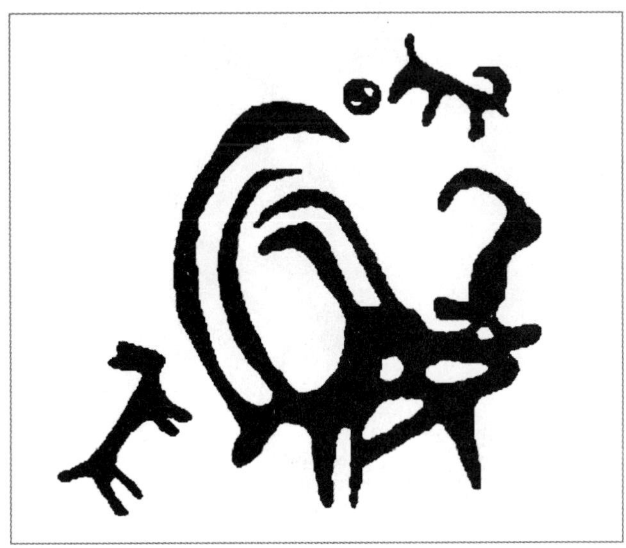

托克逊县科普加衣岩画

托克逊县科普加衣岩画

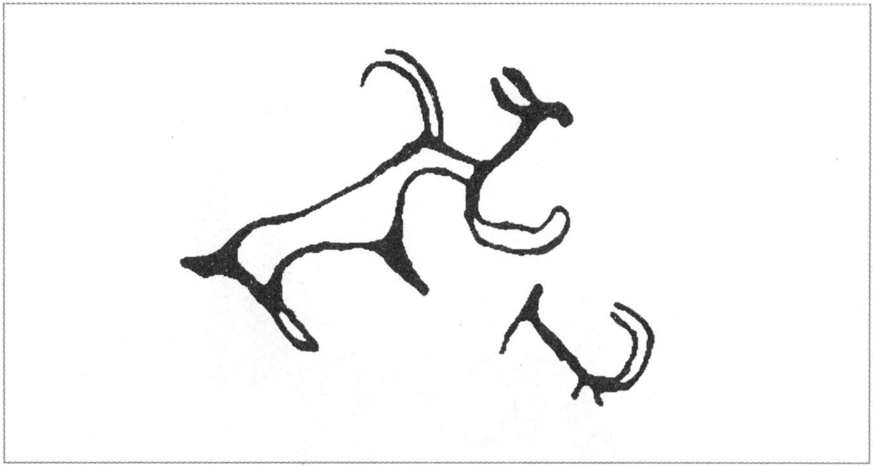

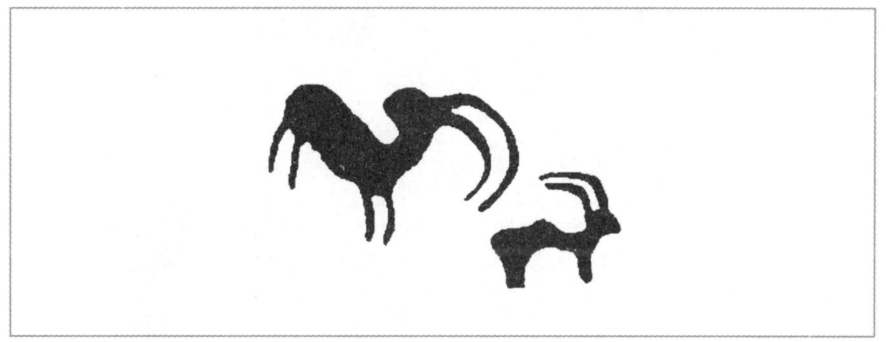

托克逊县科普加衣岩画

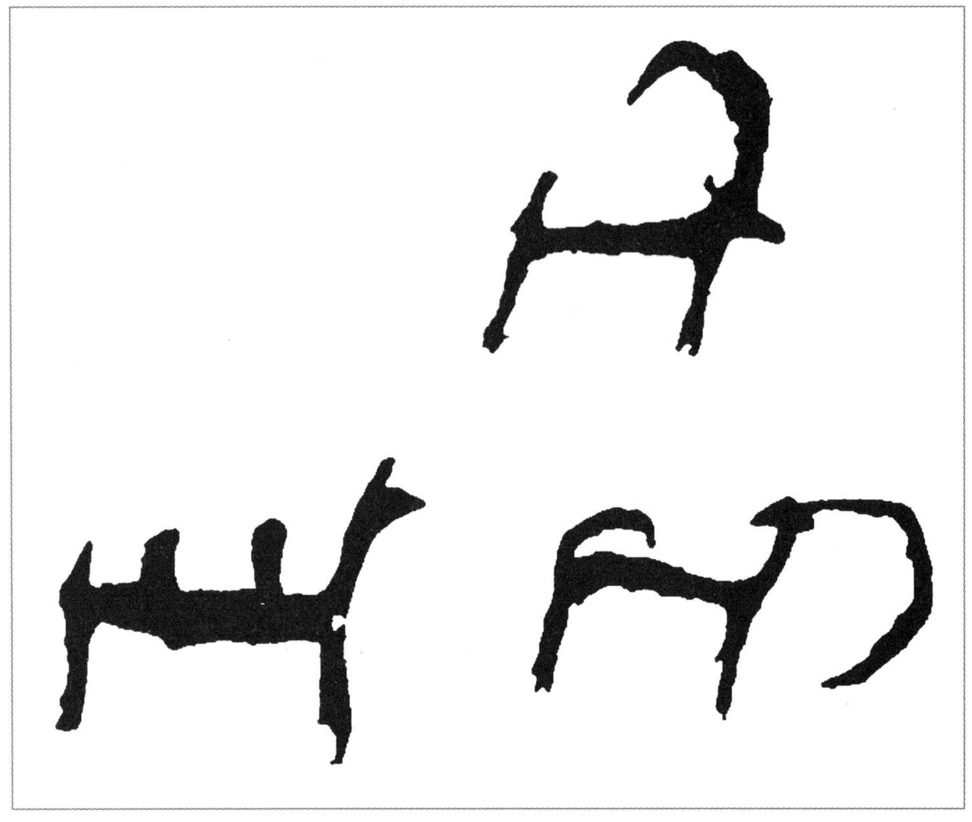

托克逊县科普加衣岩画

托克逊县科普加衣岩画

托克逊县科普加衣岩画

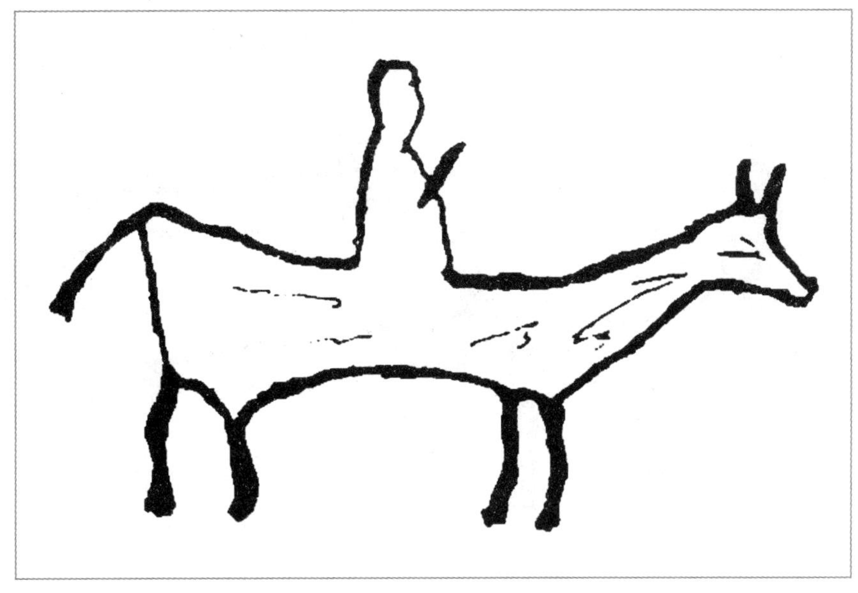

托克逊县科普加衣岩画

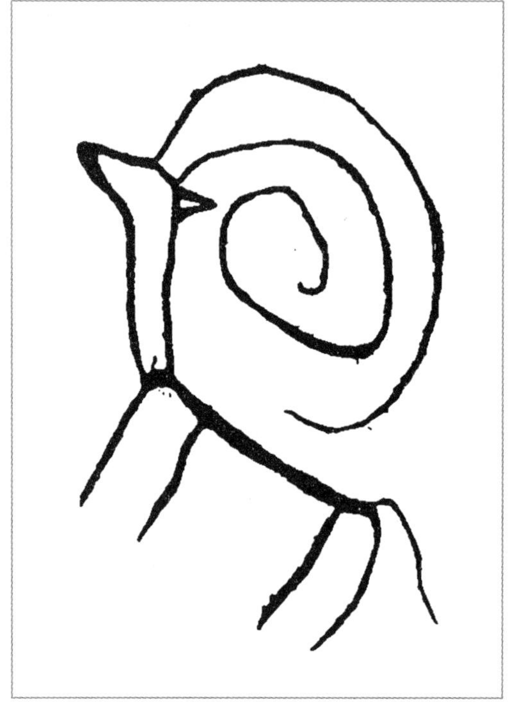

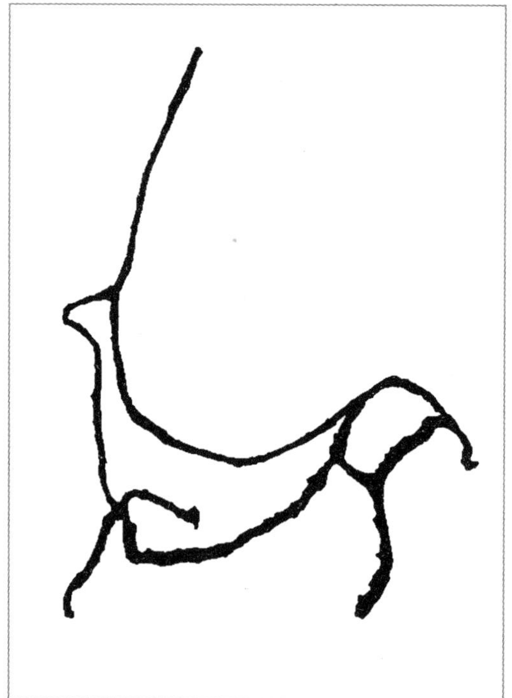

托克逊县科普加衣岩画

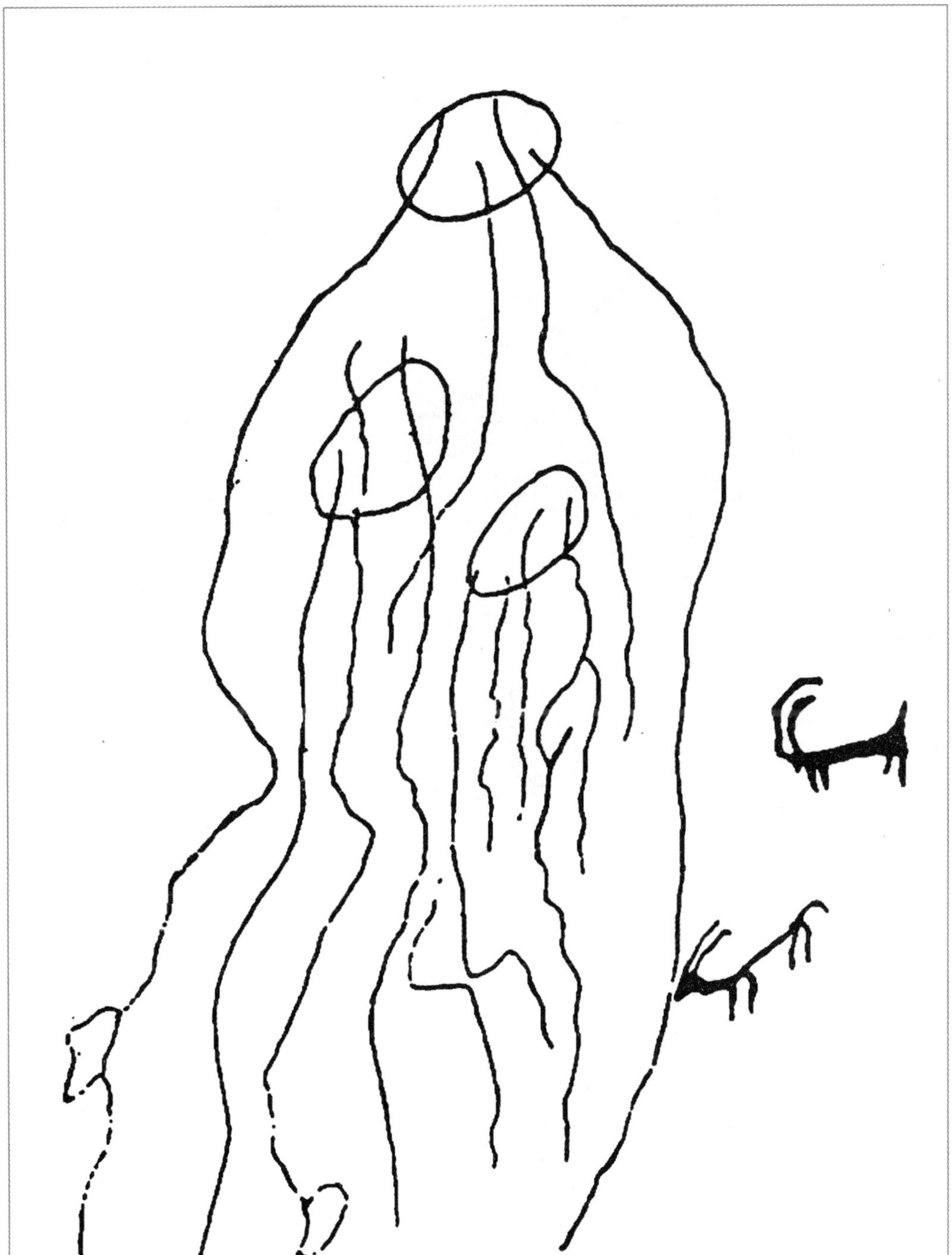

托克逊科普加衣大齐克企克水流图岩画

温宿县包孜东乡小库孜巴衣狩猎图岩画

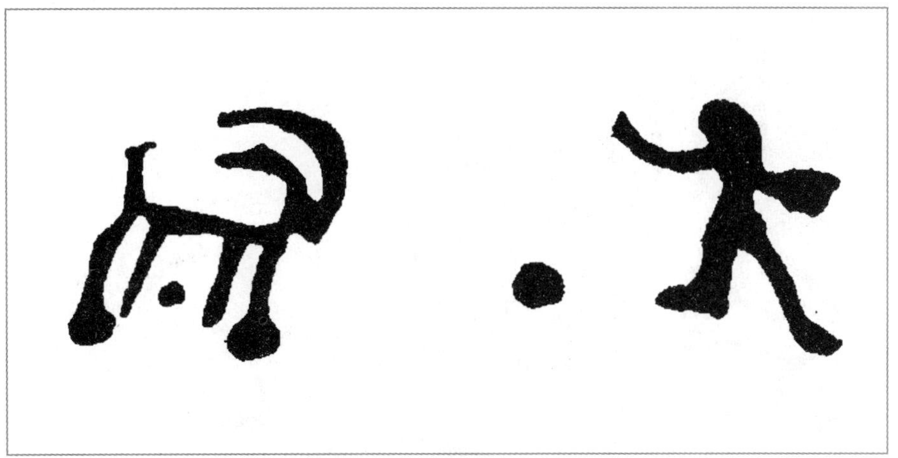

温宿县包孜东乡小库孜巴衣狩猎图岩画

温宿县包孜东乡小库孜巴衣放牧图岩画

温宿县包孜东车辆岩画

温宿县包孜东树木岩画

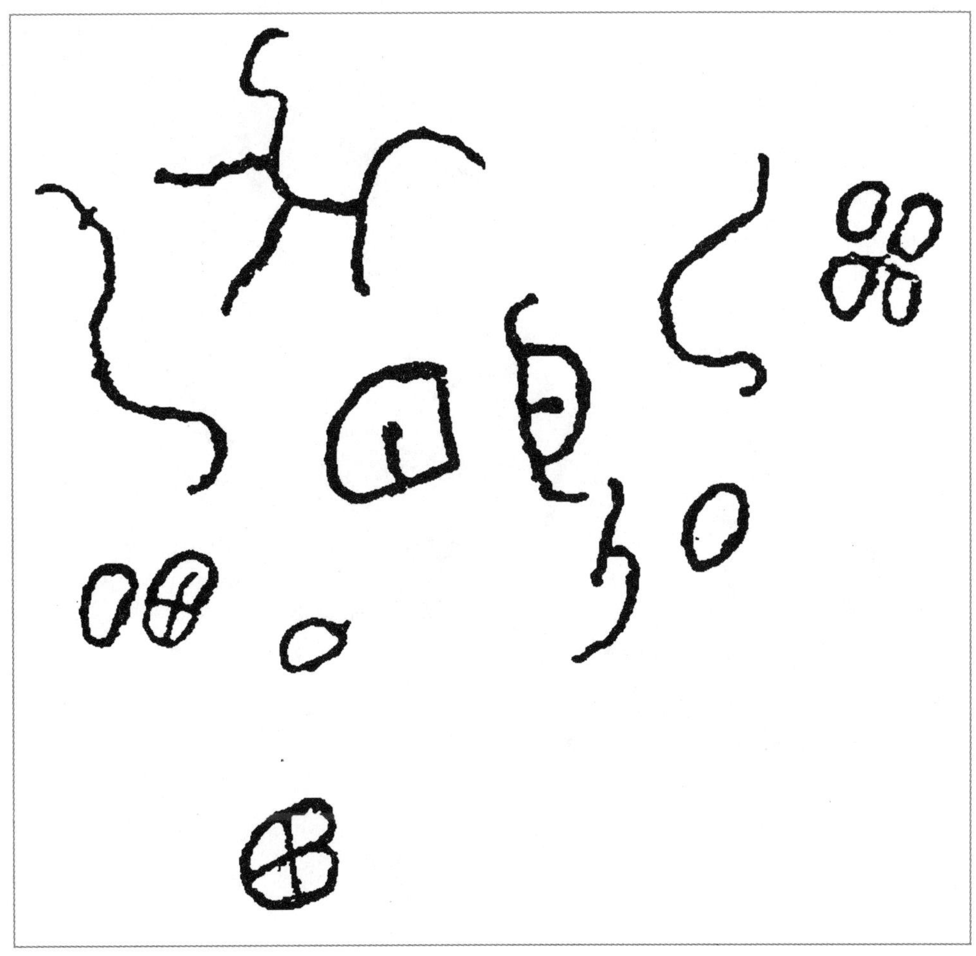

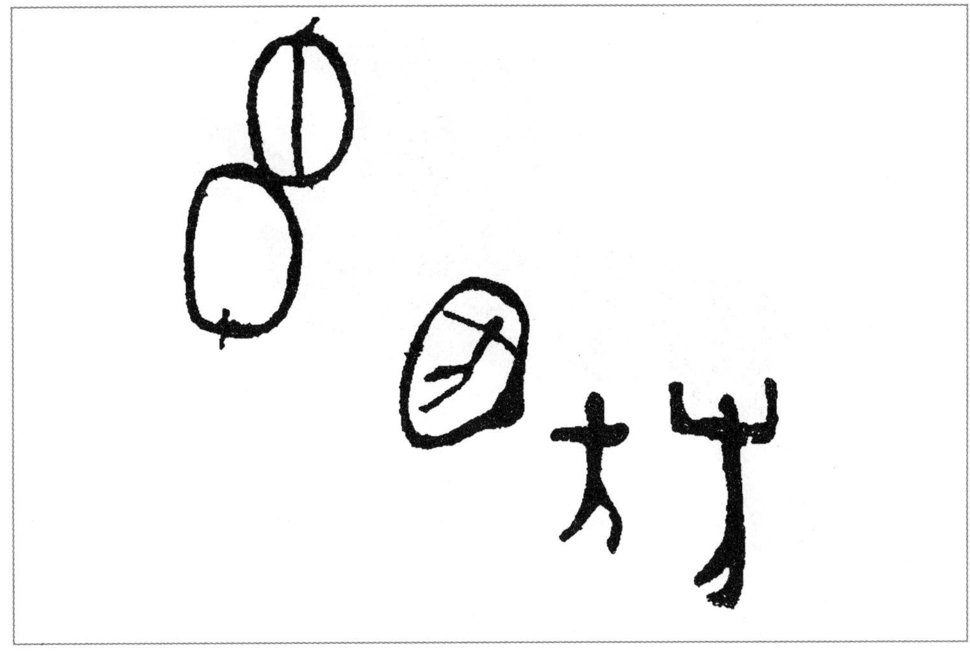

温宿县吐木秀克乡阿尕衣那克柯塘岩画

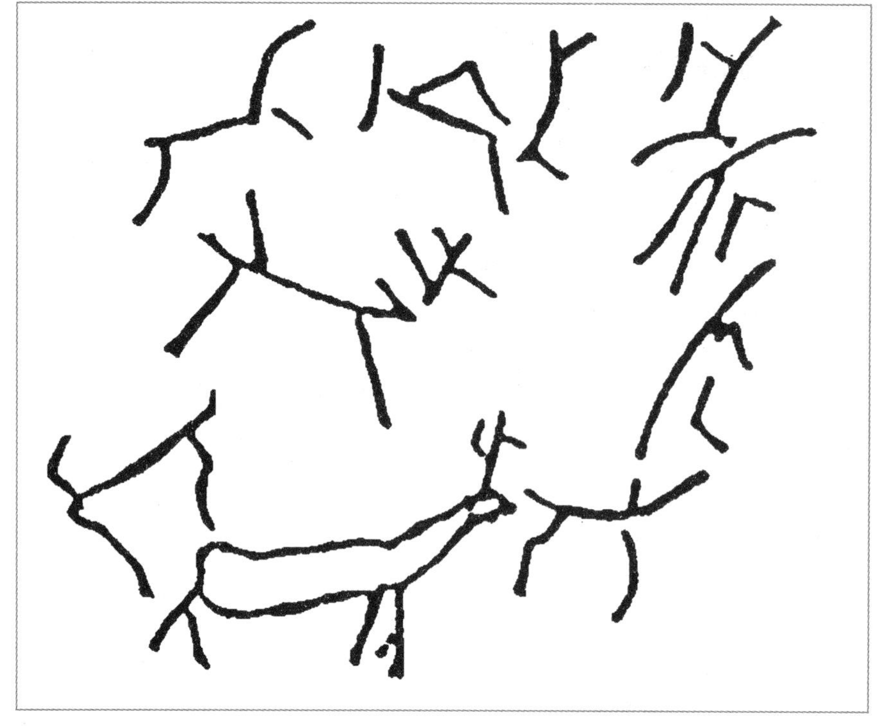

新疆阿勒泰市将军山岩画

新疆吉木乃县沙吾尔山哈尔交牧场克孜尔库拉岩画

新疆哈巴河县沙勾布拉克乡汤巴尔塔斯岩画

新疆木垒县鸡心梁印记岩画

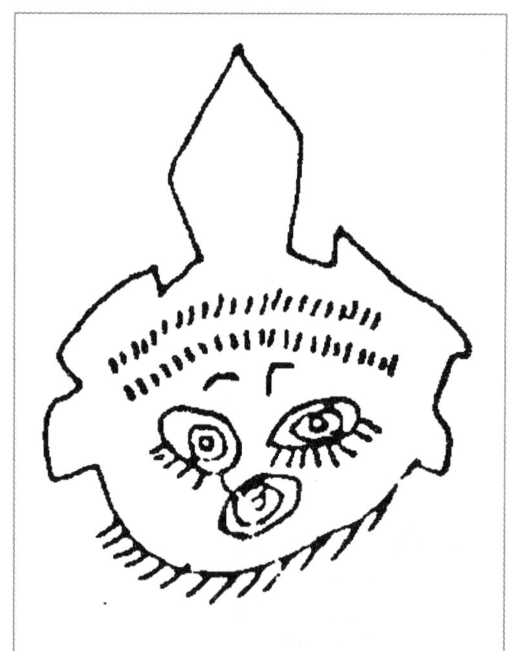
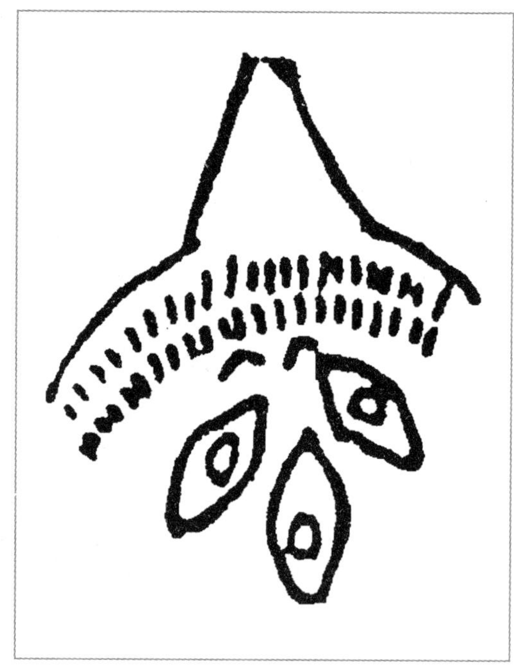

富蕴县人面像岩画

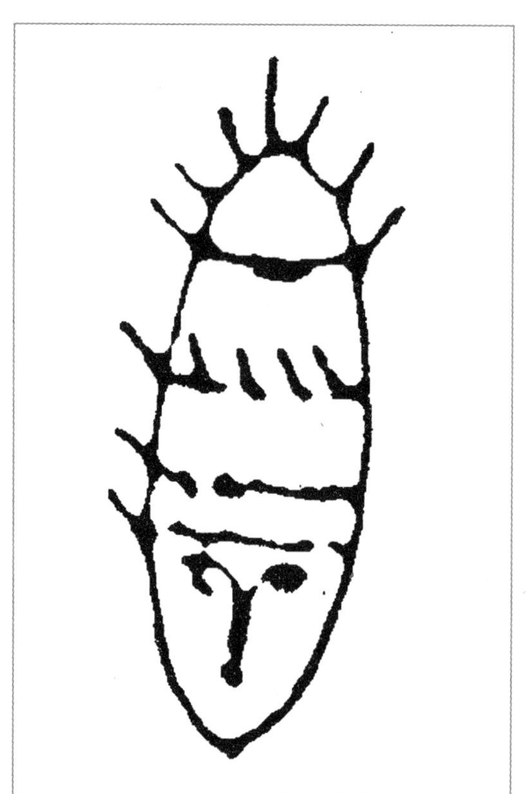

哈巴河县人面像岩画

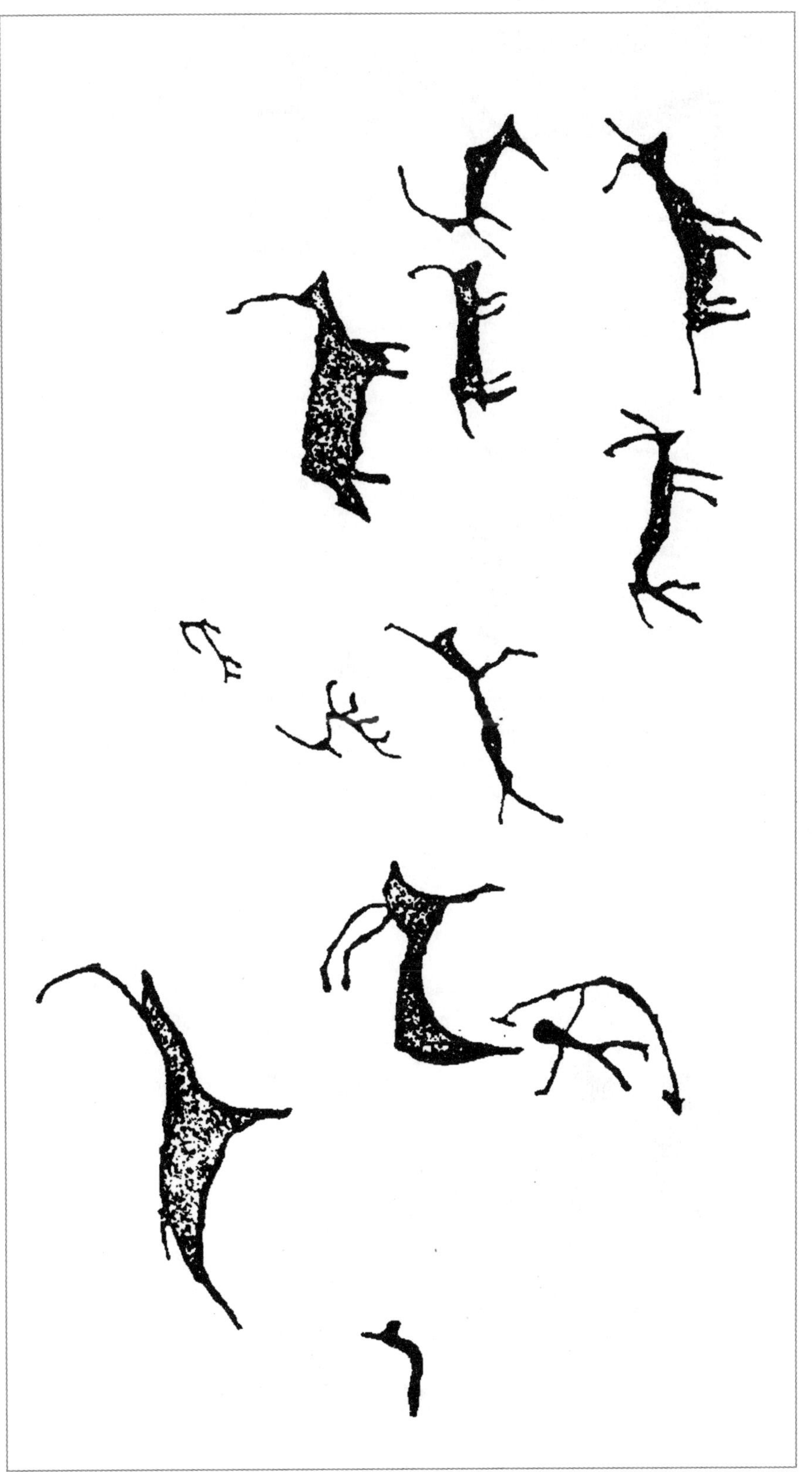

托克逊县科普加衣狩猎岩画

温泉县苏鲁北津岩画

新疆且末岩画

玛纳斯县苏鲁萨依岩画

且末县木里恰河岩画

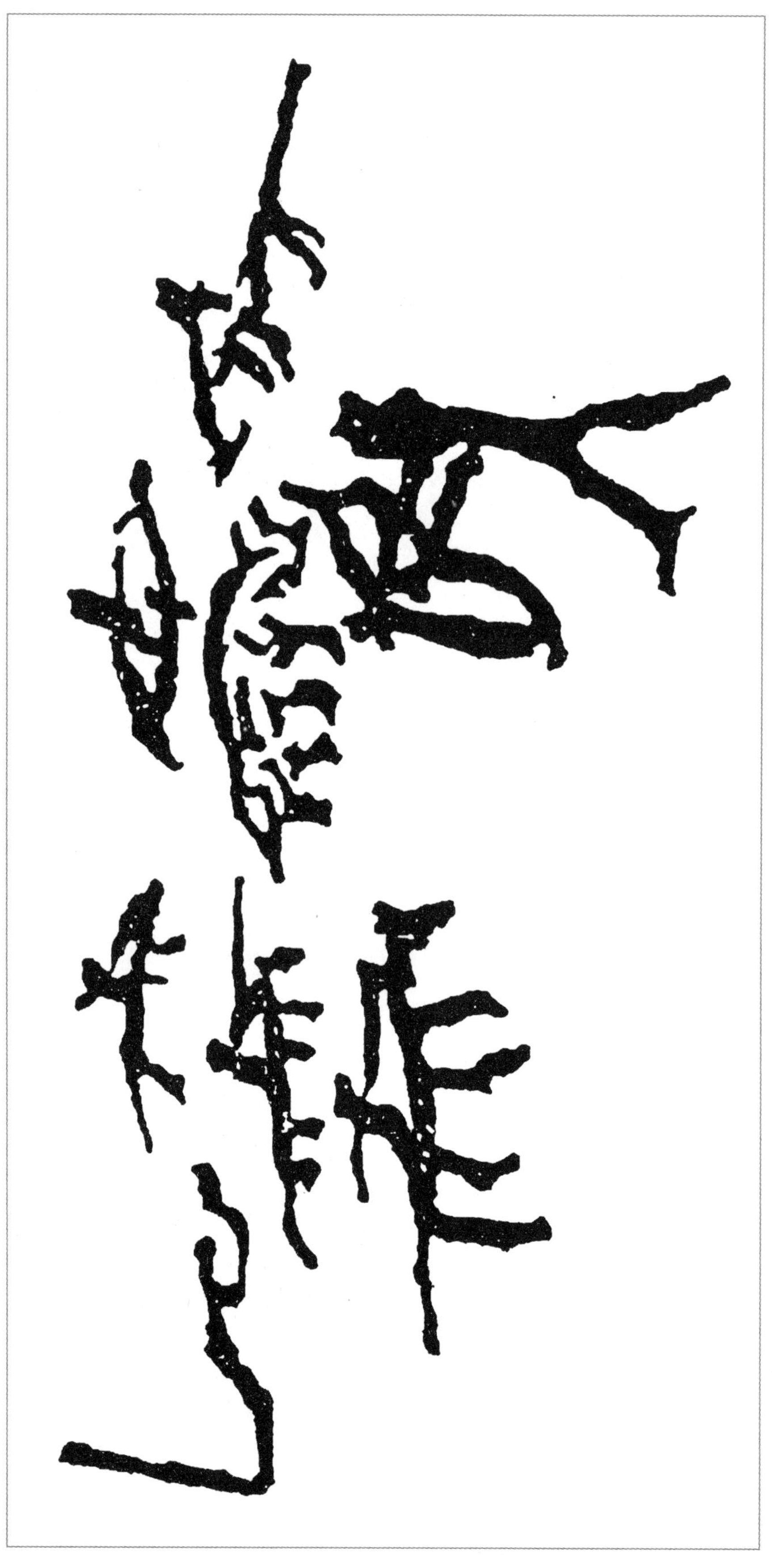

尉犁县兴地围猎岩画

温泉县乌苏鲁别真双人步牧图岩画

库鲁克山新地牧马岩画

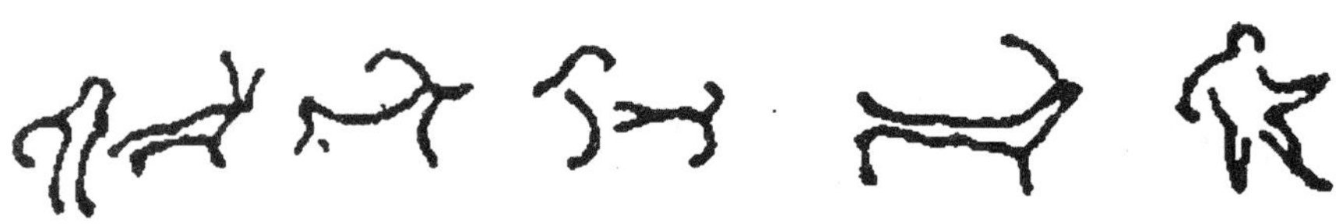

库鲁克山新地牧羊岩画

托克逊县科普加依水利图旁成列前进饮水的羊群岩画

库鲁克山新地牧驼岩画

温泉县多浪特转场岩画

阿勒泰鹿羊混合放牧岩画

托克逊县科普加依水利图岩画

巴里坤县地图岩画

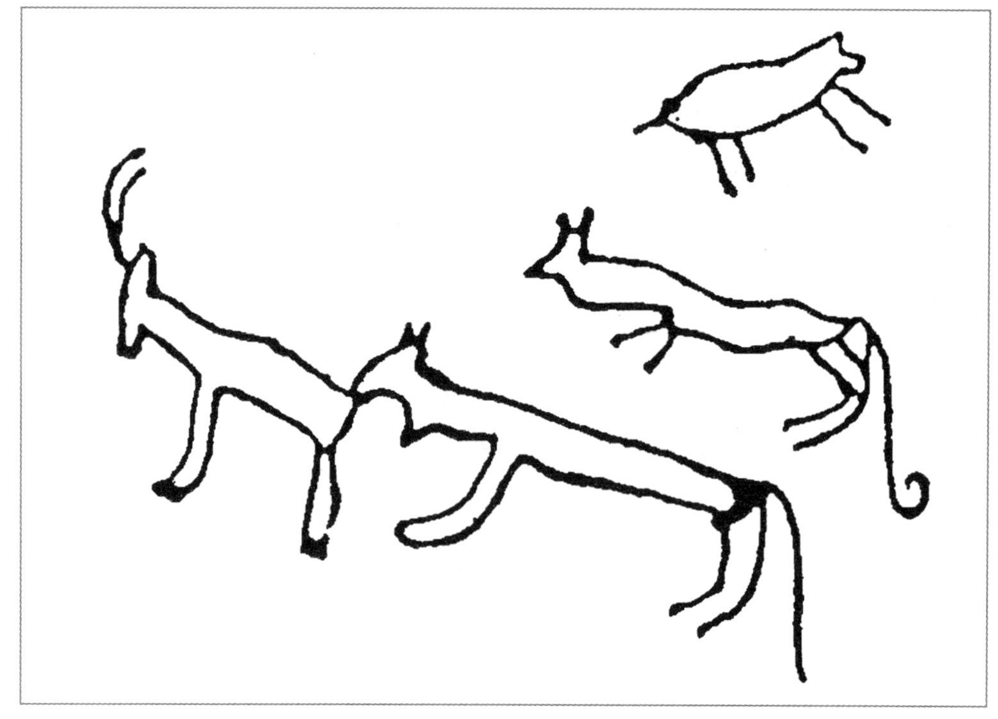

托克逊县科普加依虎咬羊岩画

温泉县苏鲁布津狼追羊岩画

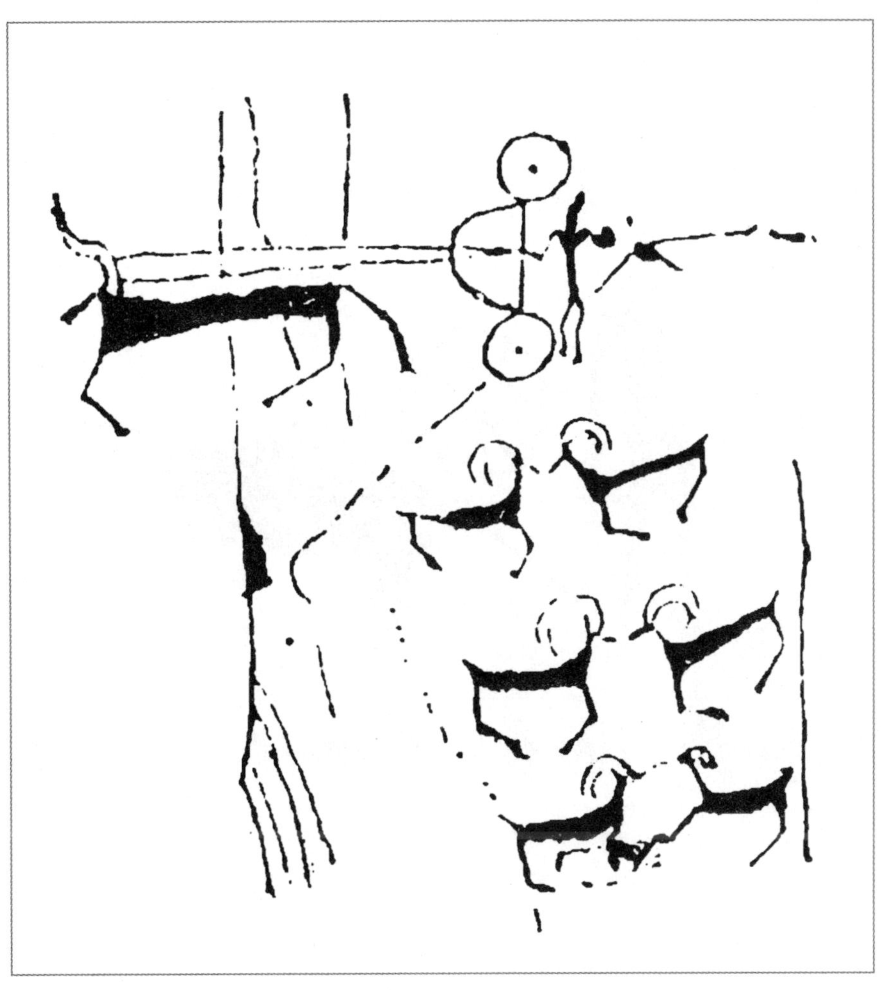

阿勒泰市乌吐不拉克车辆岩刻

额敏县依米里河车辆岩画

裕民县巴尔达库尔车辆岩画

哈密市沁城区白山车辆岩画

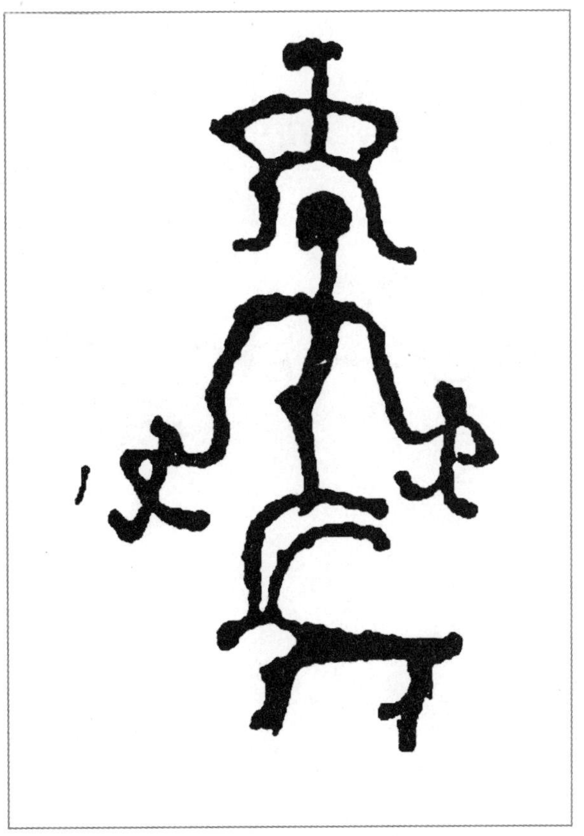

阿勒泰生殖崇拜岩画

呼图壁县登格克霍拉战争岩画

库鲁克山兴地征战岩画

木垒县博斯坦牧场女巫师岩画

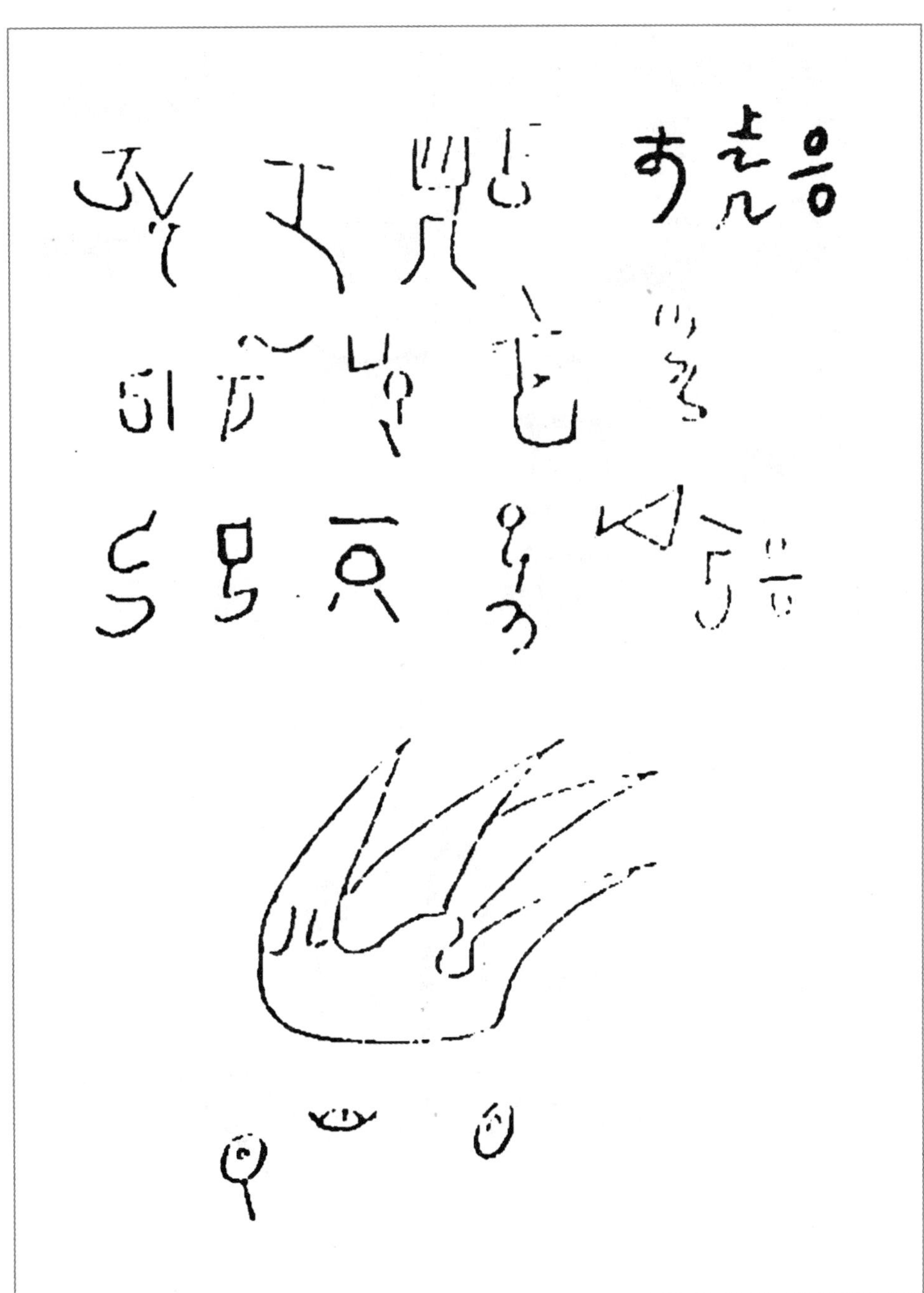

富蕴县唐巴勒塔斯洞窟内藏文题记岩画

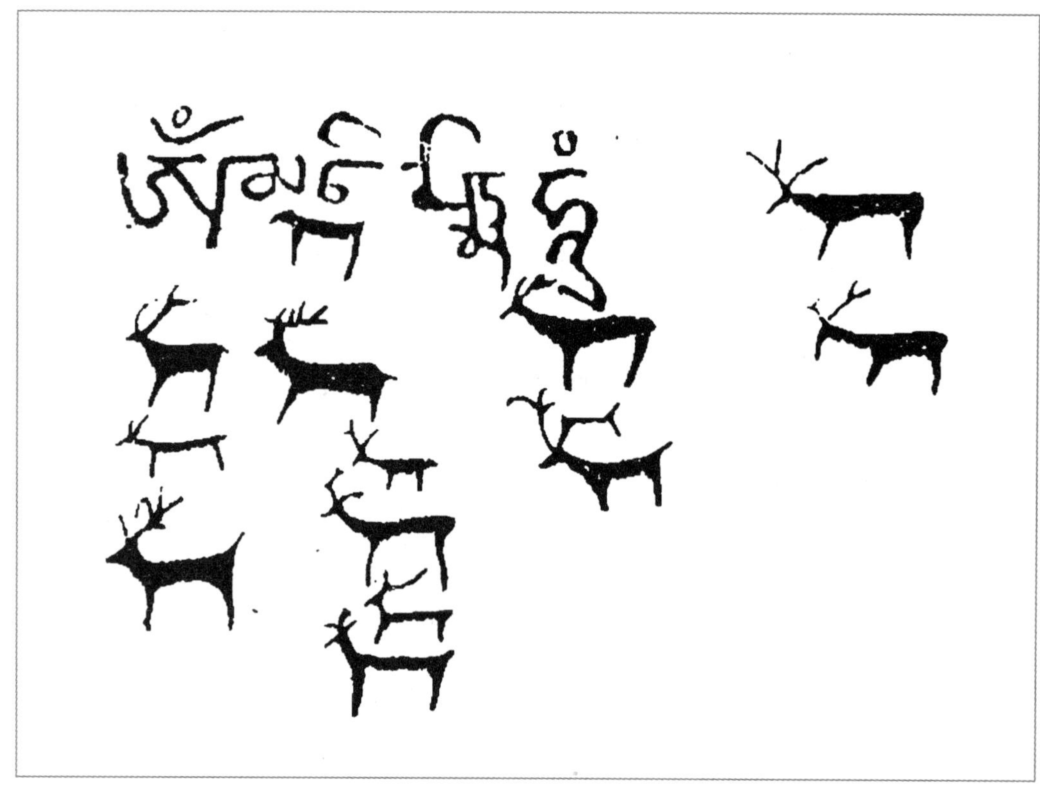

阿勒泰市动物及藏文岩画

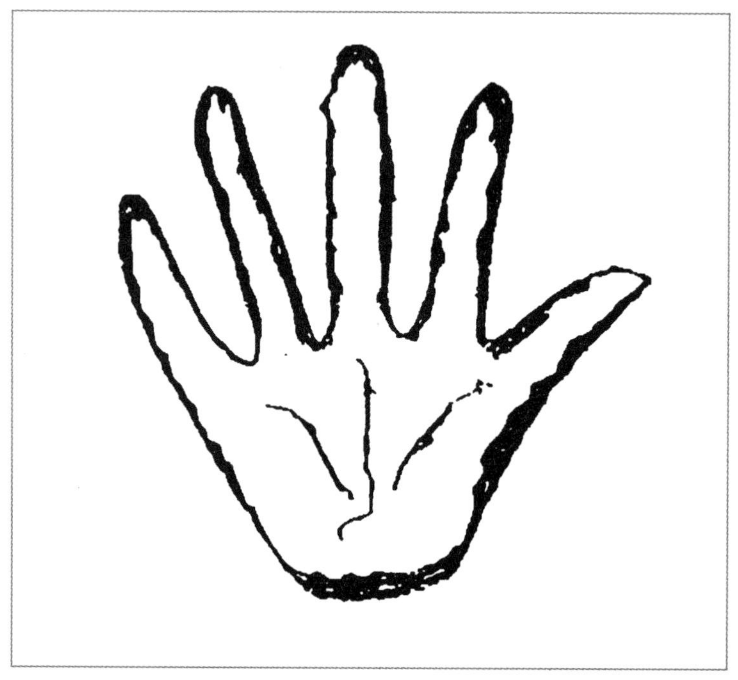

青河县边海子森塔斯手印岩刻

且末县昆仑山手印岩刻

且末县昆仑山手印岩刻

皮山县桑株镇手印岩刻

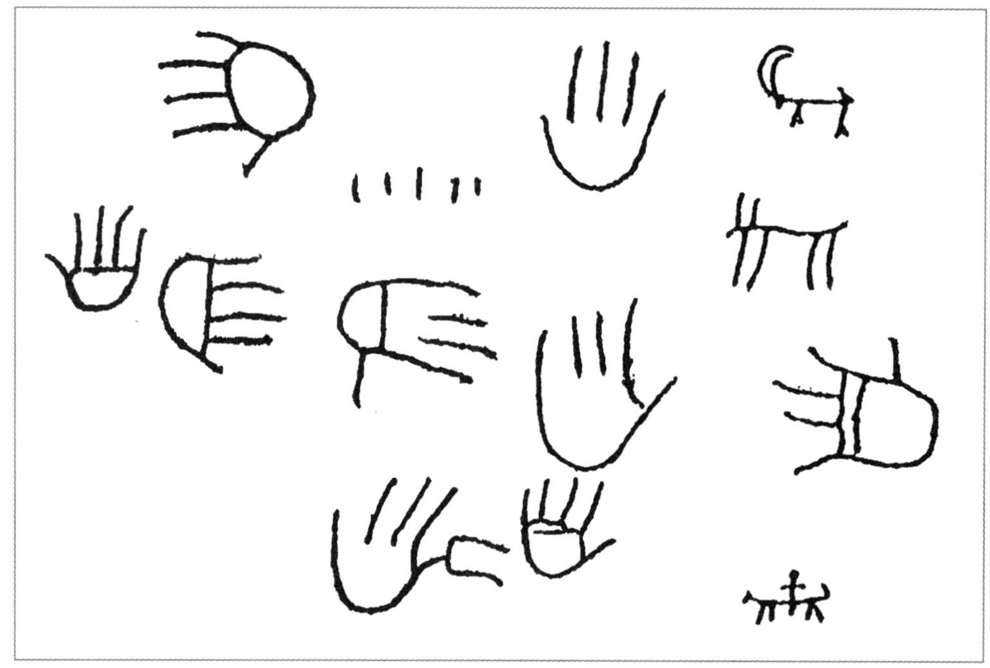

塔什库尔干塔吉克自治县手印岩刻

皮山县桑株镇手印岩刻

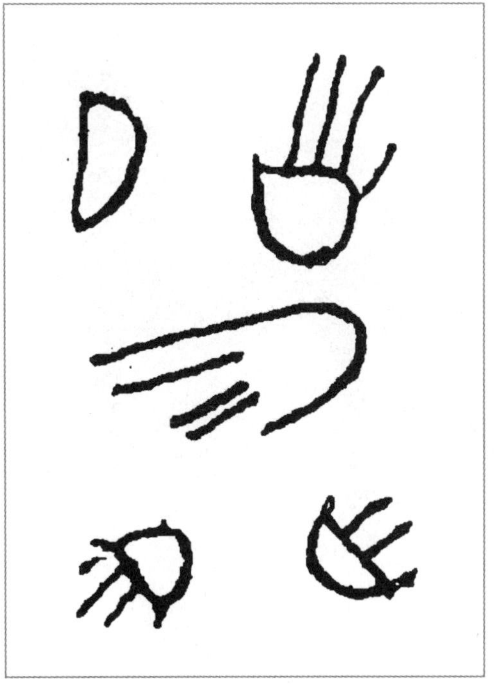

塔什库尔干塔吉克自治县手印岩刻

奇台县北塔山阿艾提沟野马岩画

近代准噶尔盆地东部野马岩画

阿勒泰市夹西哈拉海骏马岩画

裕民县巴尔达库尔骏马岩画

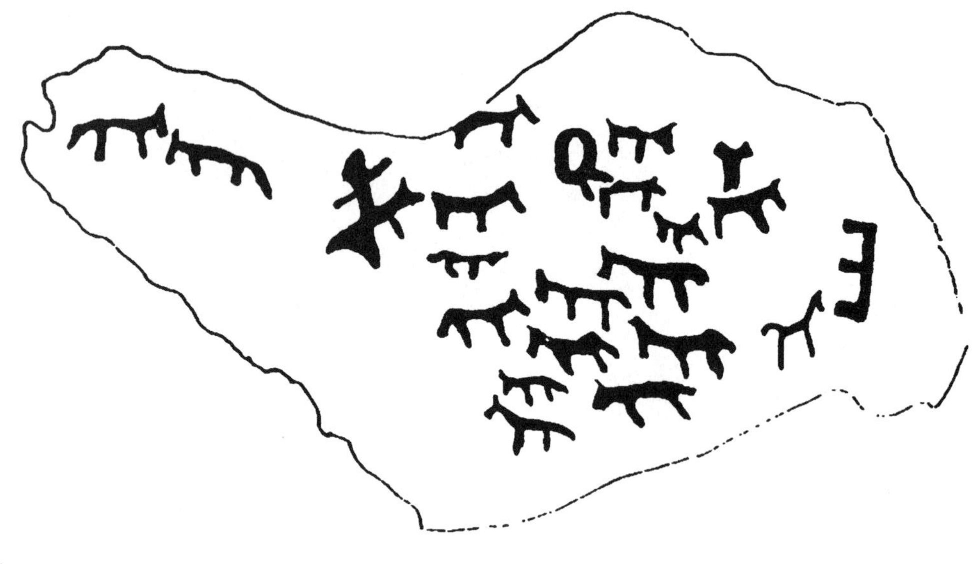

特克斯县乔拉克铁热克乡阔克苏骏马岩画

库鲁克山兴地骆驼驮运岩画

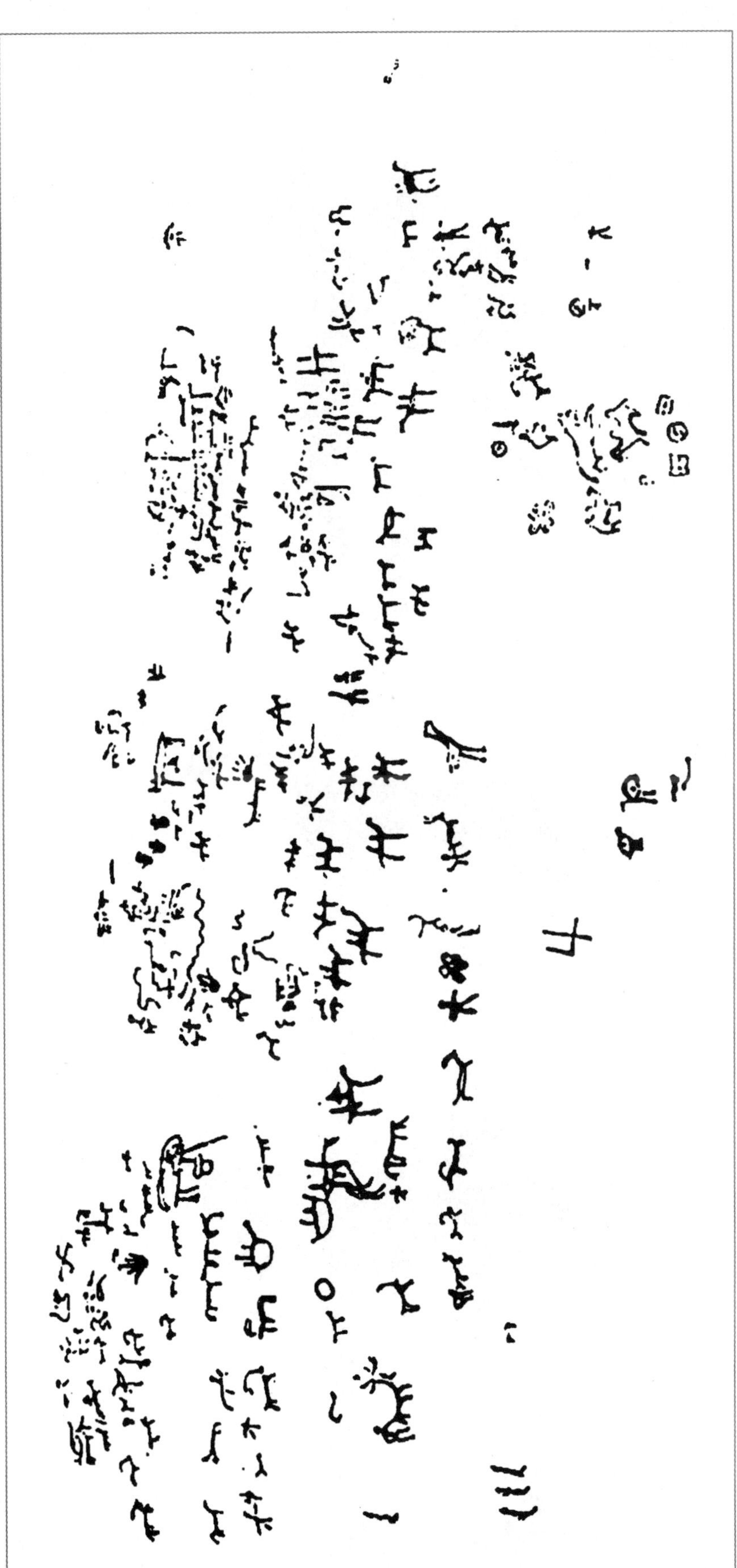

库鲁克山兴地骏马、骆驼岩画

吉木乃县哈尔交牧场克孜尔库拉双峰驼岩画

温宿县包孜东乡小库孜巴依骏马岩画

吉木乃县哈尔交牧场克孜尔库拉单峰驼岩画

哈密市沁城区折腰沟野骆驼岩画

巴里坤县家骆驼岩画

伊吾县前山乡乌勒盖家骆驼岩画

和布克赛尔县斜米思台山阿拉巴思大牛岩画

和布克赛尔县斜米思台山阿拉巴思无角牛岩画

裕民县巴尔达库尔大牛岩画

裕民县巴尔达库尔家牛岩画

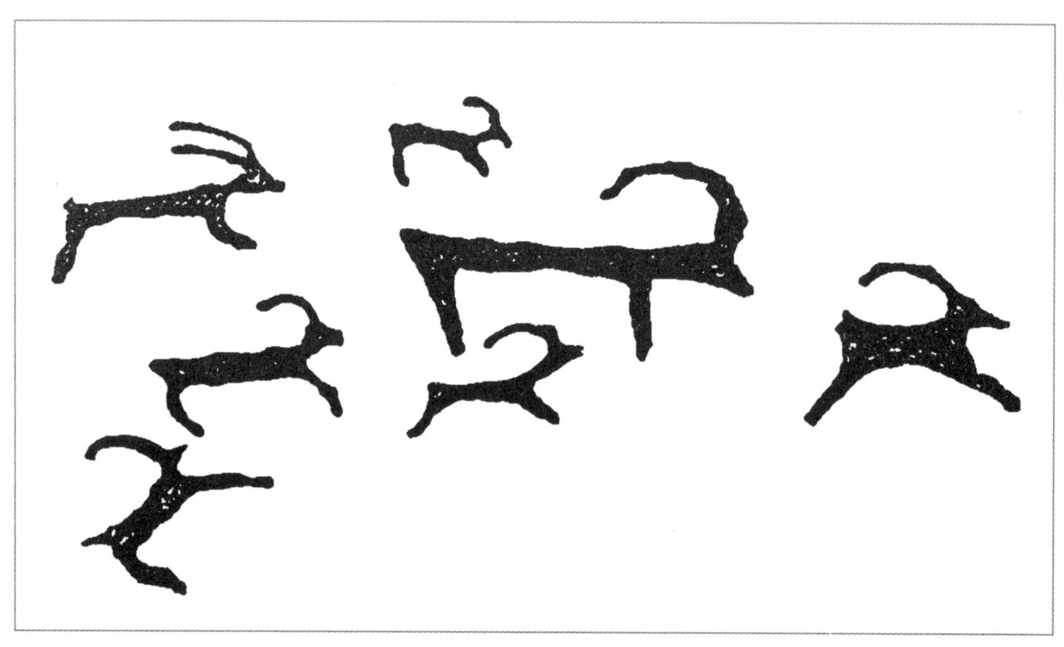

伊吾县前山乡乌勒盖北山羊岩画

奇山县北塔山库甫沟岩羊岩画

木垒县芦塘沟藏羚岩画

呼图壁县康家石门子梅花鹿岩画

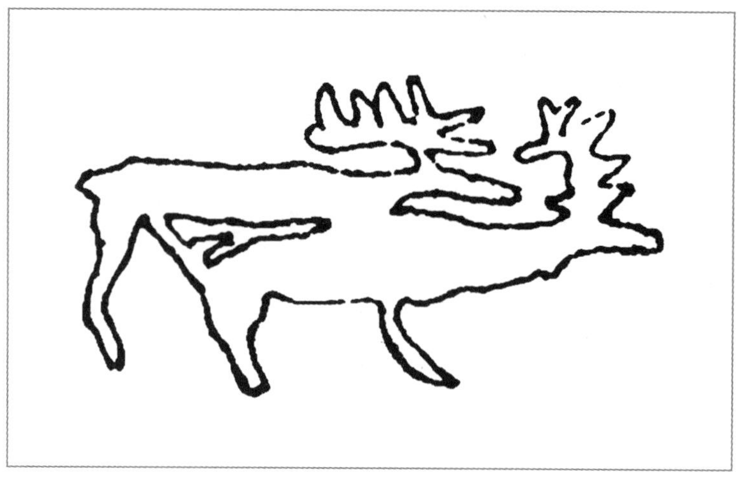

阿勒泰市玉衣塔斯驯鹿岩画

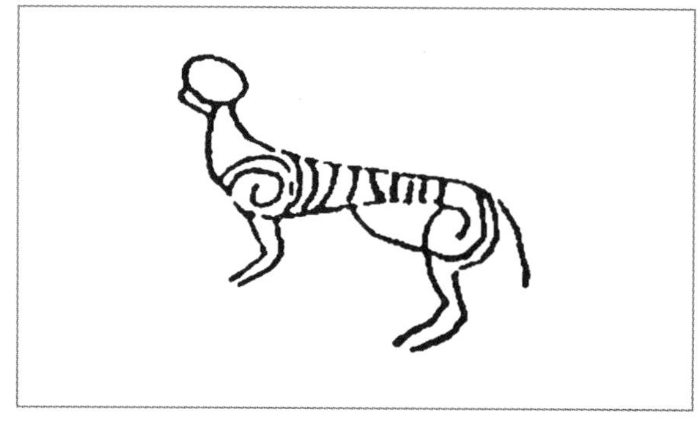

托克逊县科普加衣豹子岩画

伊吾县前山乡乌勒盖狩猎岩羊岩画

附 录

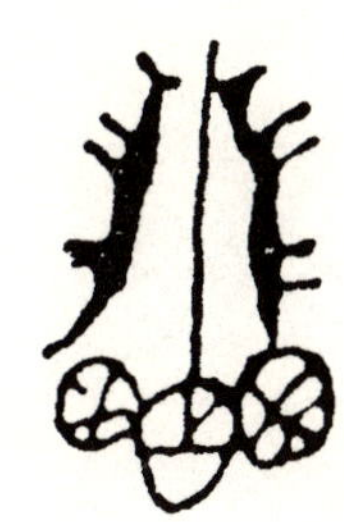

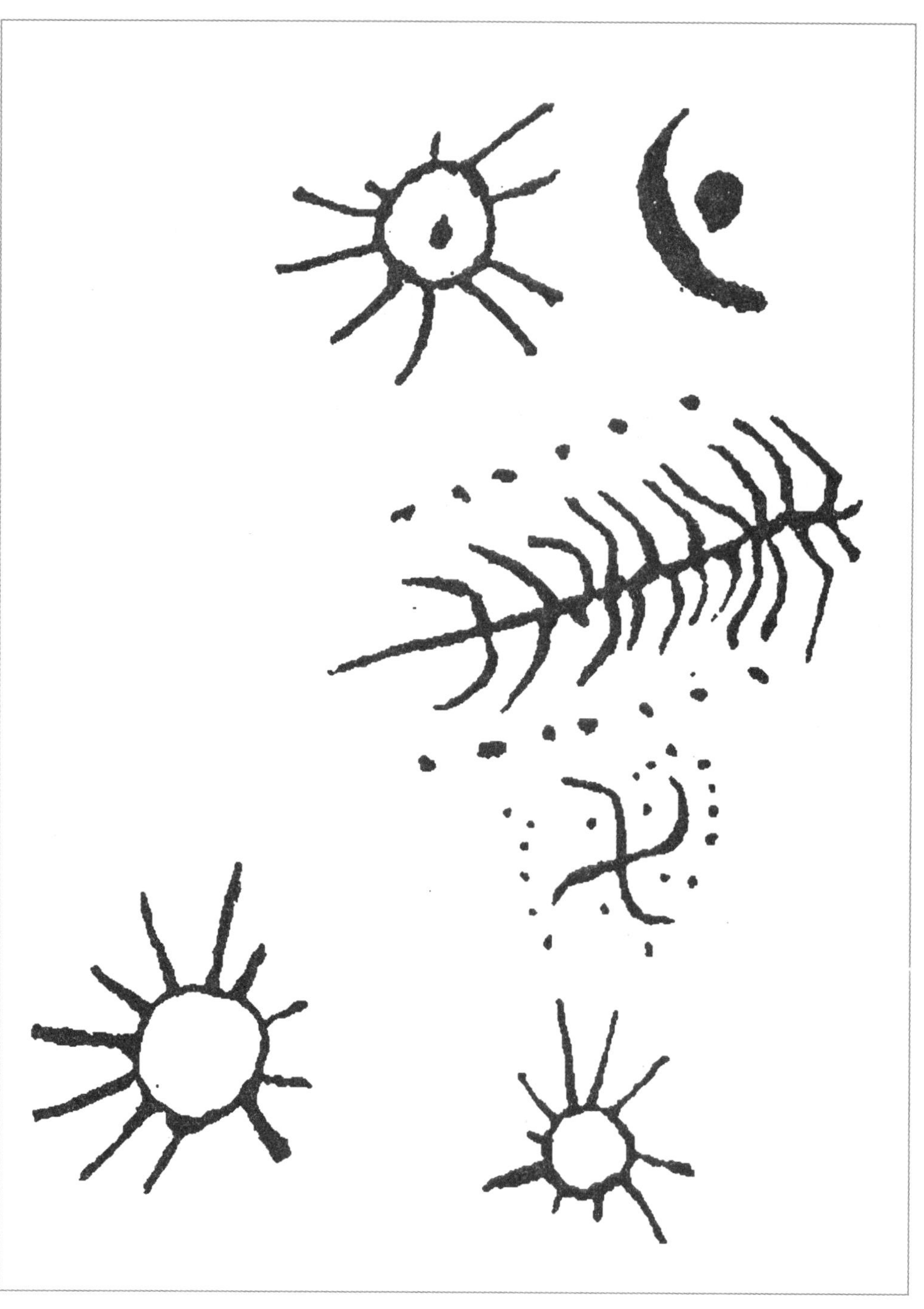

西藏阿里日土县恰克桑岩画

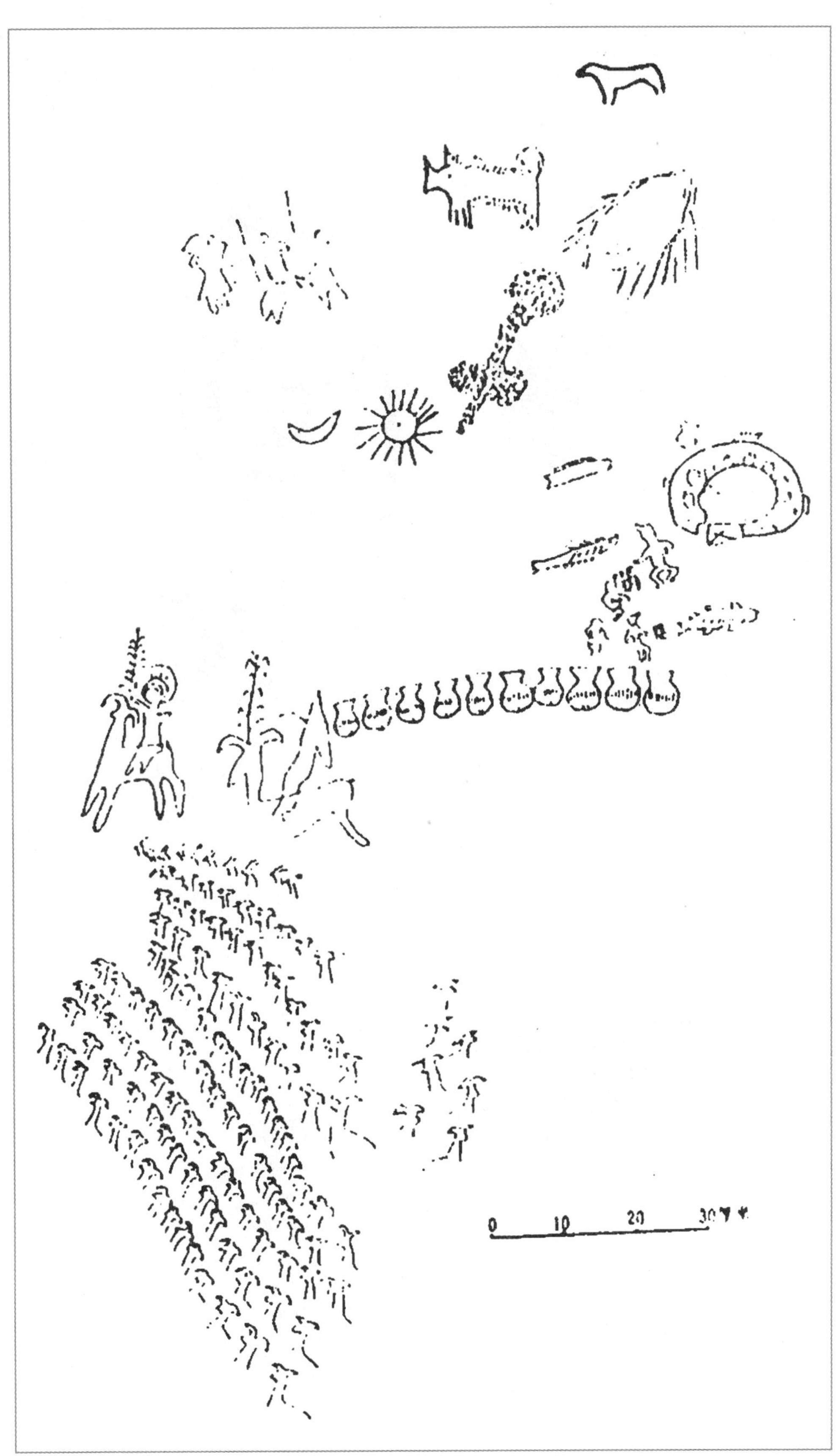

西藏阿里地区日土县任姆栋岩画

宁夏中卫县大麦地榆树沟男根岩画

宁夏青铜峡市四眼井生殖崇拜岩画

宁夏青铜峡市四眼井生殖崇拜岩画

宁夏中卫县大表地苦井沟男根生殖崇拜岩画

内蒙古乌拉特中旗勃起男根的猎人岩画

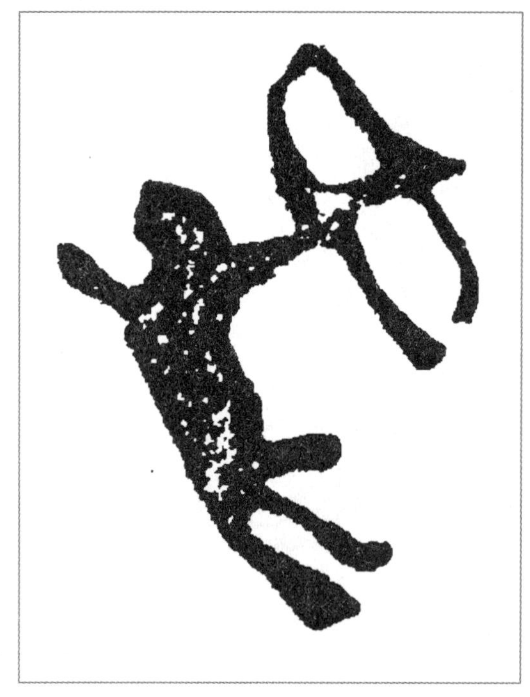

内蒙古乌拉特中旗勃起男根的猎人

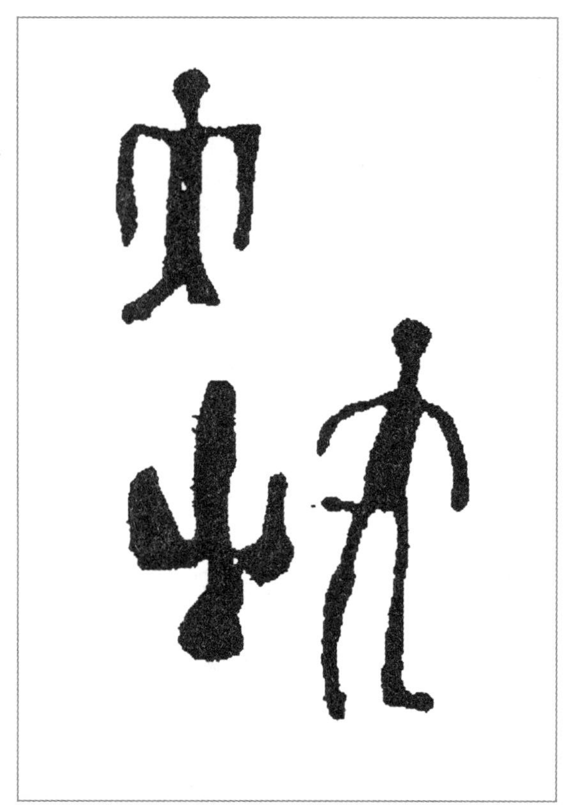

内蒙古磴口县勃起生殖器的舞蹈

宁夏中卫县东园乡大通沟勃起生殖器的舞蹈人

宁夏中卫县大表地榆树沟勃起男根的狩猎岩画

宁夏中卫县大麦地苦井沟野合图岩画

内蒙古乌拉特中旗生殖崇拜岩画

宁夏贺兰县贺兰口交媾岩画

内蒙古阴山岩画

台湾万山 Tkm1 号岩雕之男根纹、人头像诸型式

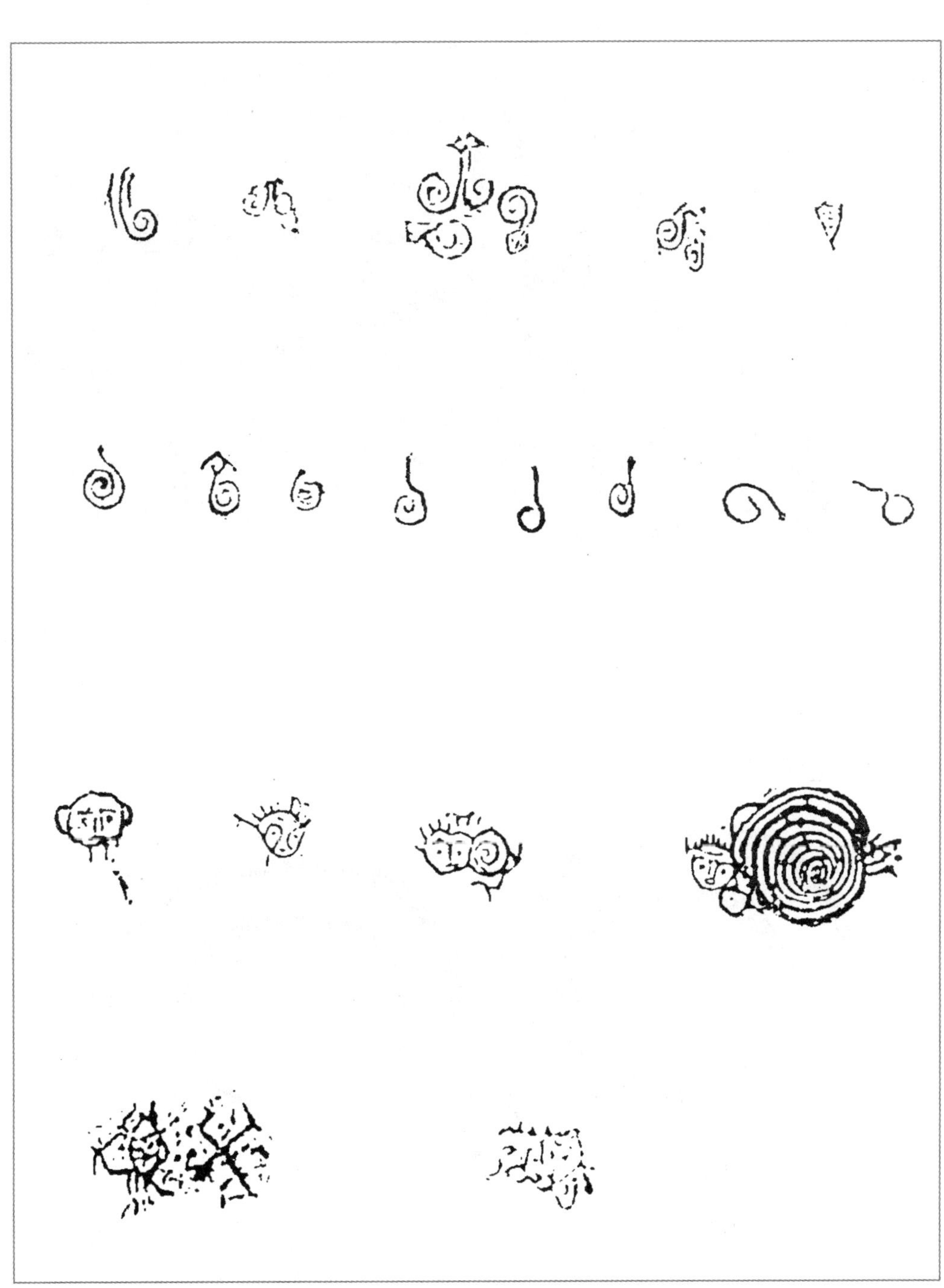

台湾高雄万山岩雕 Tkm1 号岩雕之男根纹人首形人像诸型

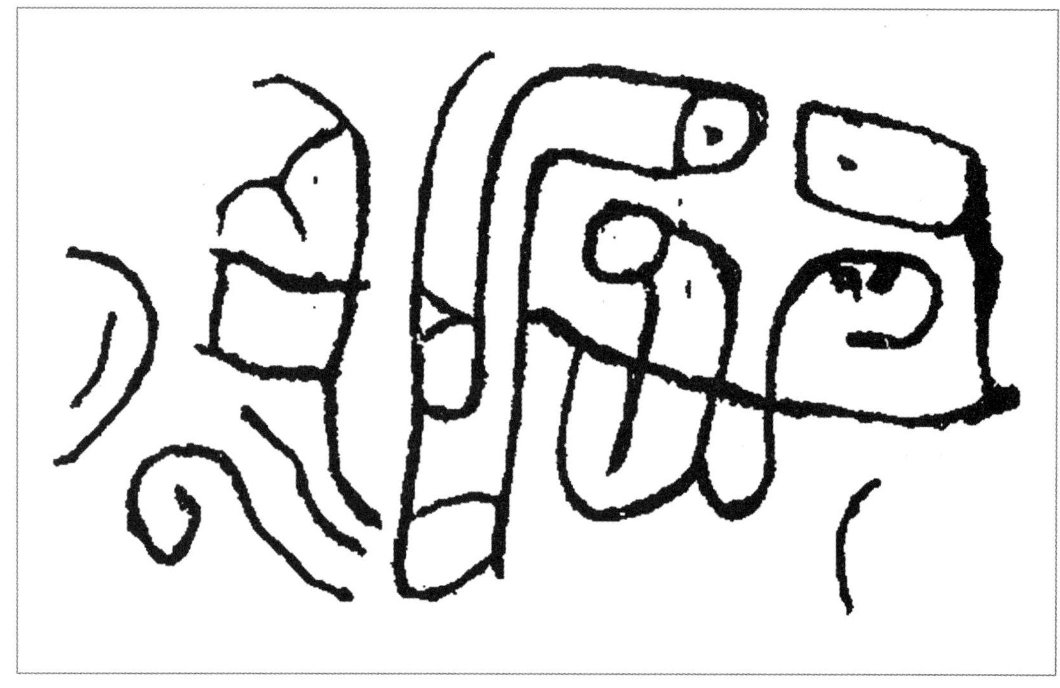

香港长州岩刻

江苏连云港将军崖岩刻

福建华安县仙字潭岩刻

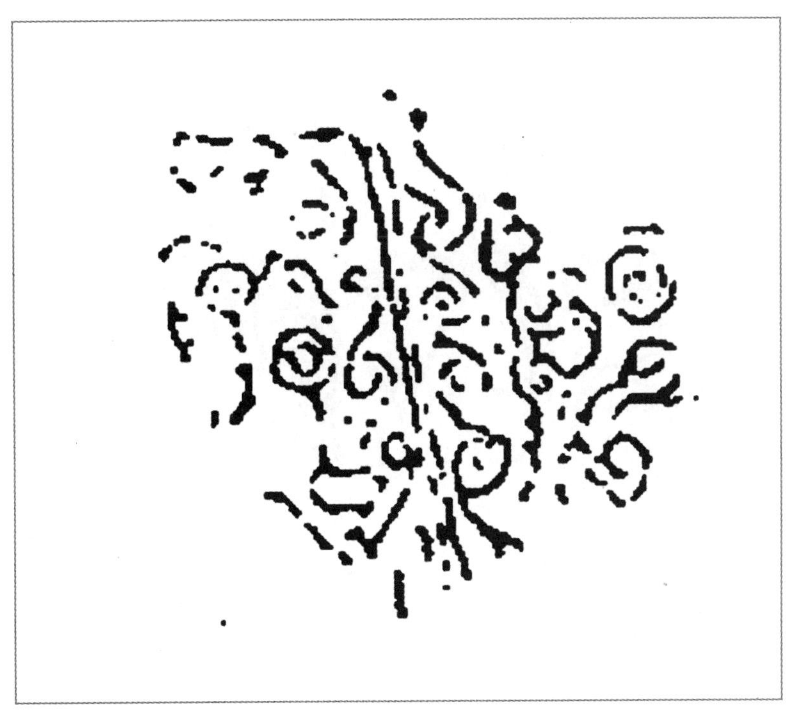

台湾高雄万山岩刻

乌苏里江

乌苏里江岩画

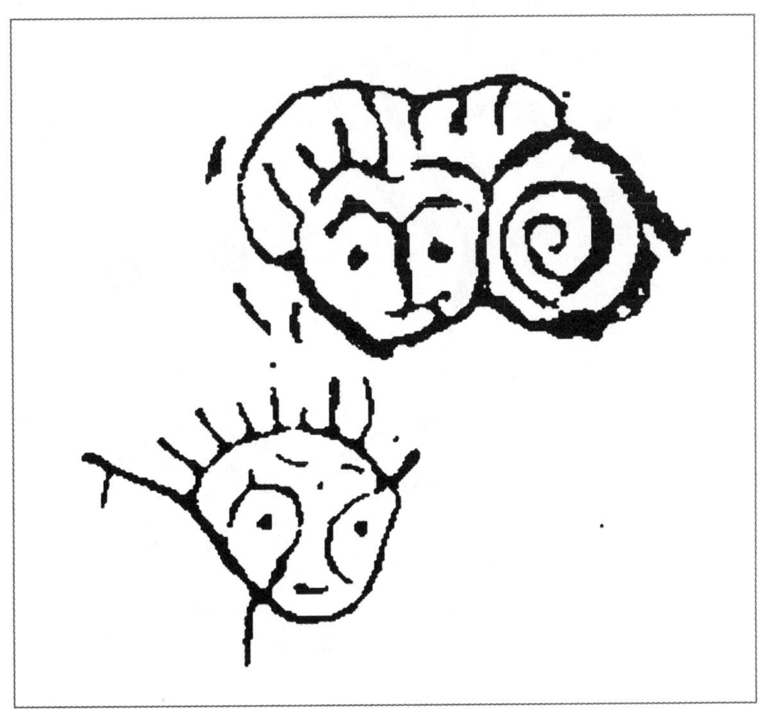

台湾万山岩雕

福建华安果仙字潭岩画

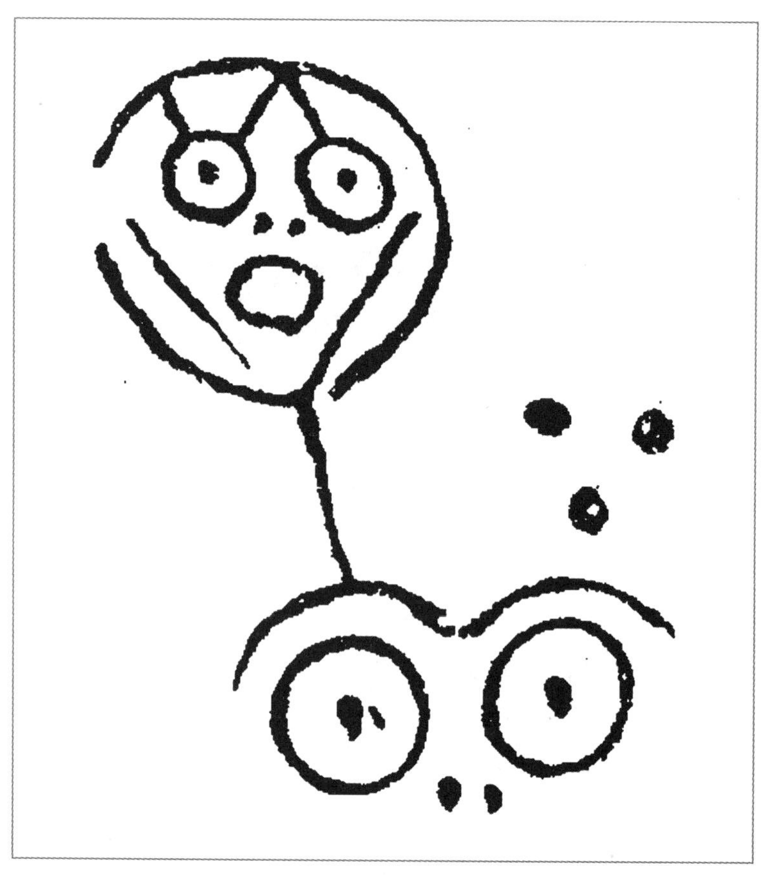

江苏连云港将军崖岩刻

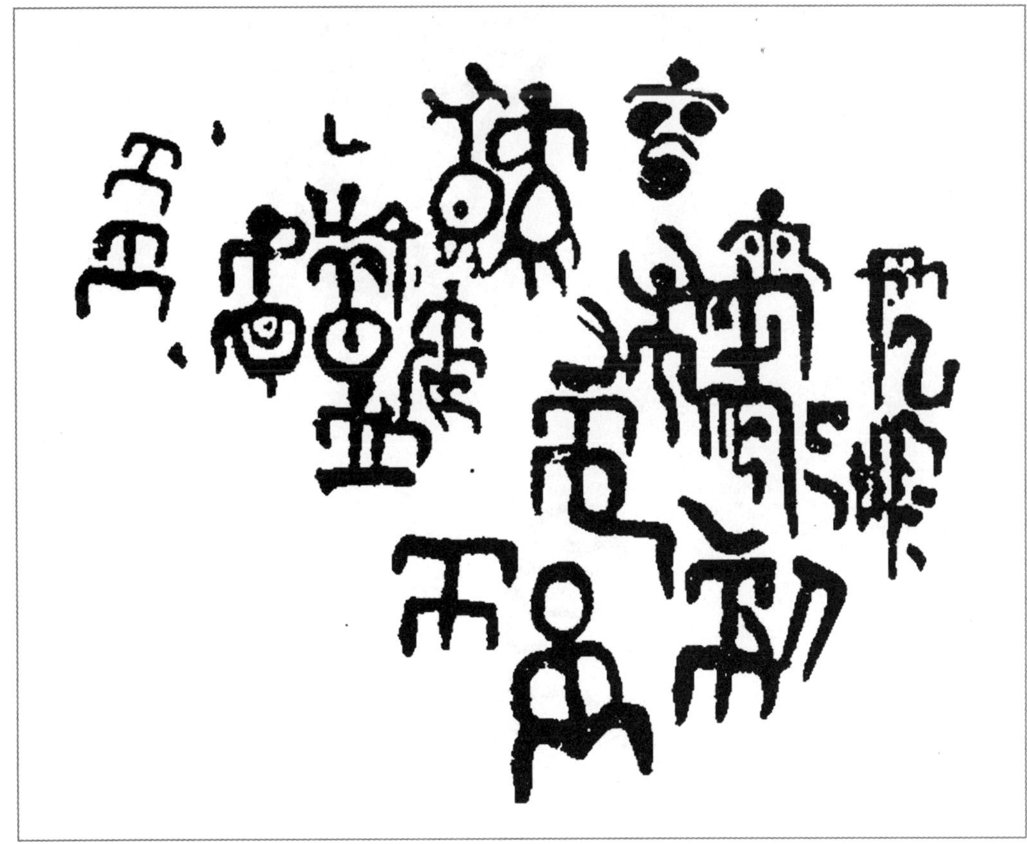

福建华安果仙字潭岩画

黑龙江下游舍卡奇阿连村人面像岩刻

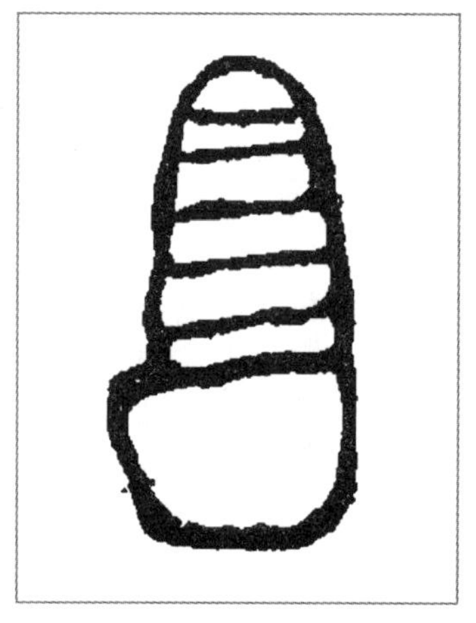

乌海市桌子山人面像岩画

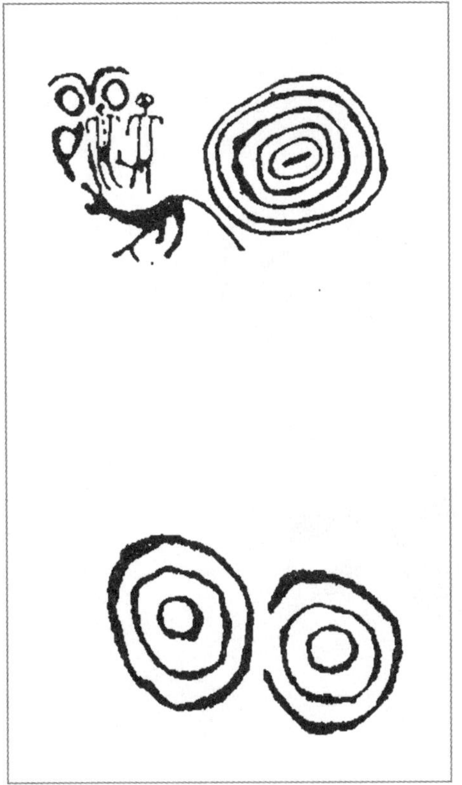

阴山人面像岩画

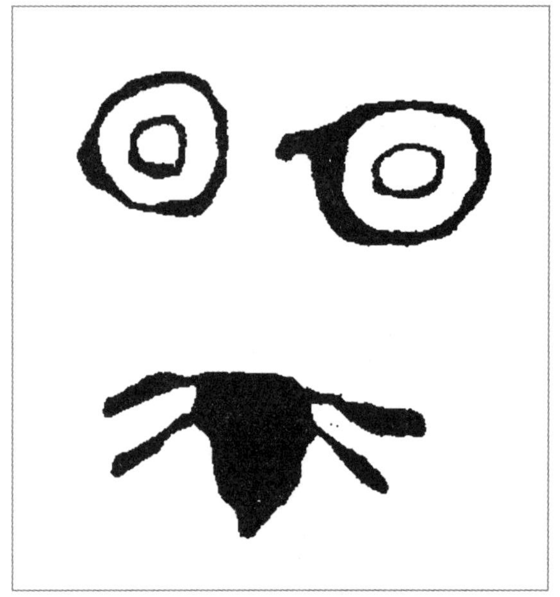

阴山人面像岩画

阴山人面像岩画

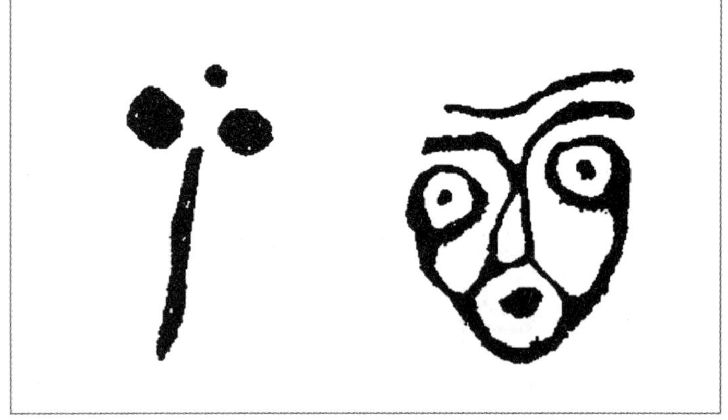

阴山人面像岩画

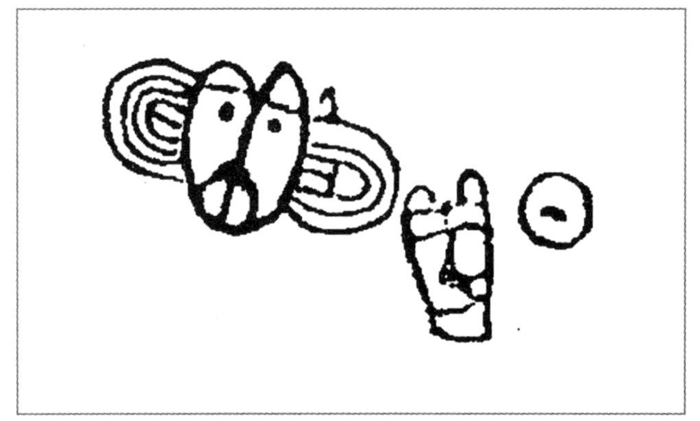

乌海市桌子山人面像岩画

阴山人面像岩画

白岔河人面像岩画

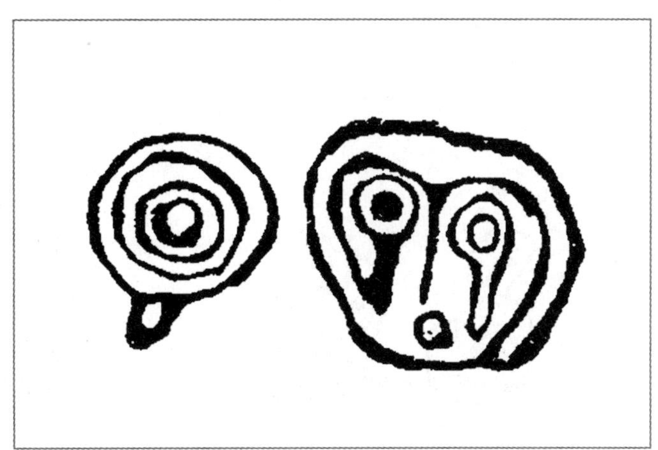

乌海市桌子山人面像岩画

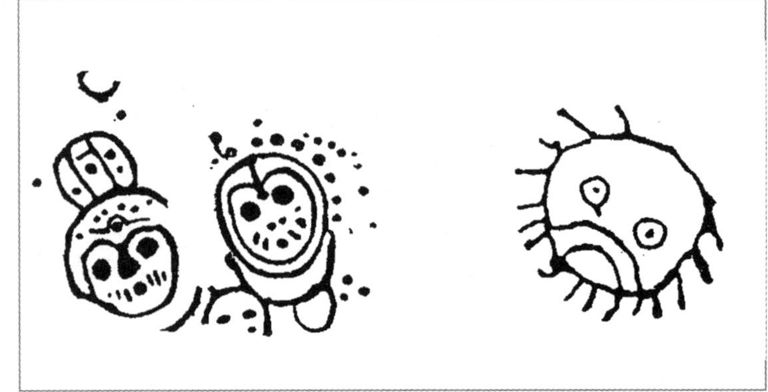

阴山人面像岩画

阴山人面像岩画

阴山人面像岩画

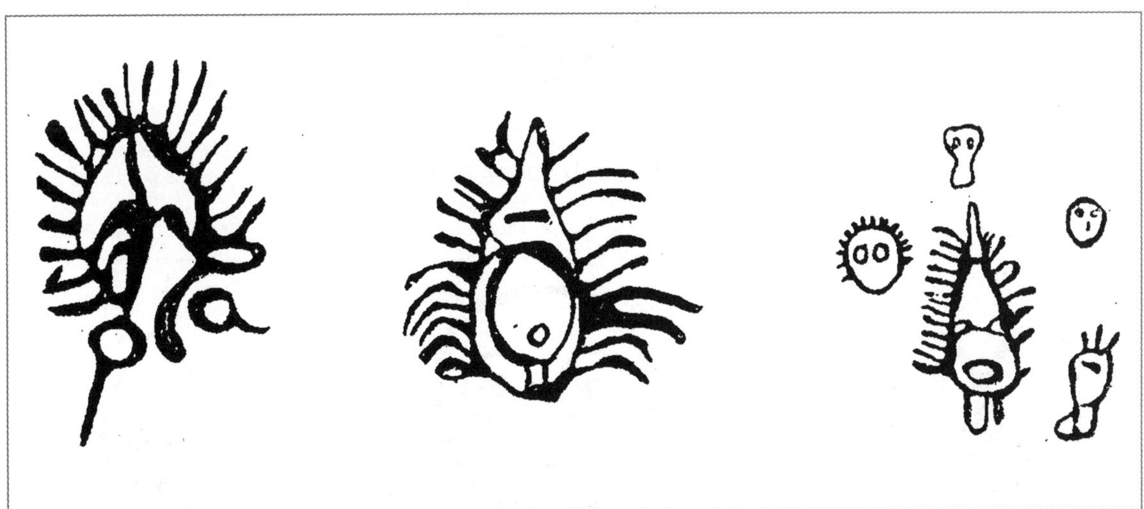

乌海市桌子山人面像岩画

乌海市桌子山人面像岩画

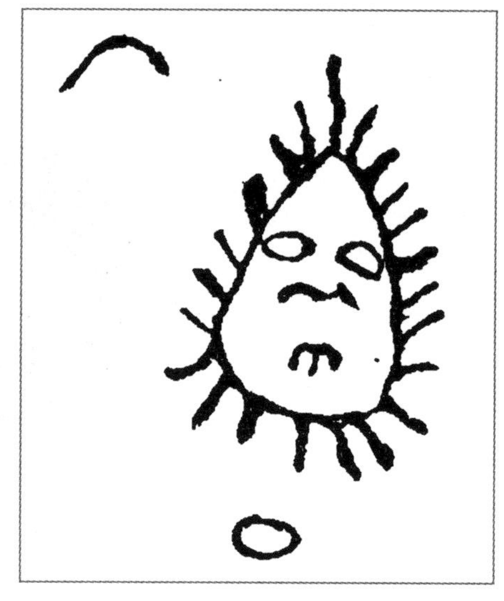

阴山人面像岩画

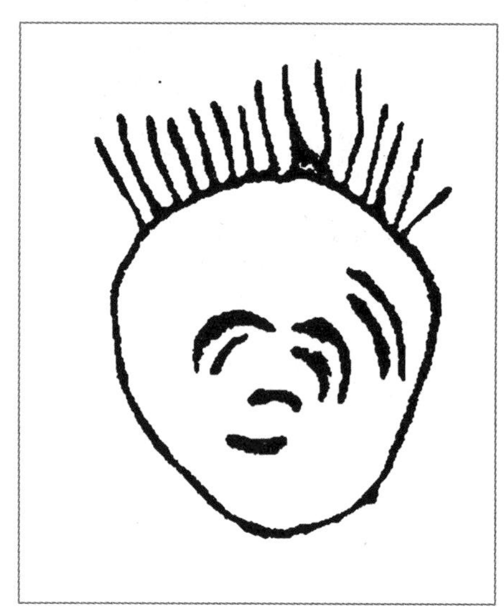

乌海市桌子山人面像岩画

贺兰山人面像岩画

贺兰山人面像岩画

北山人面像岩画

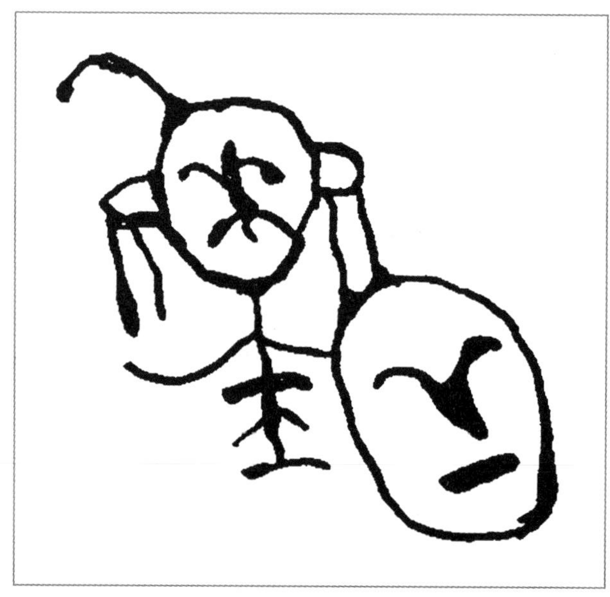

贺兰山人面像岩画

贺兰山人面像岩画

宁夏中卫县北山狩猎岩画

内蒙古阴山持大弓猎人岩画

内蒙古阴山持弓猎人岩画

宁夏中宁县岩画

阴山岩画

阴山岩画

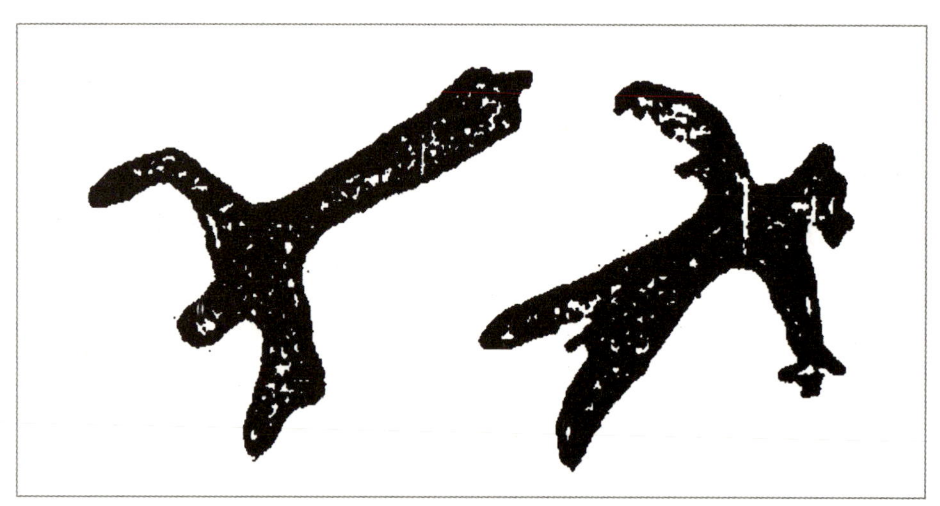

宁夏中宁县岩画

内蒙古阴山围猎岩画

宁夏中卫县北山单人步牧图

内蒙古阴山单人骑牧图

内蒙古阴山双人骑牧图

内蒙古阴山牧马图岩画

宁夏中卫县榆树沟牧牛岩画

宁夏中卫县榆树沟羊群牧归图

内蒙古阴山县倒场岩画

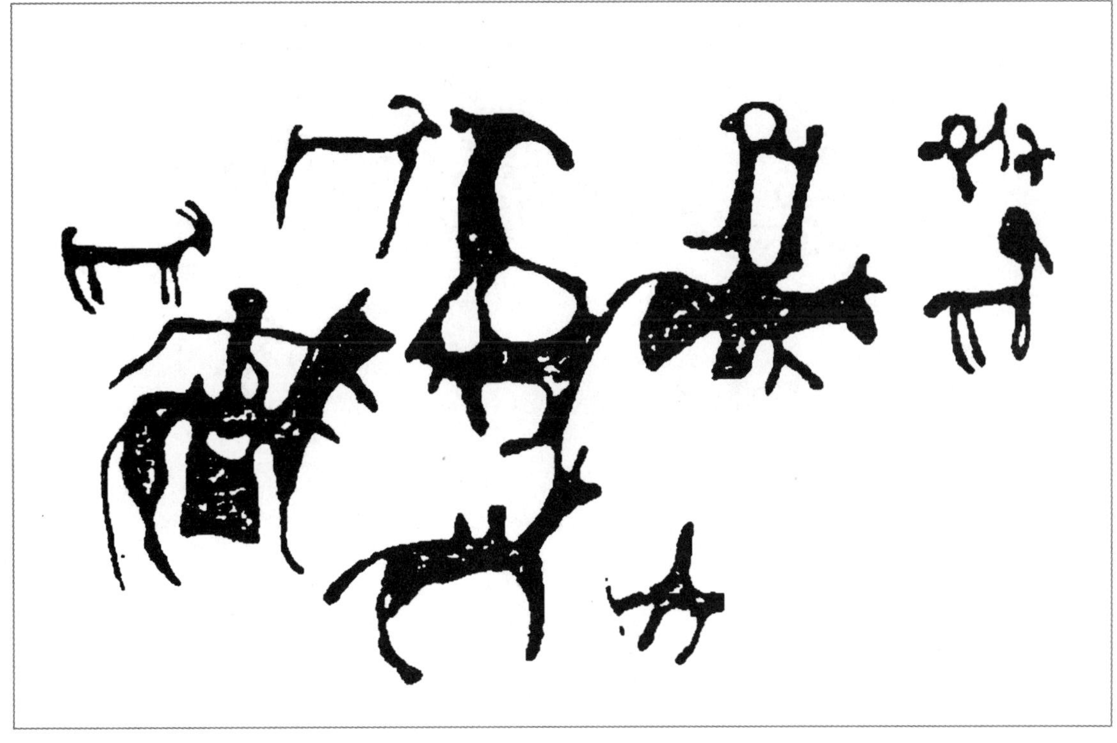

宁夏中卫县榆树沟转场岩画

西藏阿里日土县豹追鹿岩画

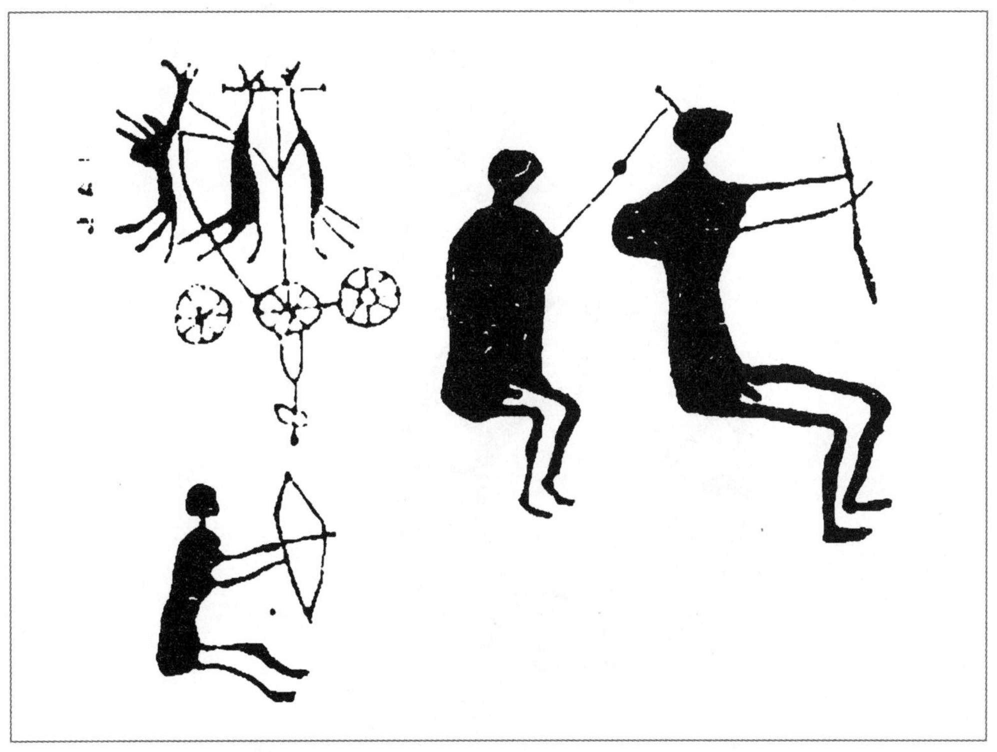

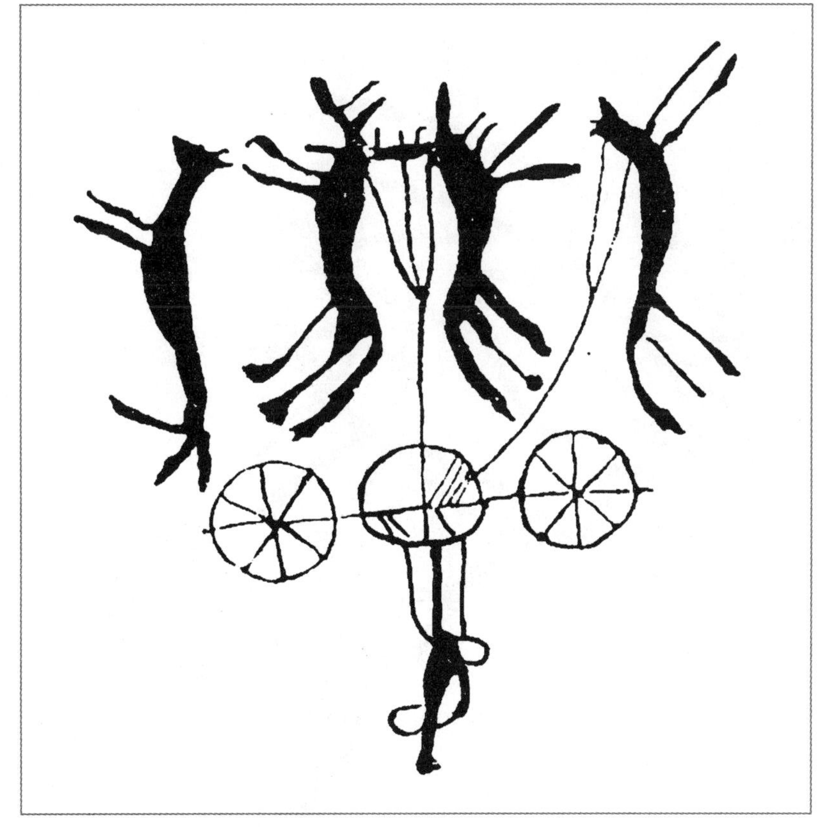

蒙古阿尔泰车辆岩刻

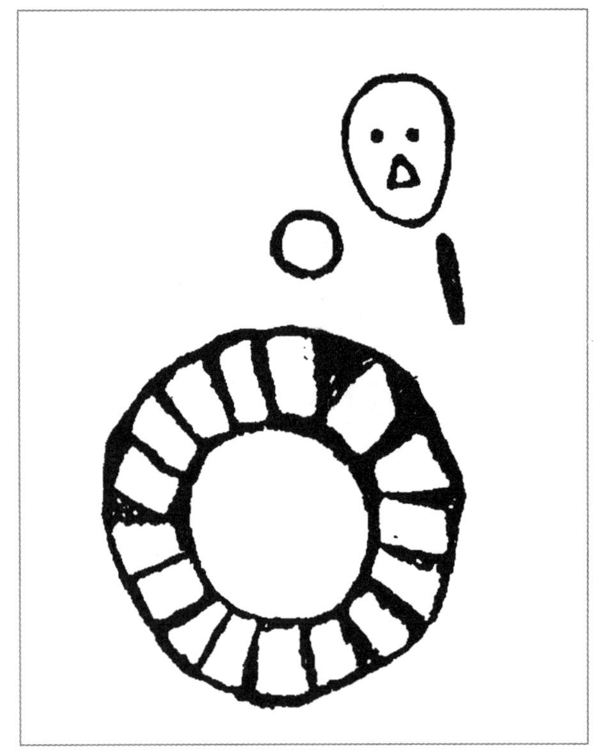

内蒙古乌海市桌子山车辆岩画

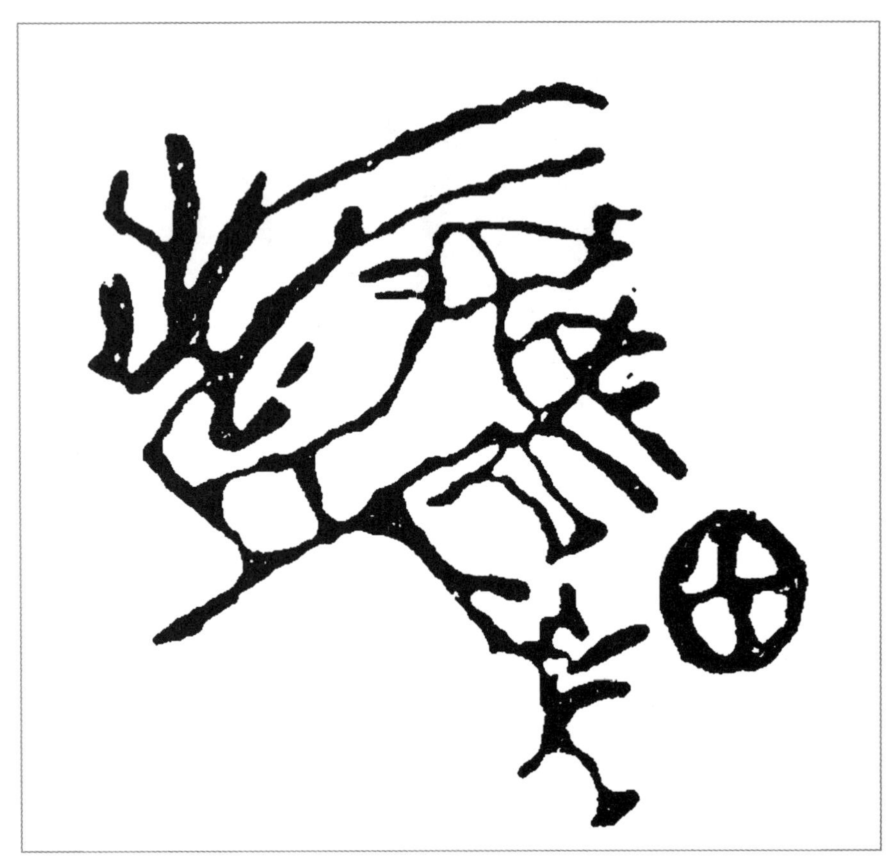

内蒙古阿拉善左旗车辆岩画

内蒙古阴山车辆岩画

内蒙古阴山车辆岩画

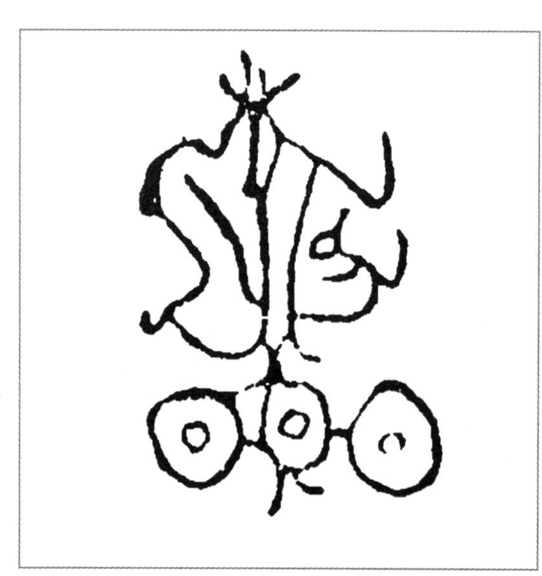

内蒙古阴山双马车辆岩画

宁夏贺兰山(贺兰县)车辆岩画

内蒙古阴山车辆与狩猎岩画

宁夏贺兰山(青铜峡市)车辆岩画

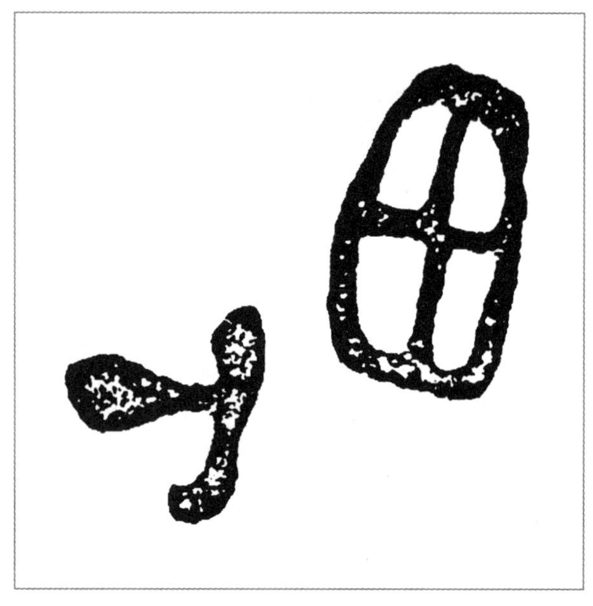

宁夏中宁县黄羊湾车辆岩画

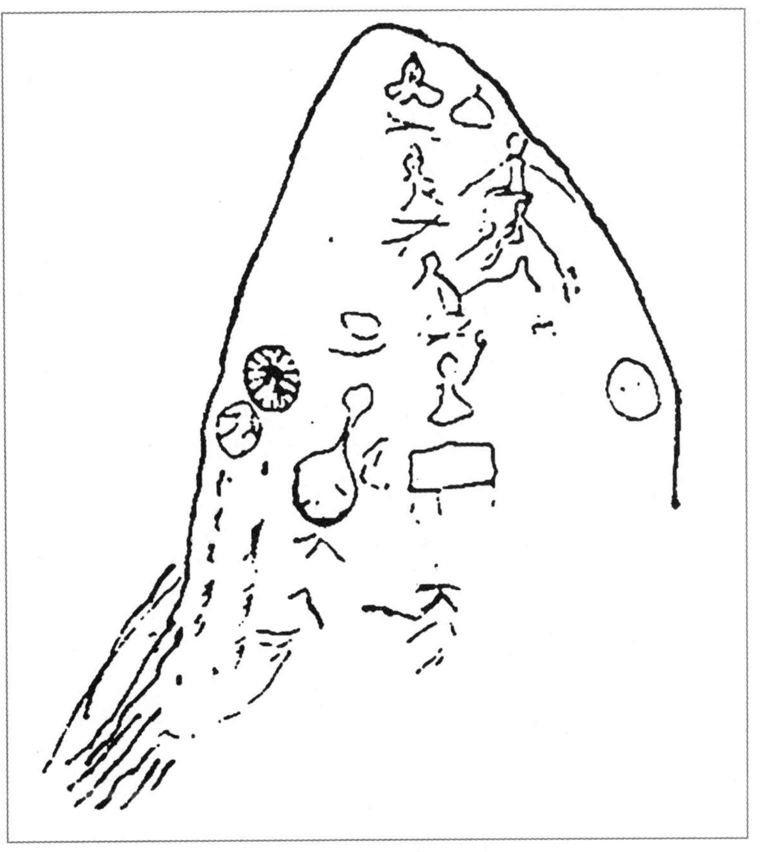

内蒙古阴山车辆岩画

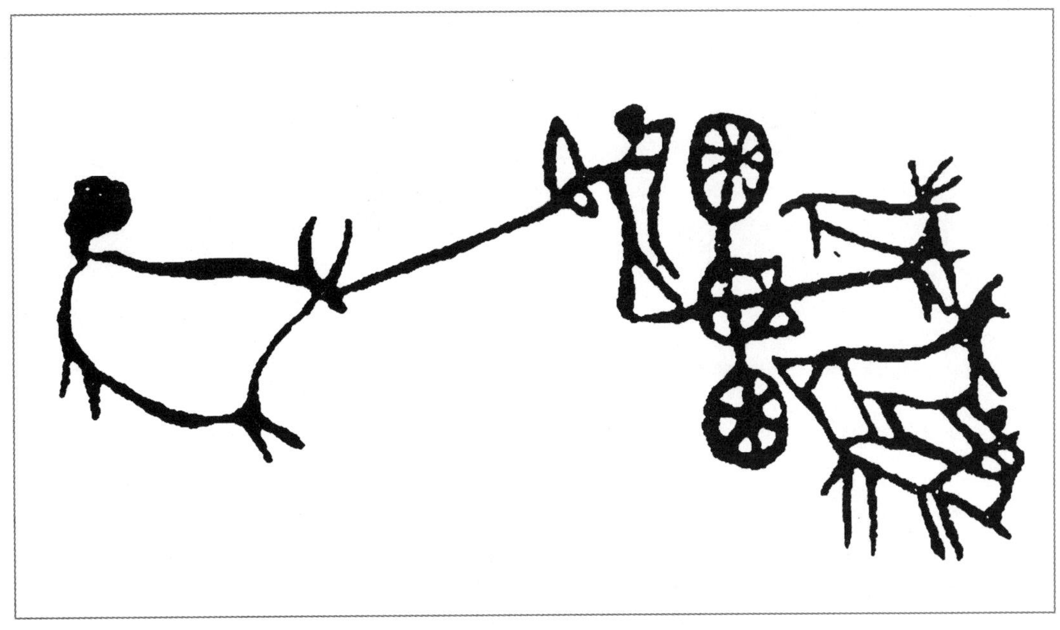

青海卢山车辆岩画

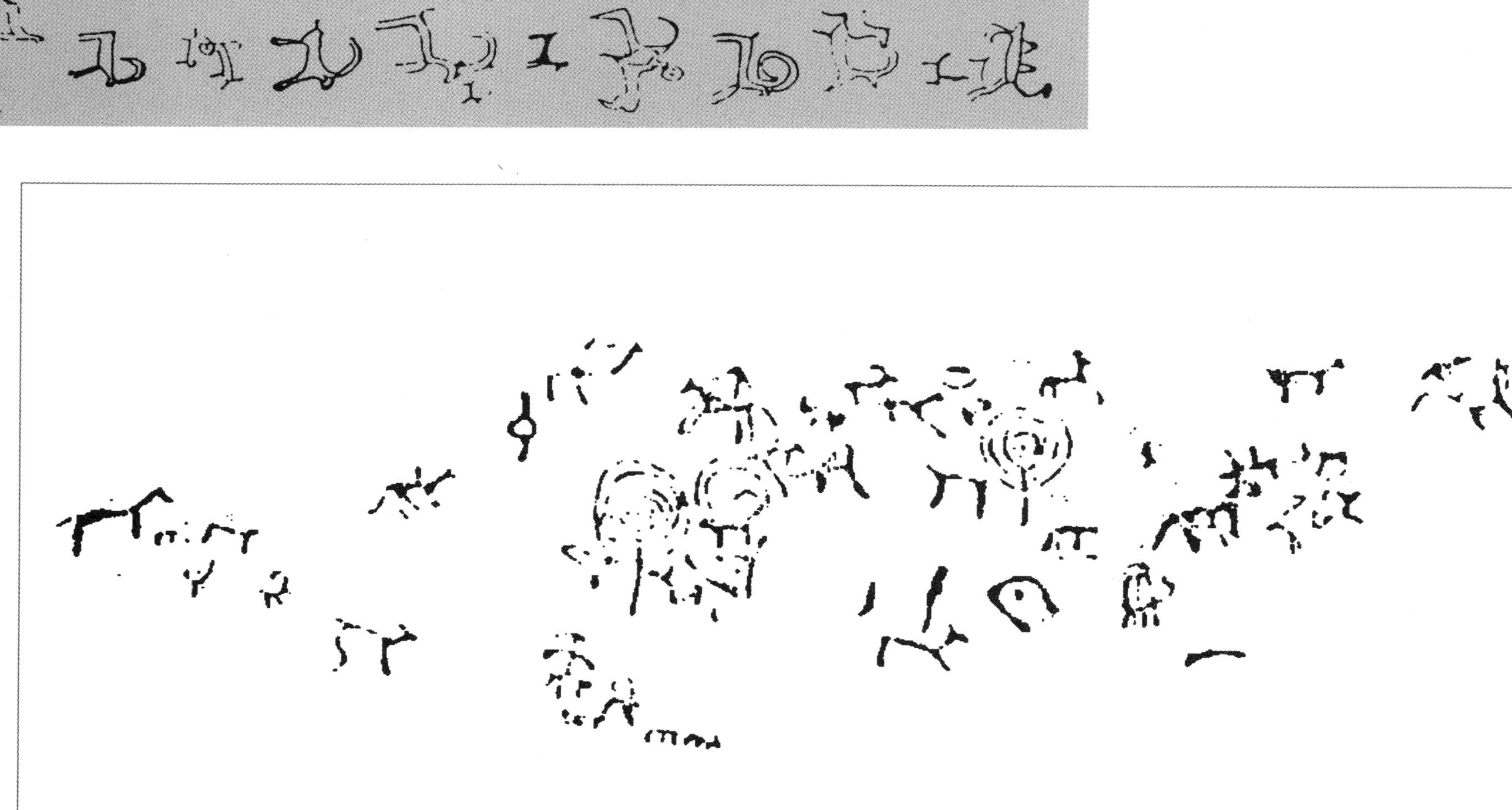

内蒙石磴口县格尔敖包沟放牧图生殖崇拜岩画

宁夏中卫县北山围猎岩画

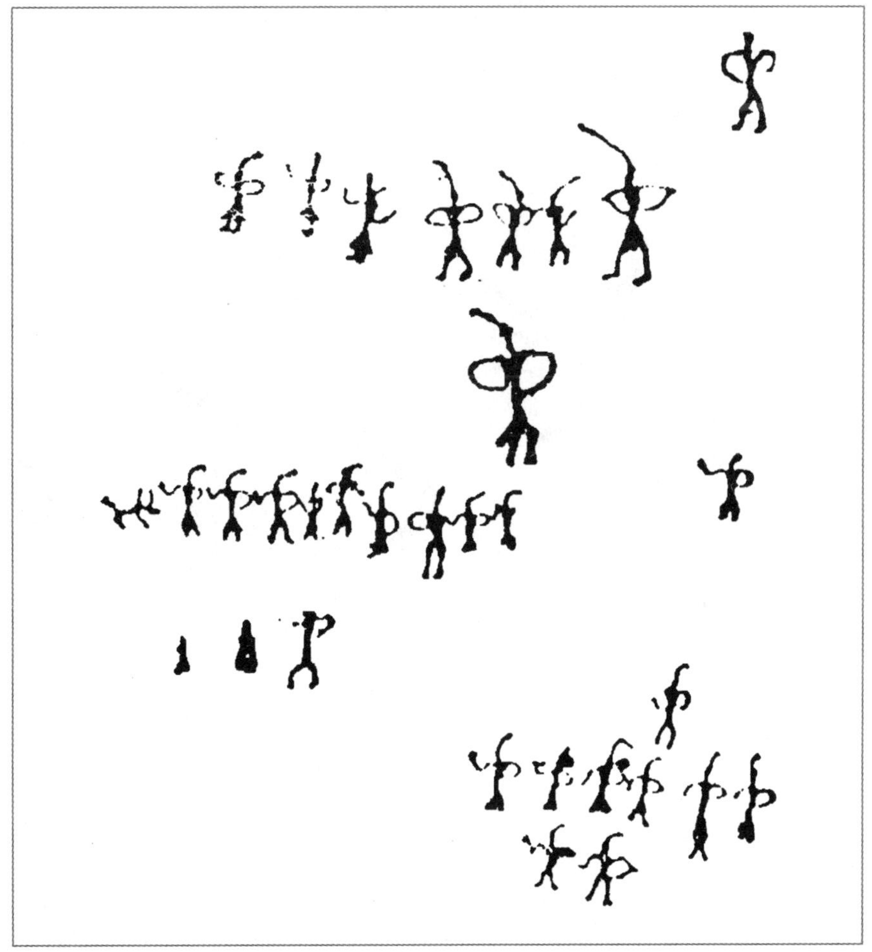

甘肃马鬃山内黑山四道鼓心沟祭祀舞蹈岩画

马鬃山人黑山猛虎岩画

马鬃山内黑山野骆驼岩画

马鬃山内黑山野骆驼岩画

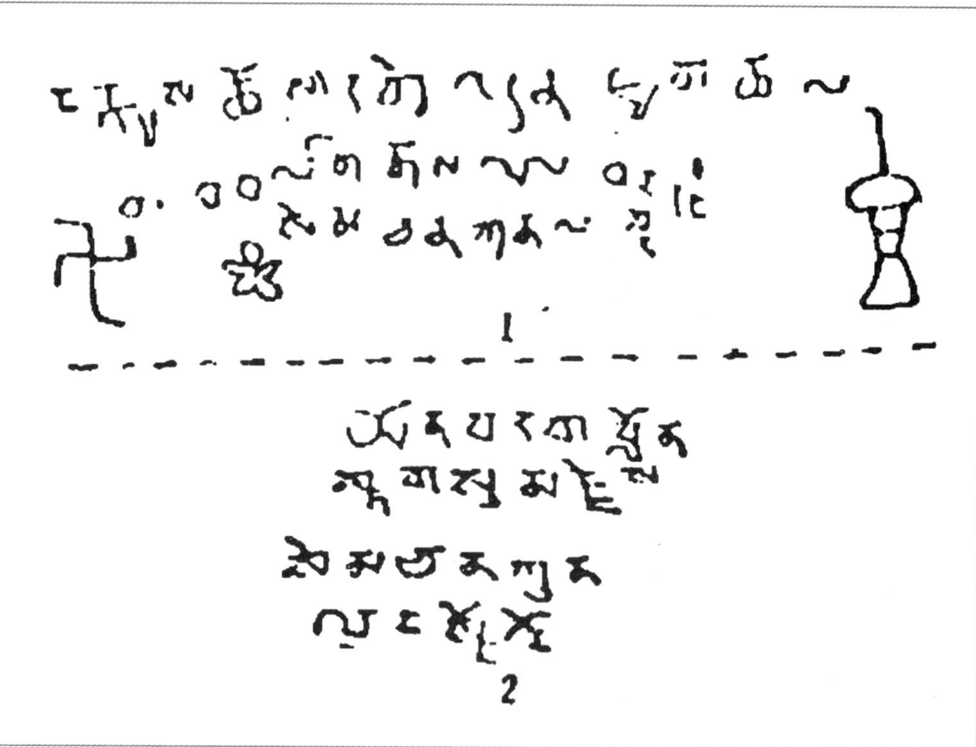

甘肃马鬃山内黑山藏文题记岩画

宁夏中宁县黄羊湾脚印岩刻

内蒙古阴山禽足印岩刻

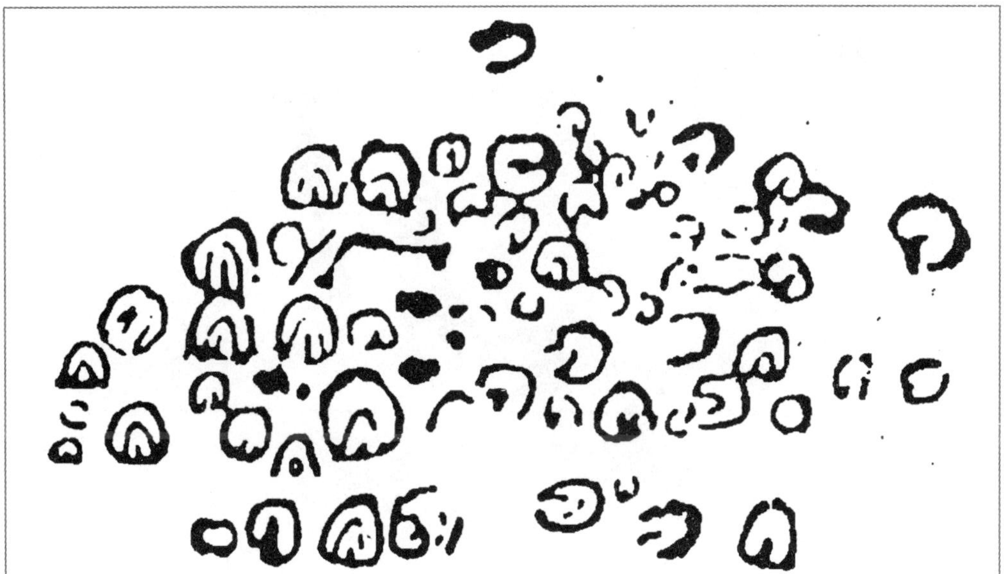

内蒙古乌兰察布蹄印岩刻

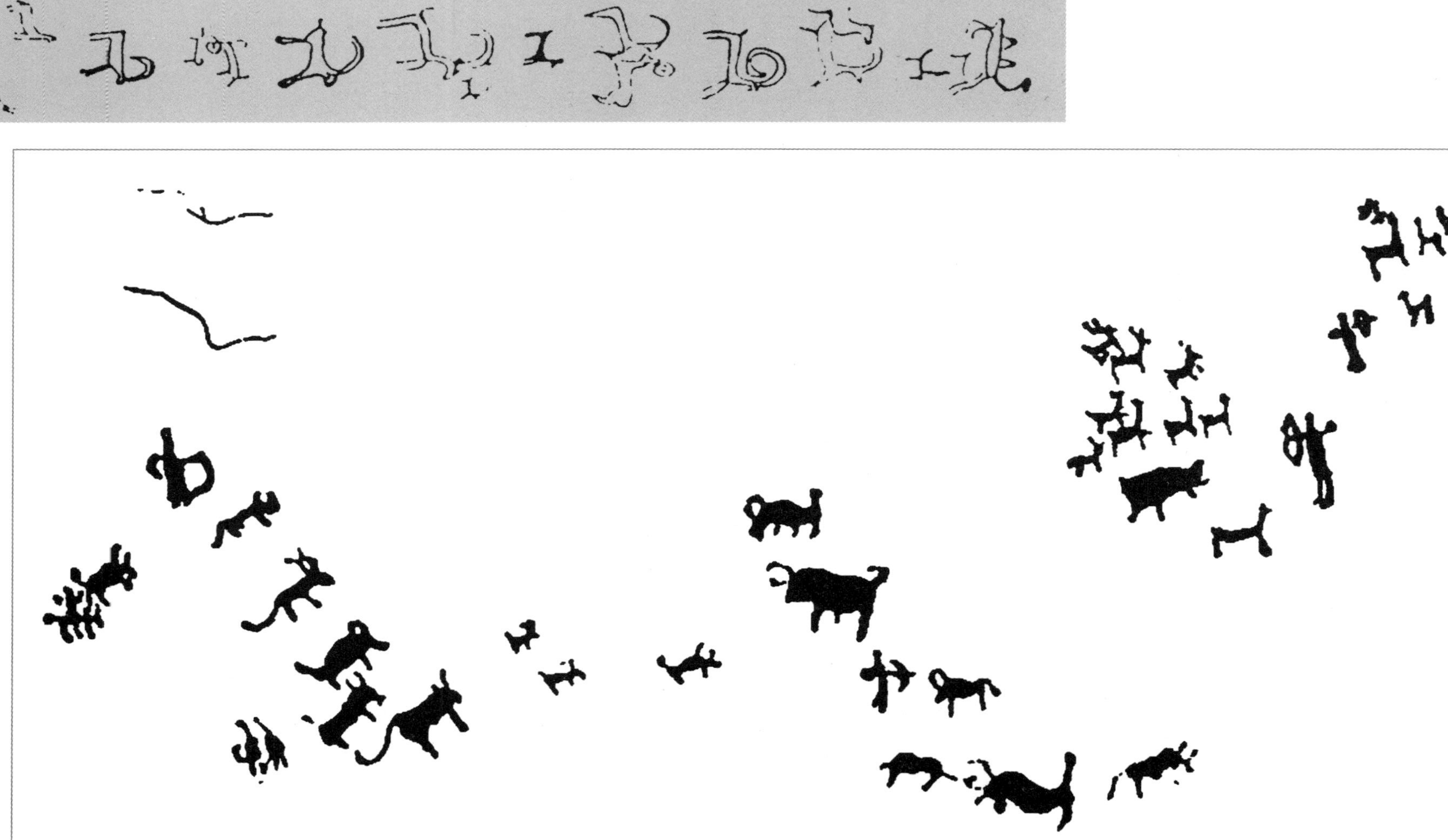

甘肃黑山四道鼓心沟狩猎野牛岩画

青海海西州野山沟狩猎牦牛岩刻

内蒙古阴山黄羊群岩画

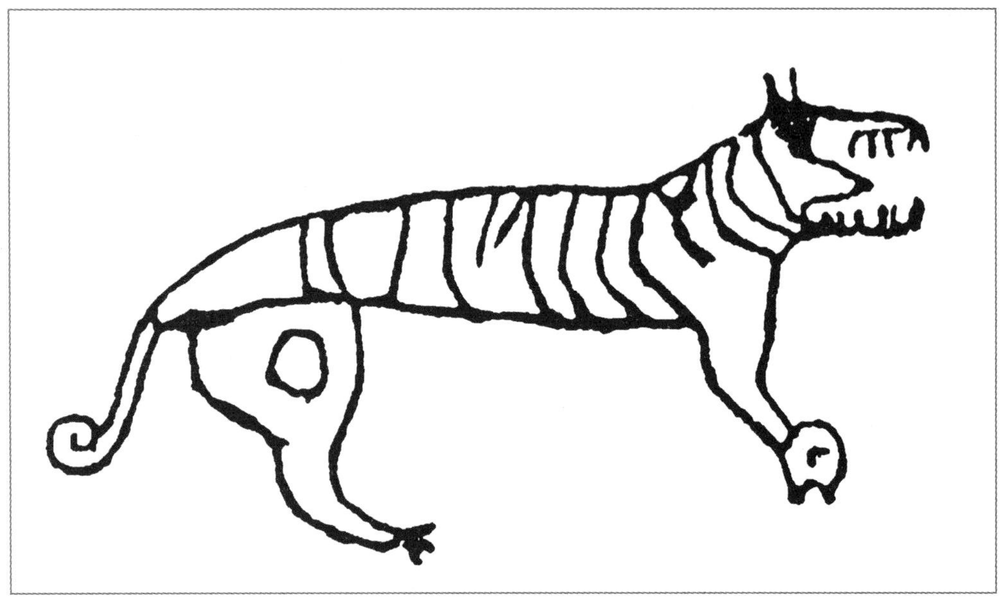

内蒙古阴山老虎岩画

内蒙古阴山虎群岩画

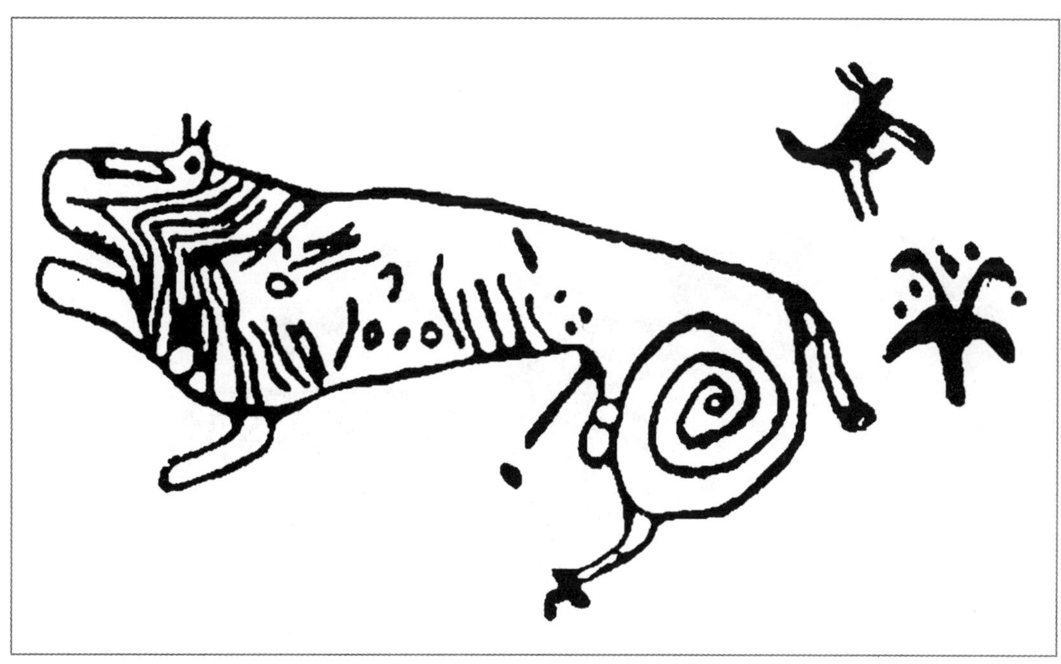

宁夏贺兰山贺兰口巨虎岩画

宁夏贺兰山贺兰口老虎岩画

宁夏中卫县榆树沟虎扑羊岩画

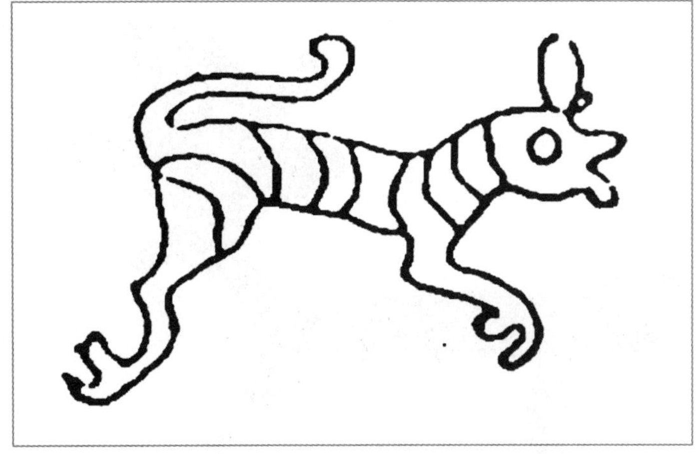

西藏阿里日土县任姆栋豹子岩画

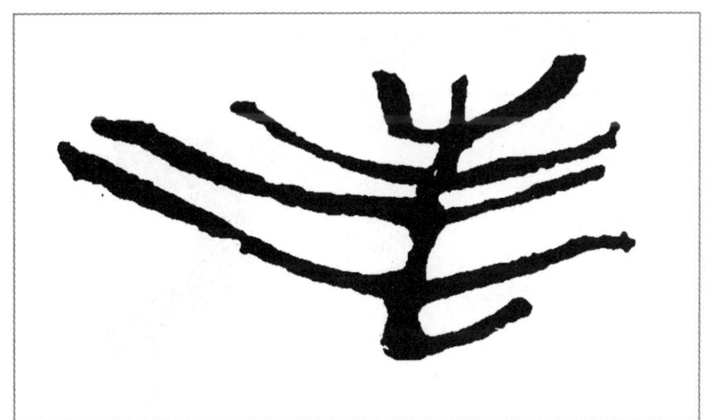

甘肃祁连山岩刻中的大象图形

内蒙古阴山大角鹿岩画

青海刚察哈龙大象岩刻

内蒙古阴山岩刻中的鸵鸟图形

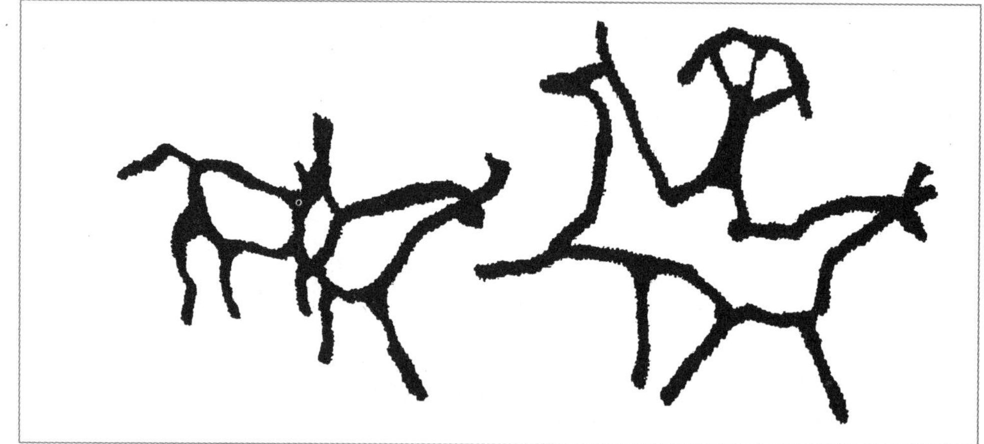

巴丹吉林岩画

巴丹吉林岩画

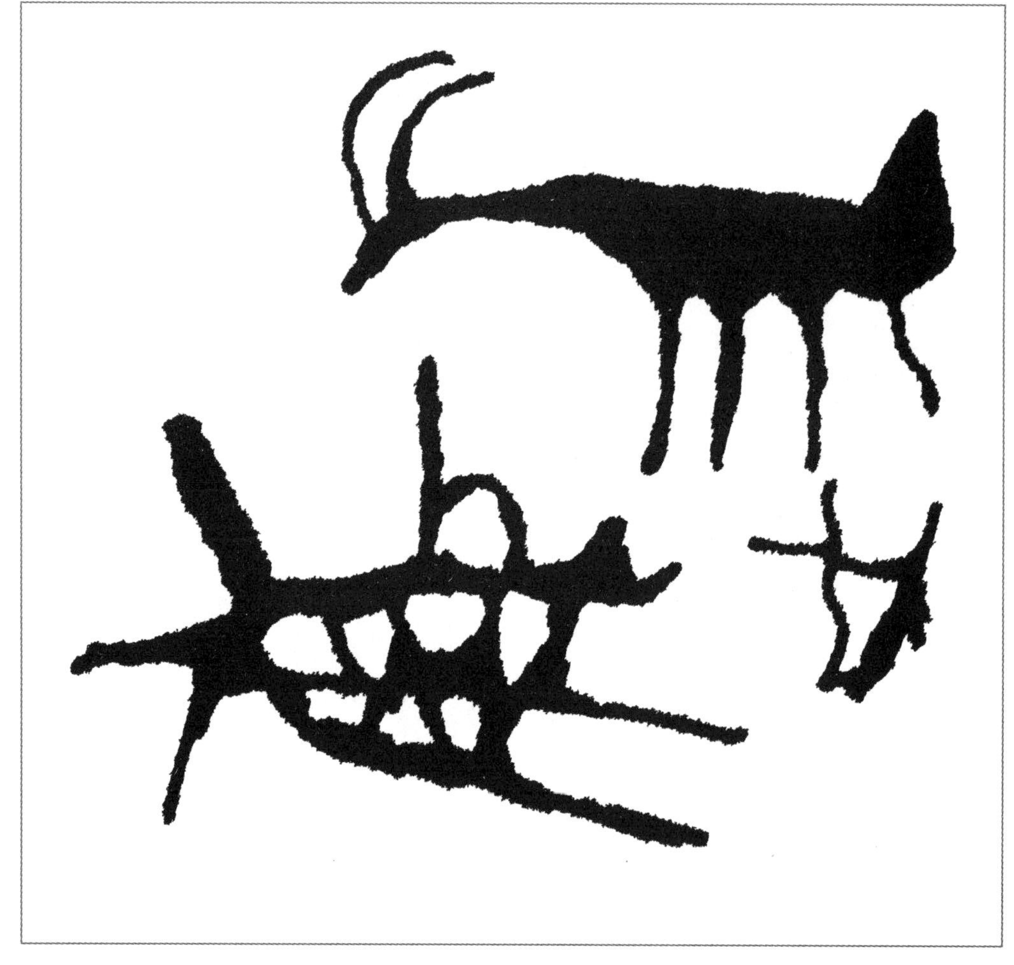

巴丹吉林岩画

巴丹吉林岩画

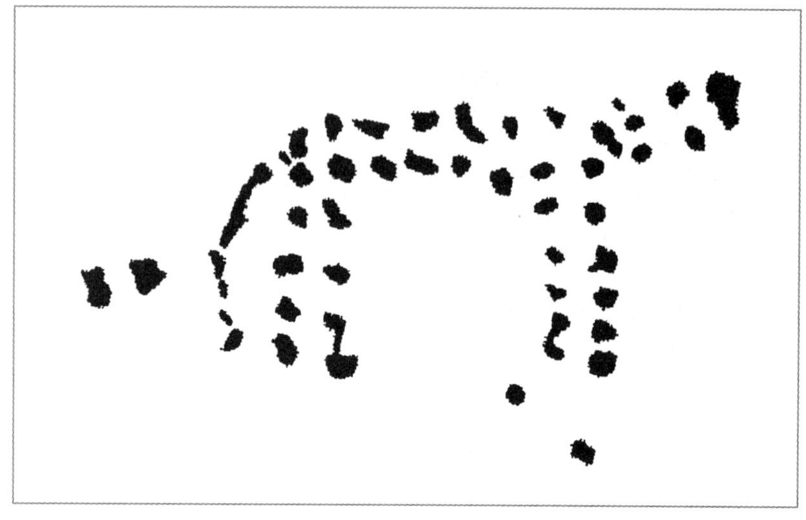

巴丹吉林岩画

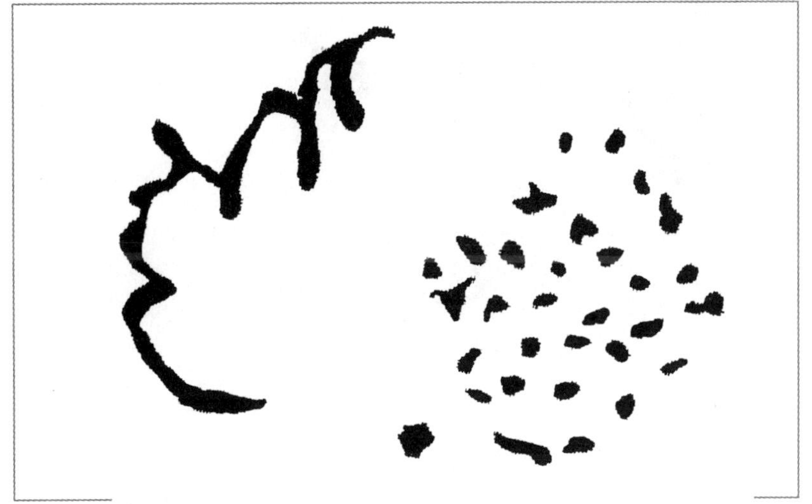

巴丹吉林岩画

巴丹吉林岩画

巴丹吉林岩画

巴丹吉林岩画

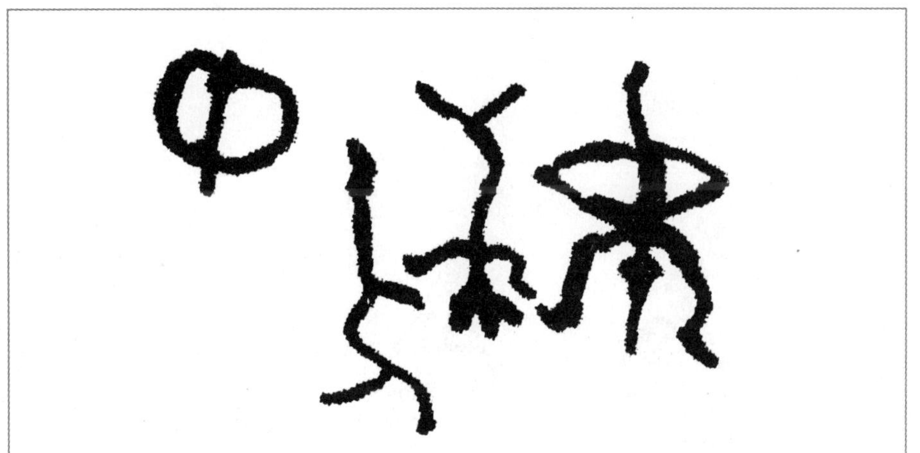

巴丹吉林岩画

巴丹吉林岩画

巴丹吉林岩画

白芨沟岩画

白芨沟岩画

白芨沟岩画

白芨沟岩画

白芨沟岩画

半坡岩画

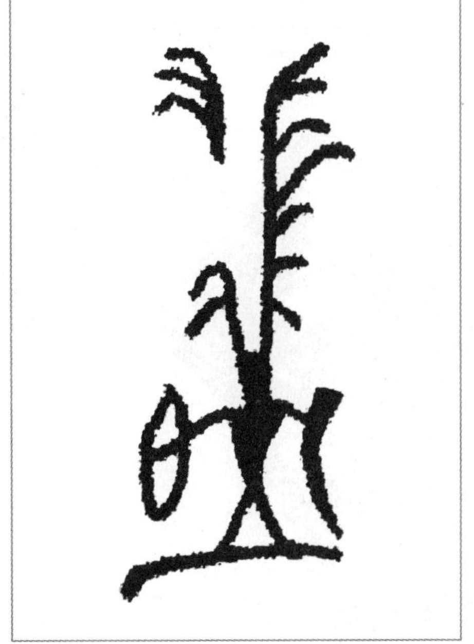

沧源岩画

插旗口岩画

大麦地岩画

大麦地岩画

大麦地岩画

大麦地岩画

大麦地岩画

大麦地岩画

大麦地岩画

大麦地岩画

大麦地岩画

大麦地岩画

大麦地岩画

大麦地岩画

大麦地岩画

大麦地岩画

大麦地岩画

大麦地岩画

大麦地岩画

大麦地岩画

大麦地岩画

大麦地岩画

大麦地岩画

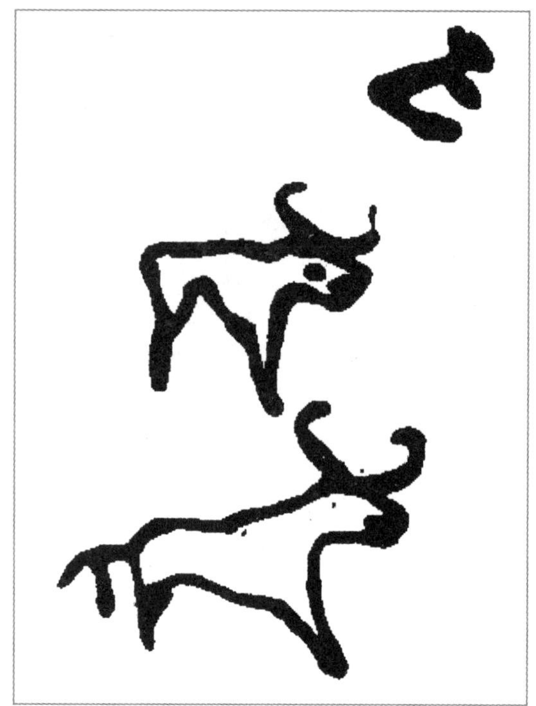

大麦地岩画

大麦地岩画

大麦地岩画

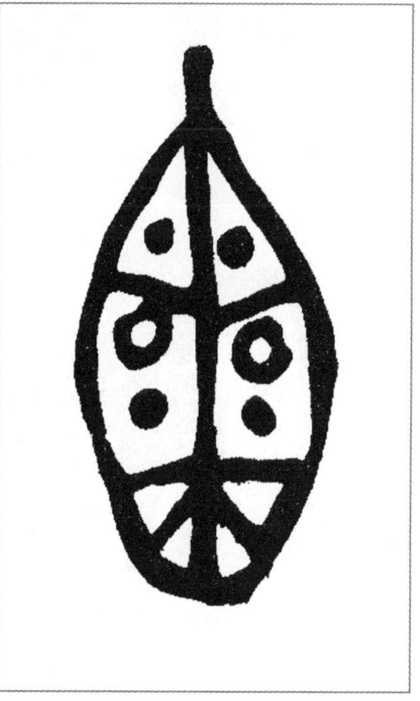

大麦地岩画

大麦地岩画

大西峰沟岩画

大西峰沟岩画

大西峰沟岩画

大西峰沟岩画

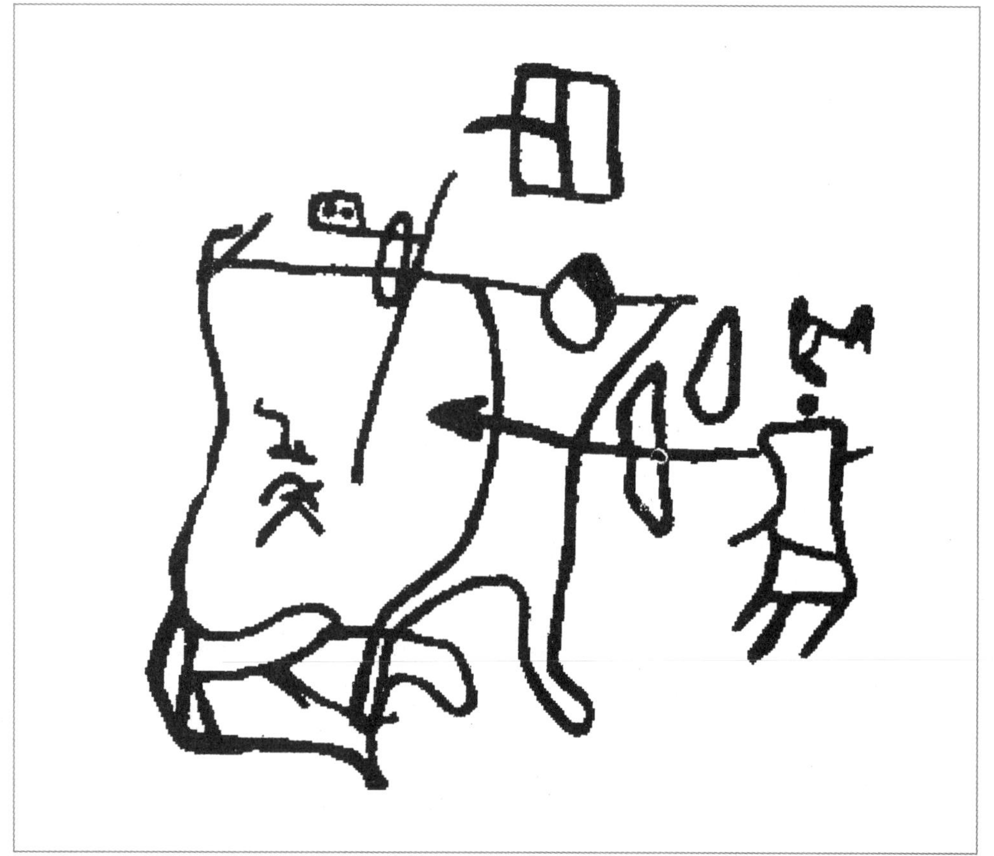

大西峰沟岩画

大西峰沟岩画

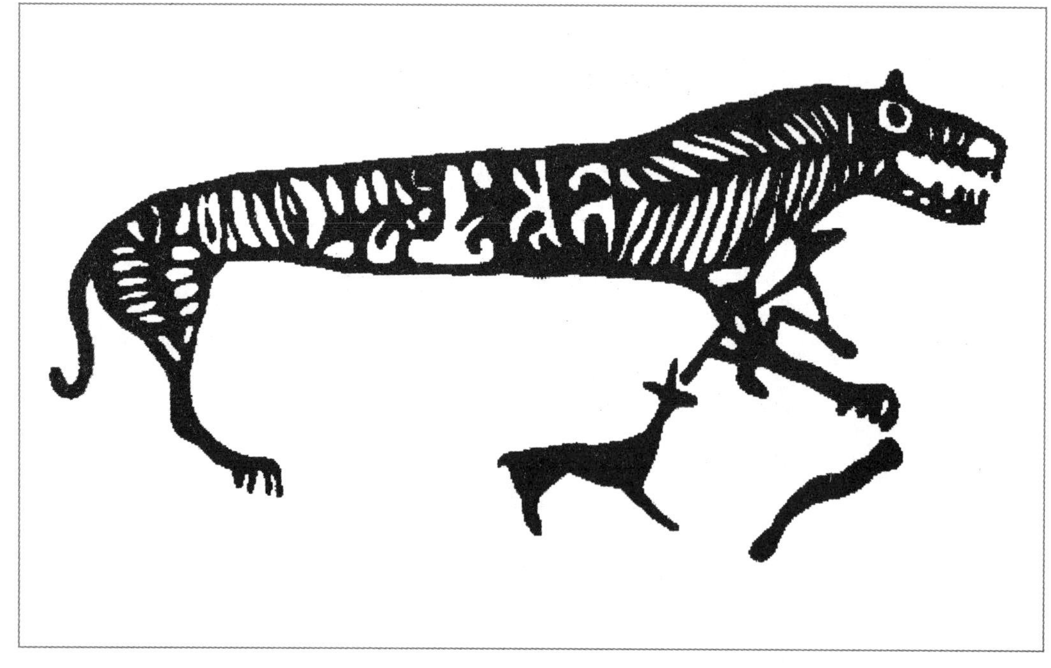

大西峰沟岩画

大西峰沟岩画

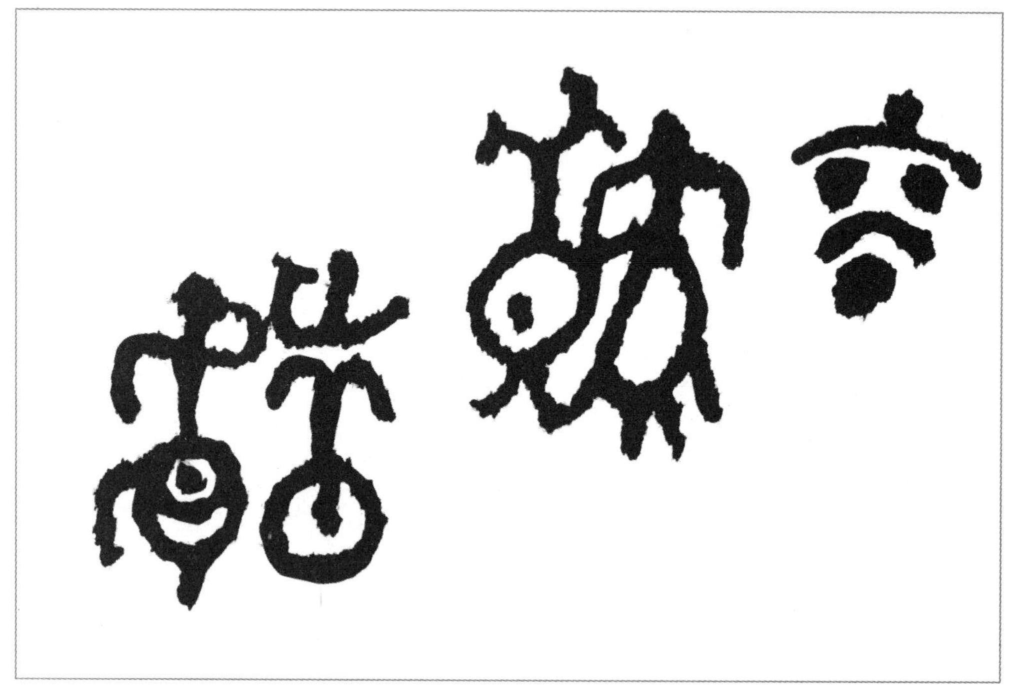

福建岩画

福建岩画

广西岩画

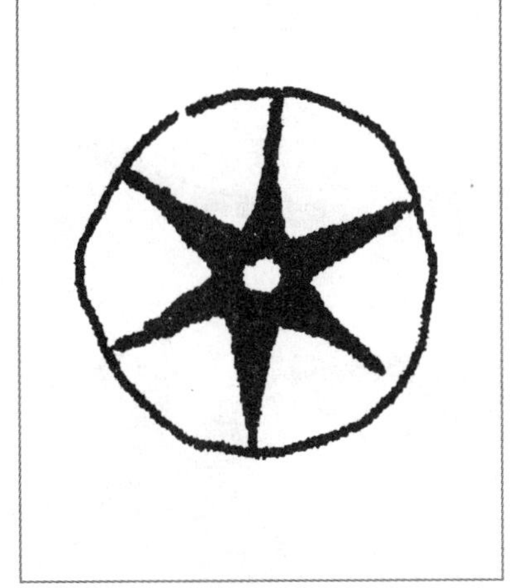
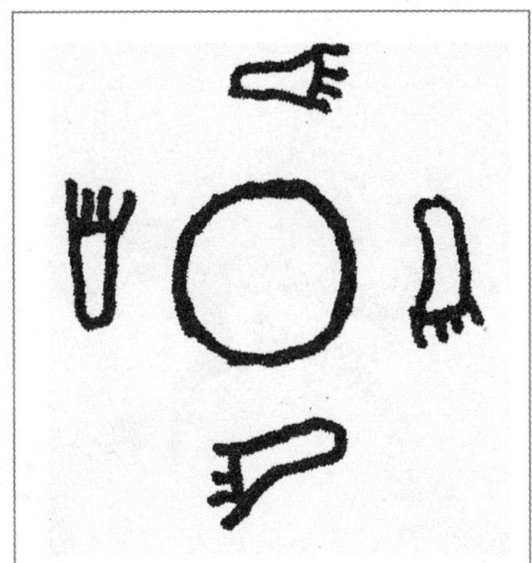

广西岩画

广武口岩画

甘肃岩画

广武口岩画

广西岩画

归德沟岩画

归德沟岩画

归德沟岩画

贵州岩画

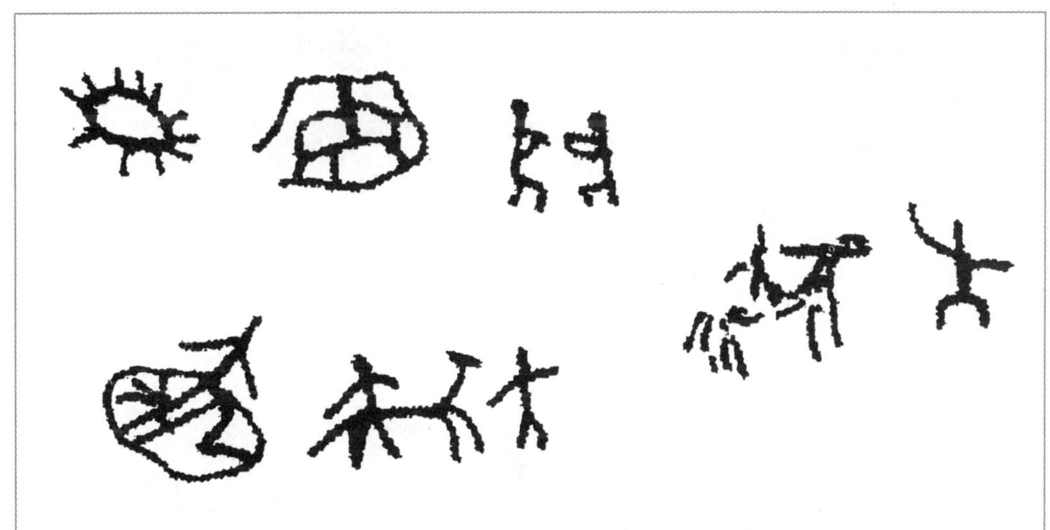

贵州岩画

贵州岩画

贵州岩画

贺兰口岩画

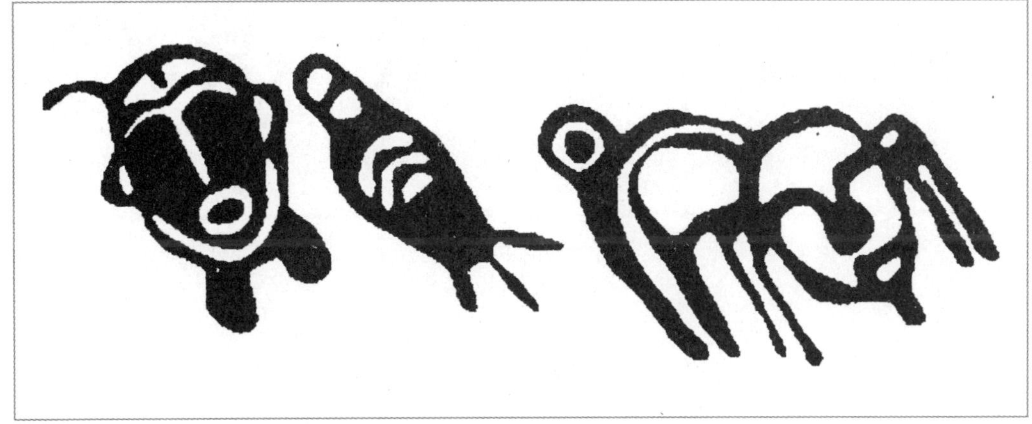

贺兰口岩画

贺兰口岩画

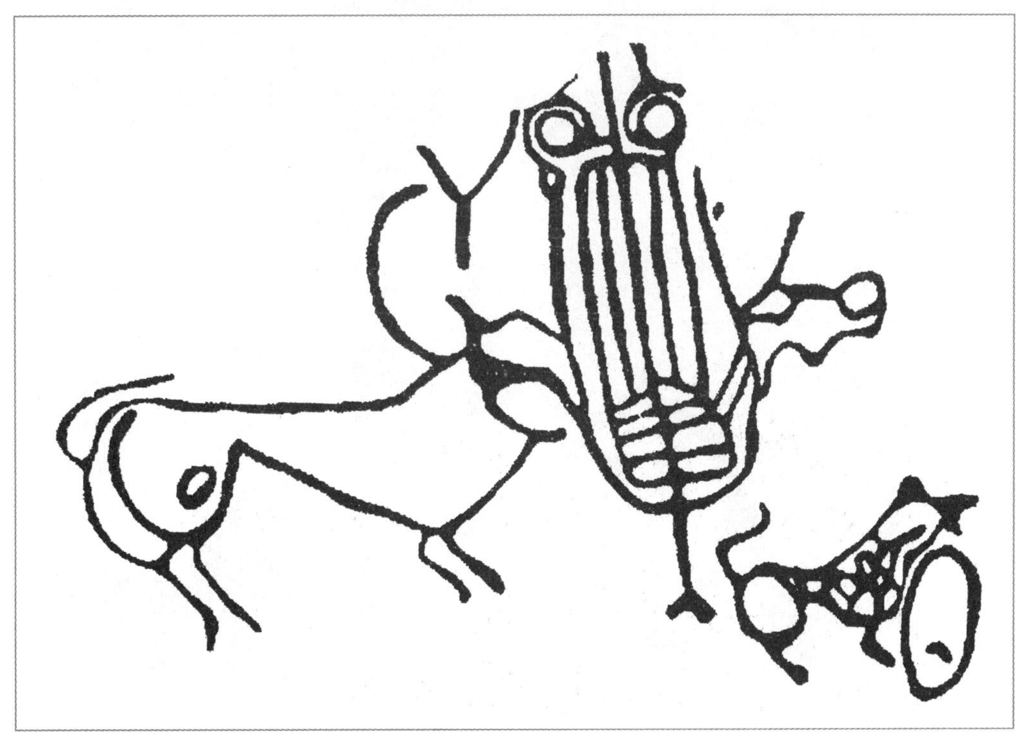

贺兰口岩画

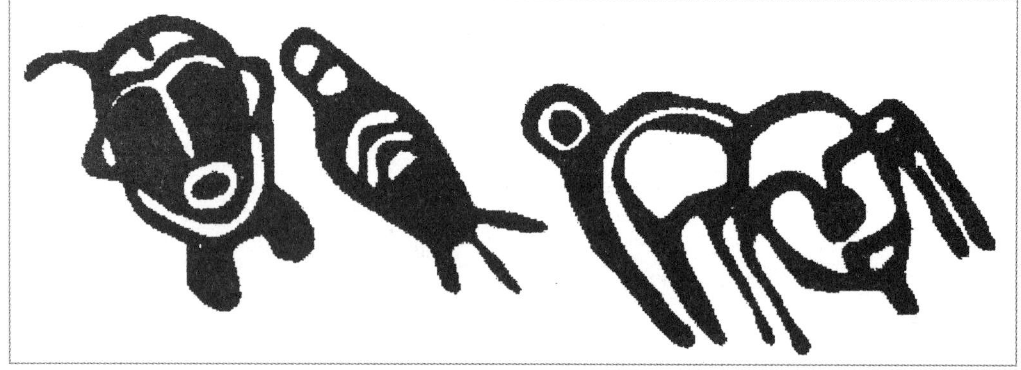

贺兰口岩画

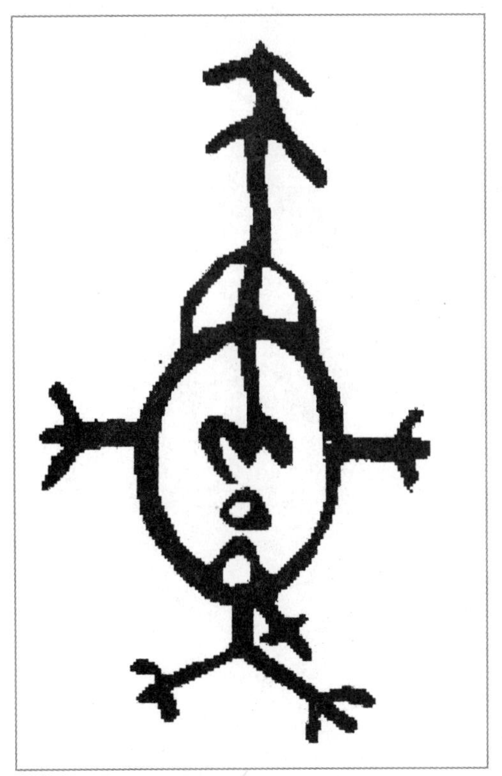

贺兰口岩画

贺兰口岩画

贺兰口岩画

贺兰口岩画

贺兰口岩画

贺兰口岩画

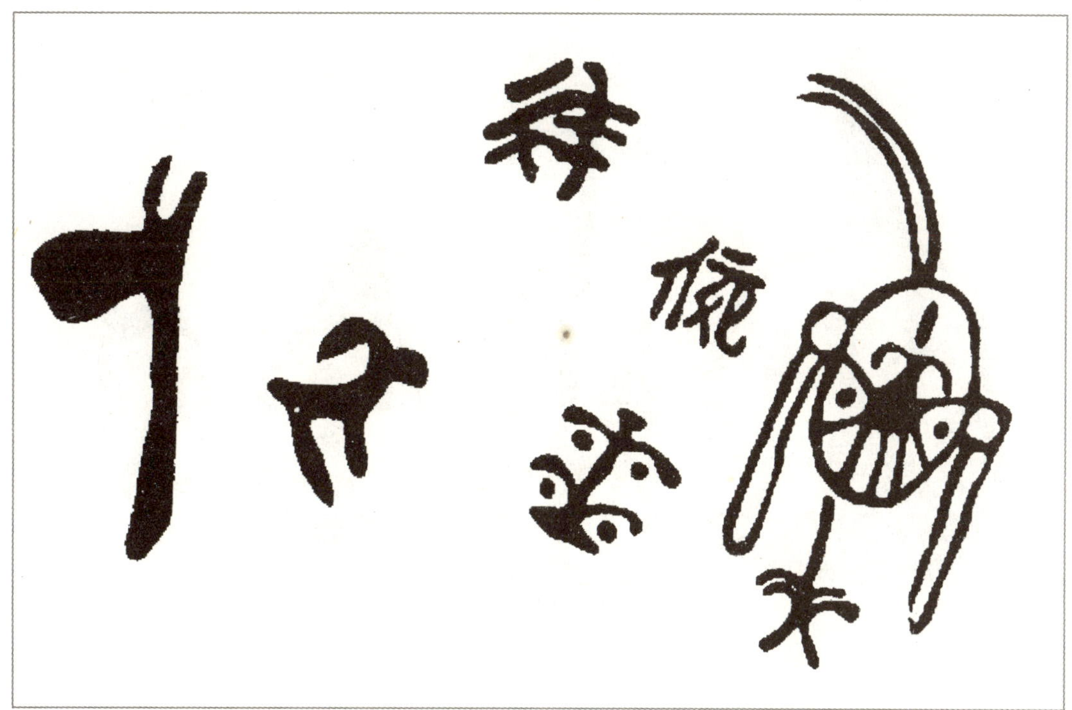

贺兰口岩画

贺兰口岩画

贺兰口岩画

贺兰口岩画

贺兰口岩画

贺兰口岩画

贺兰口岩画

贺兰山岩画

贺兰口岩画

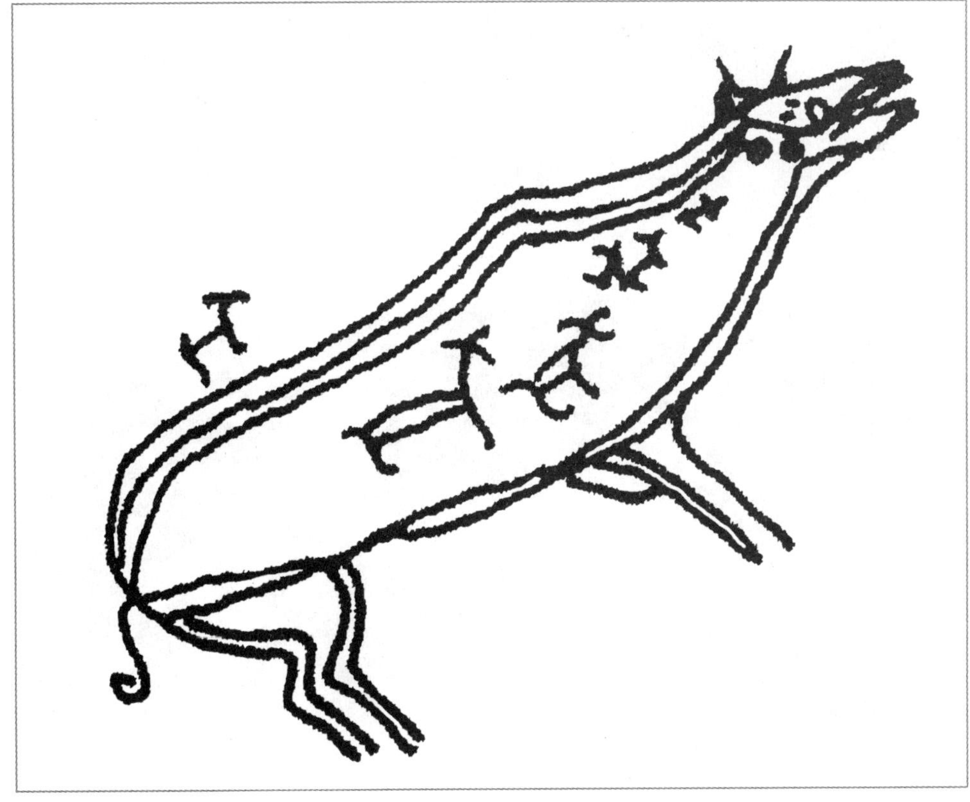

贺兰山岩画

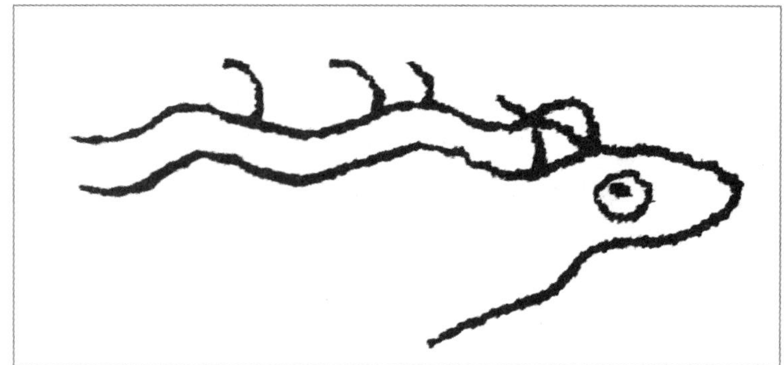

贺兰山岩画

贺兰山小西沟岩画

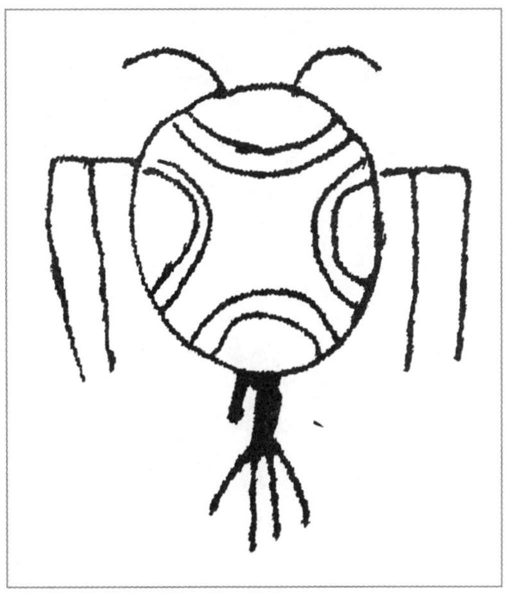

贺兰山岩画

贺兰口岩画

贺兰山岩画

贺兰口岩画

贺兰山岩画

贺兰口岩画

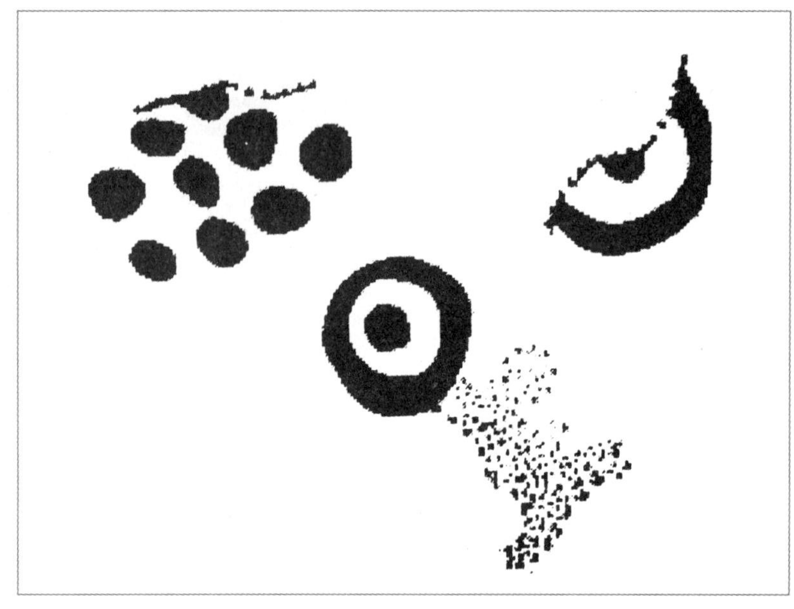

贺兰口岩画

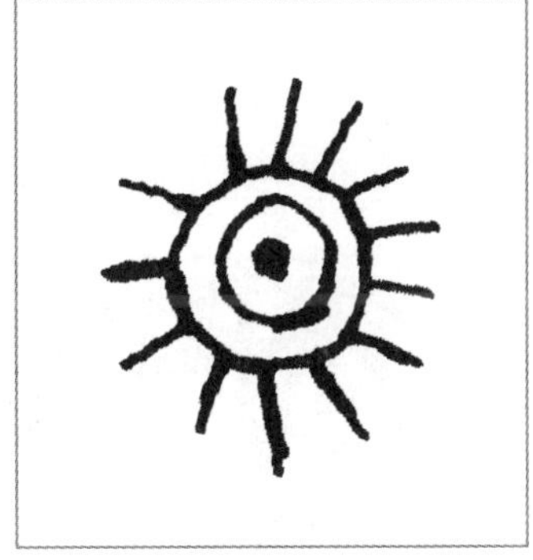

贺兰山岩画

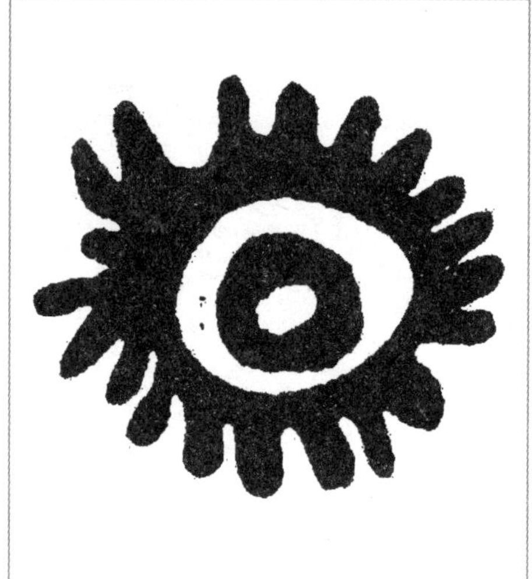
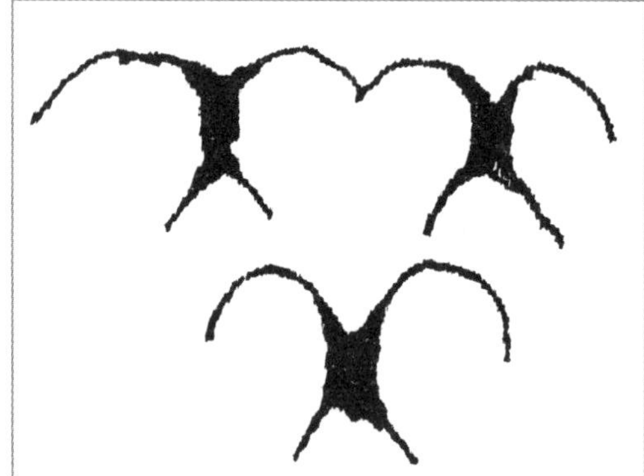

贺兰山岩画

红旗沟岩画

黑龙江岩画

黑石峁岩画

黄羊湾岩画

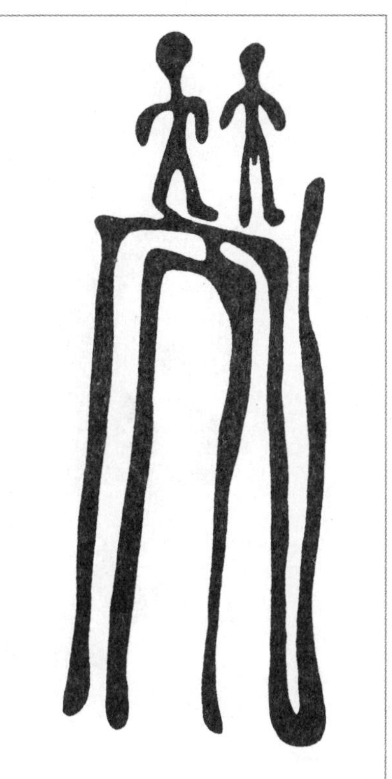

黄羊湾岩画

黄羊湾岩画

黄羊湾岩画

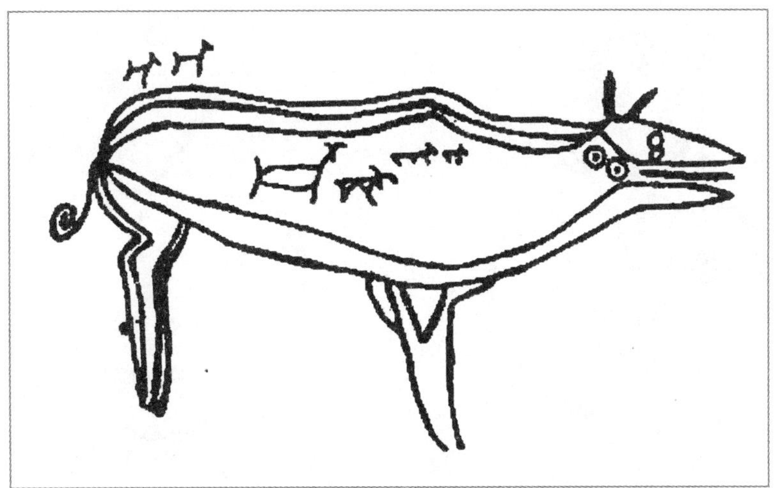

回回沟岩画

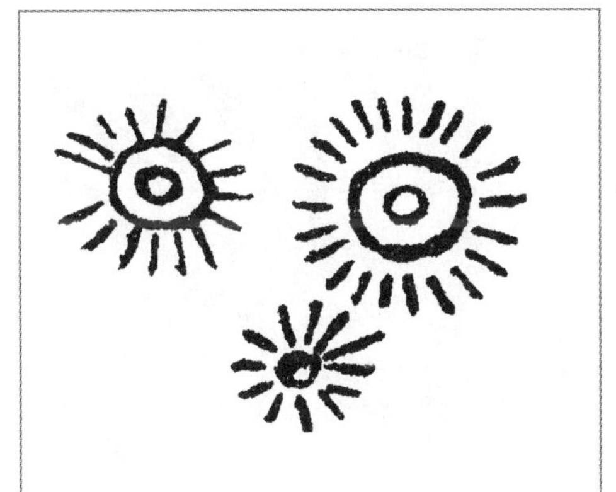

江苏岩画

将军崖岩画

江苏岩画

江苏连云港岩画

韭菜沟岩画

芦沟湖岩画

芦沟湖岩画

柳渠口岩画

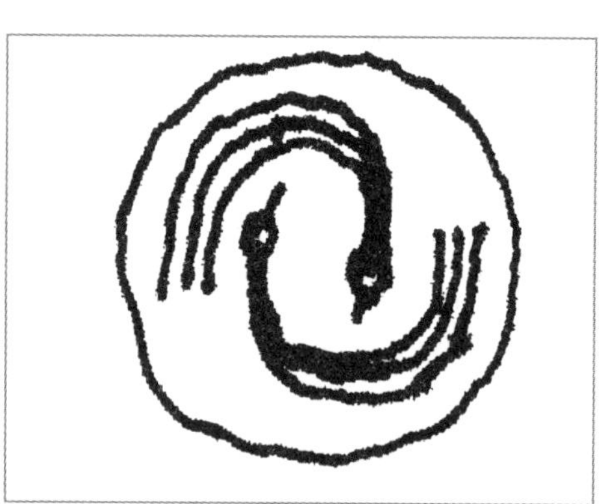

马家窑岩画

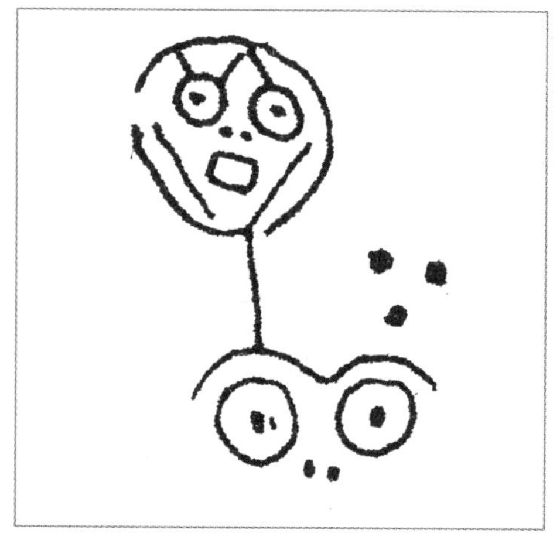

连云港岩画

麦汝井岩画

麦汝井岩画

麦汝井岩画

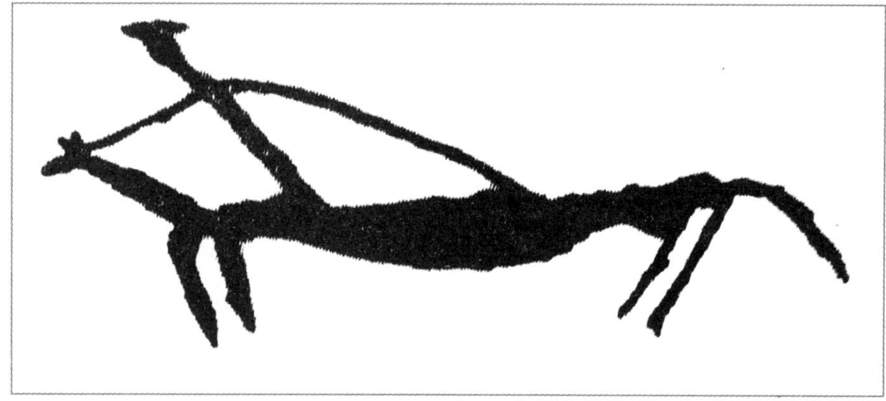

内蒙古岩画

宁夏中宁岩画

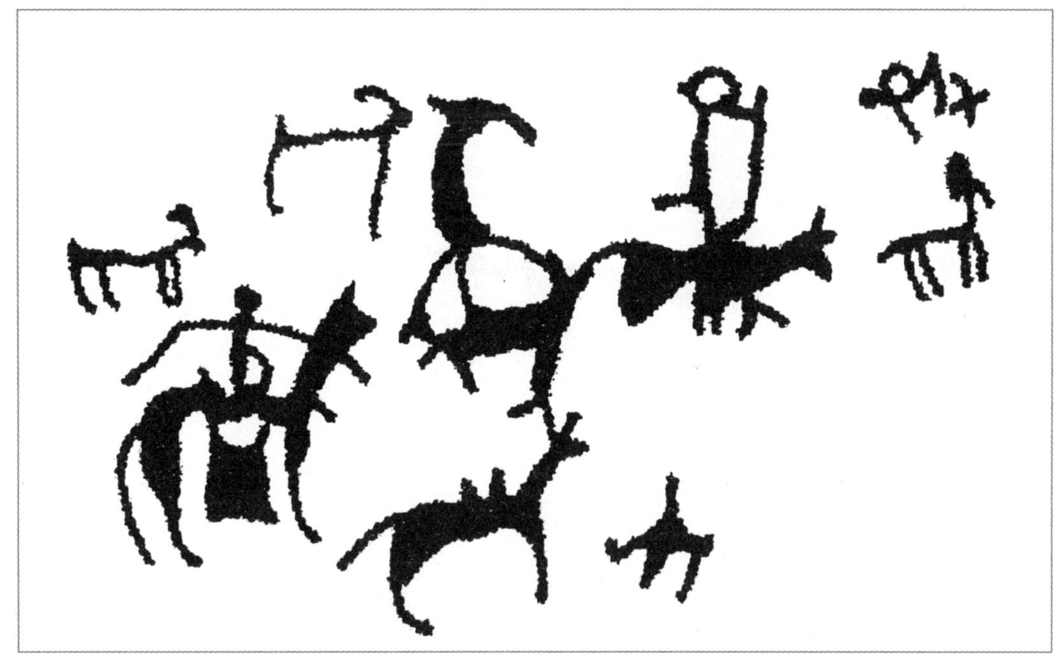

宁夏岩画

青海岩画

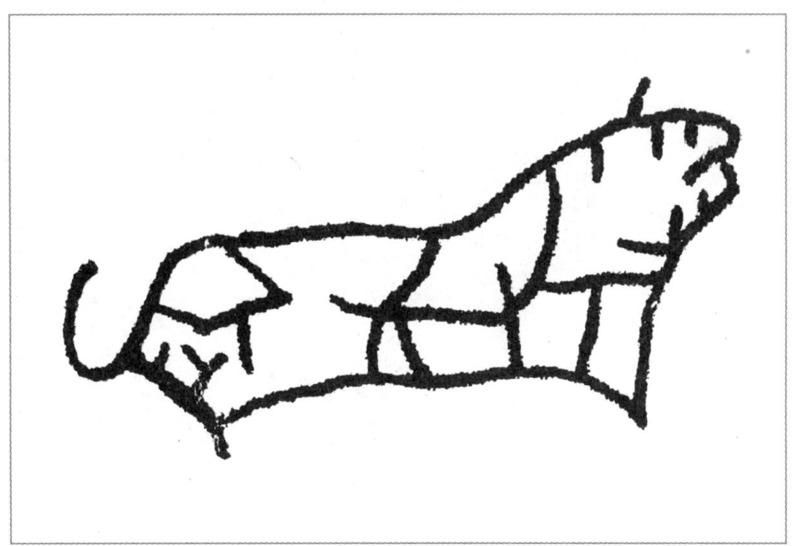

青海岩画

青海岩画

青海岩画

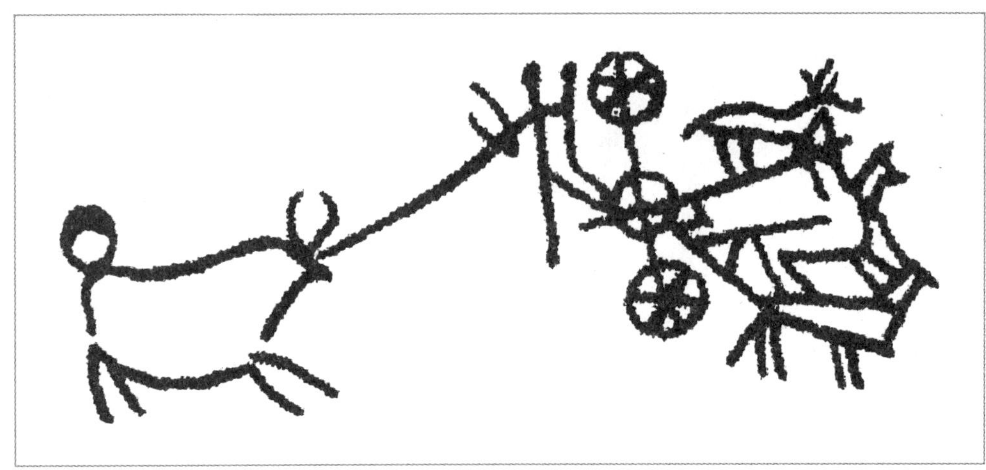

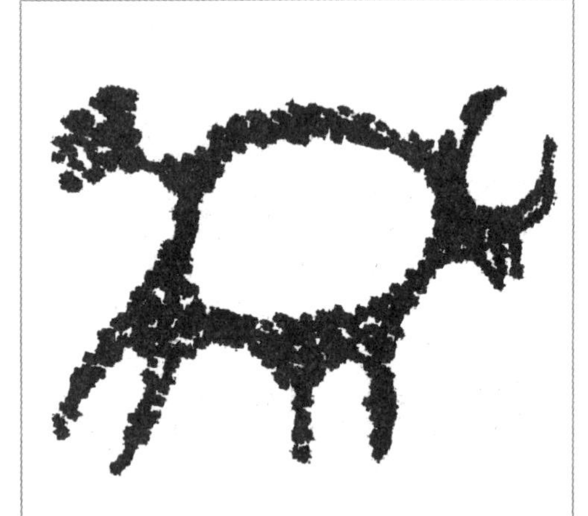

青海岩画

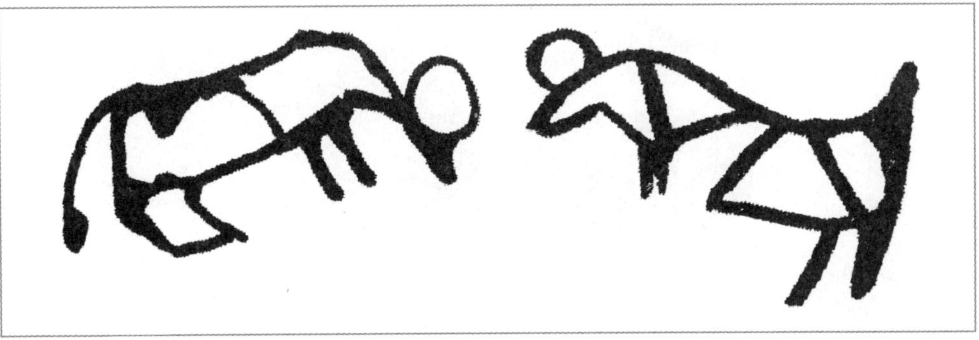

青海岩画

青铜峡岩画

砂石梁岩画

砂石梁岩画

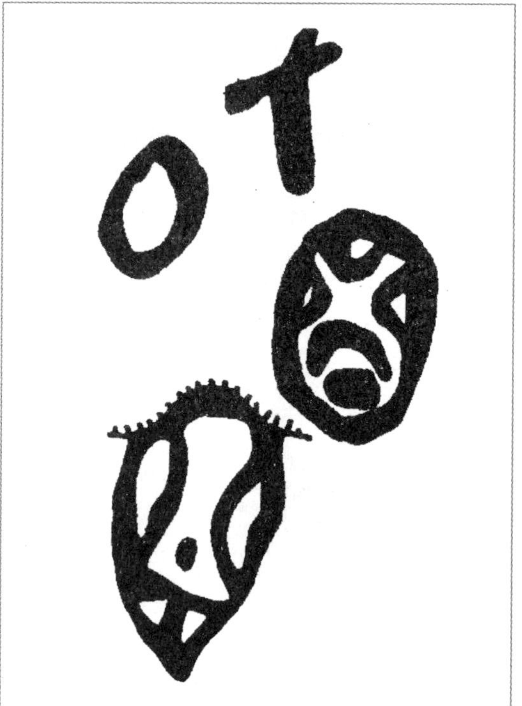
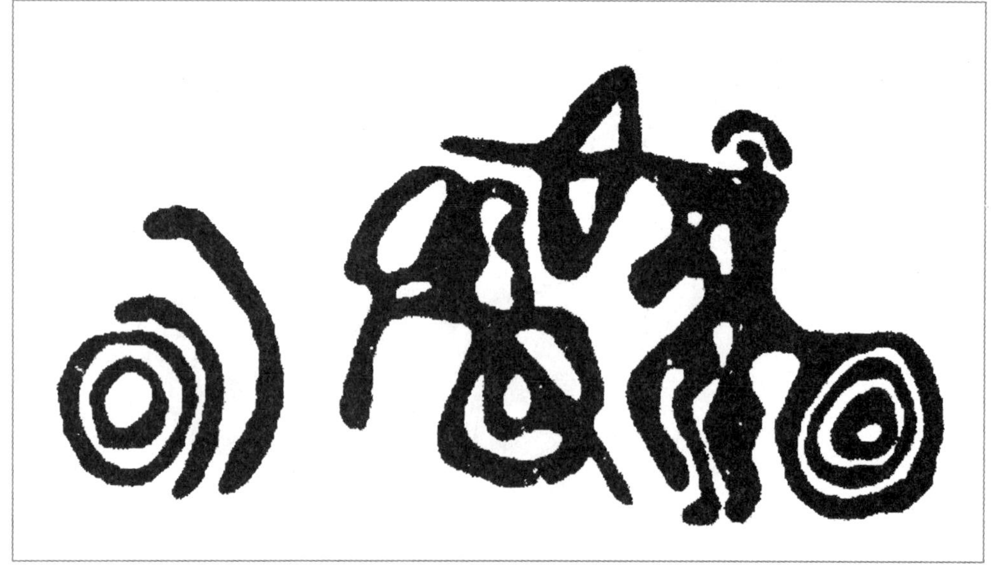

苏峪口岩画

苏峪口岩画

四川珙县岩画

山西吉县岩画

树林沟岩画

树林沟岩画

台湾万山岩画

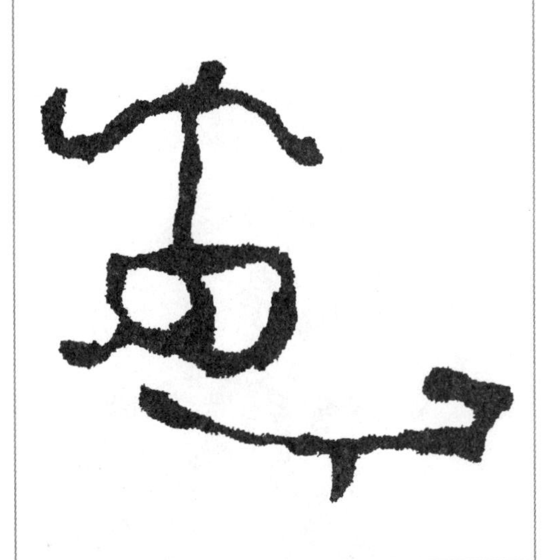

乌兰察布岩画

乌兰察布岩画

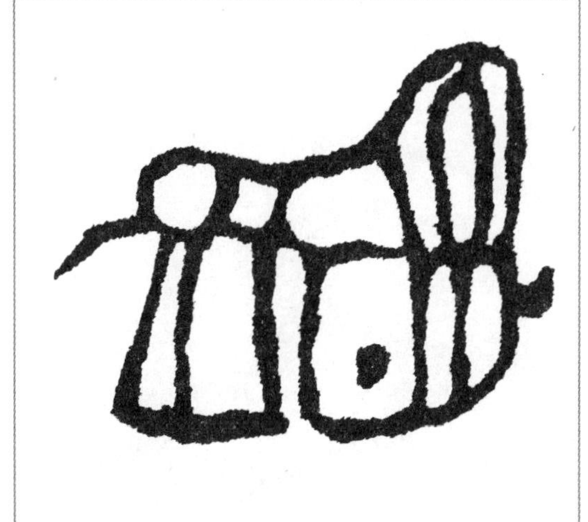

乌兰察布岩画

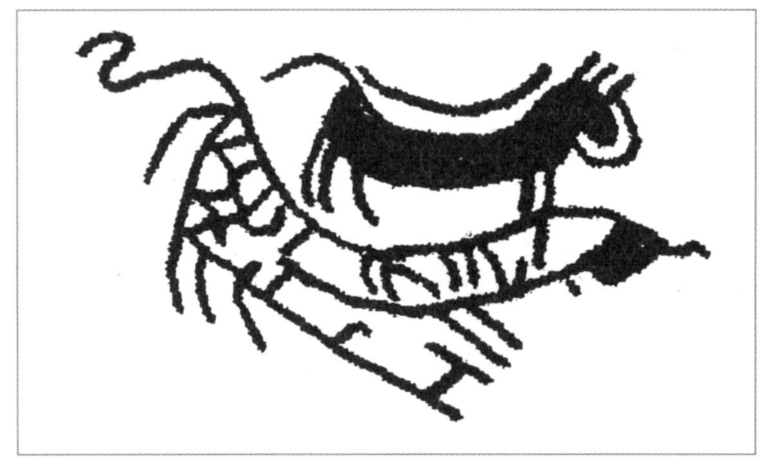

乌兰察布岩画

乌兰察布岩画

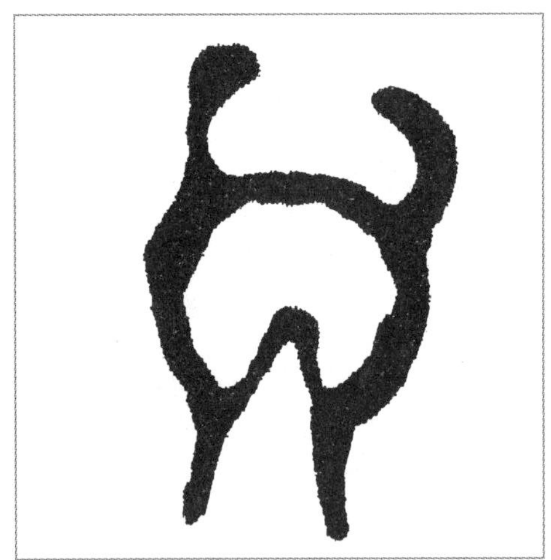
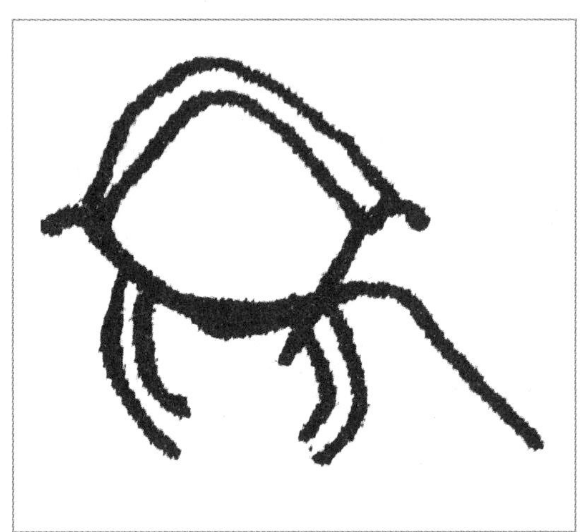

乌兰察布岩画

西藏岩画

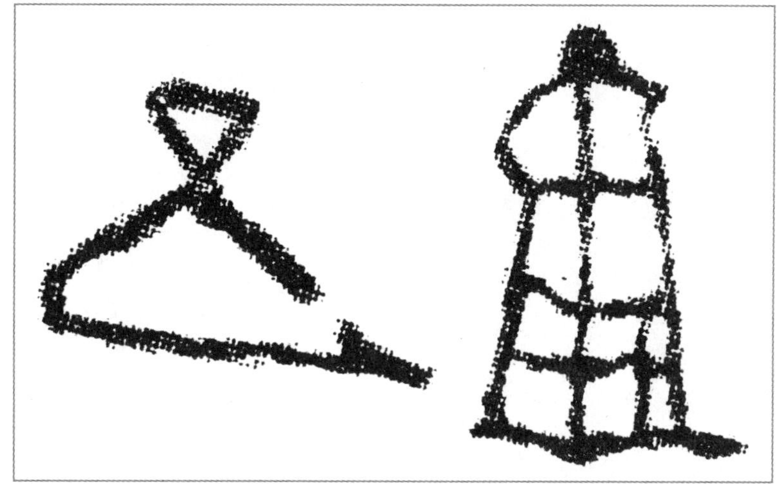

西藏岩画

西藏岩画

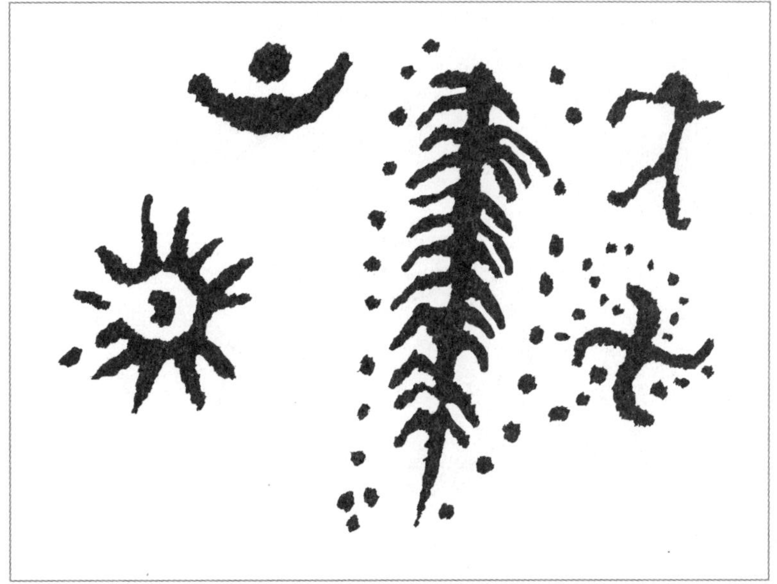

西藏岩画

西藏岩画

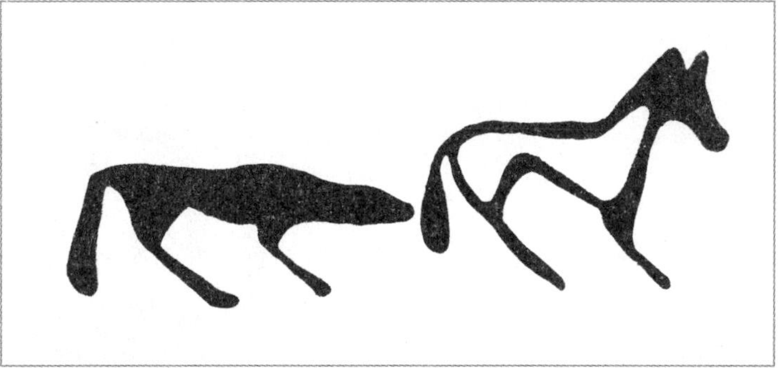

小西峰沟岩画

香港岩画

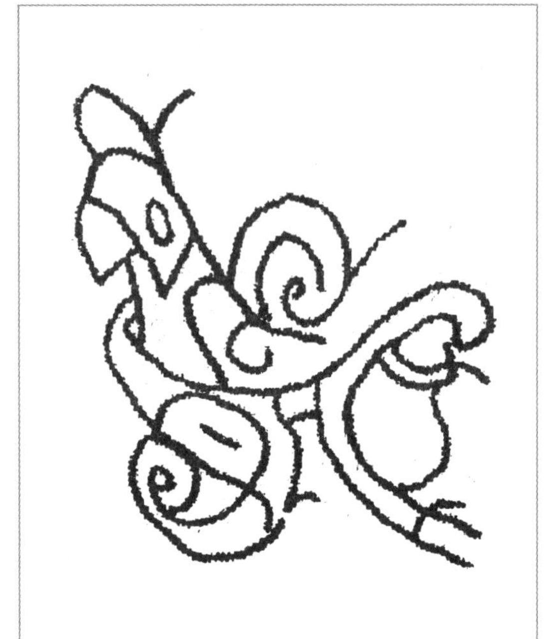

香港岩画

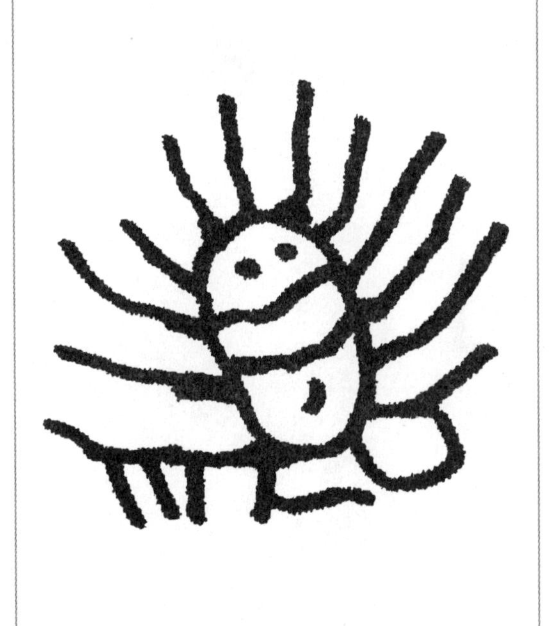

阴山岩画

阴山岩画

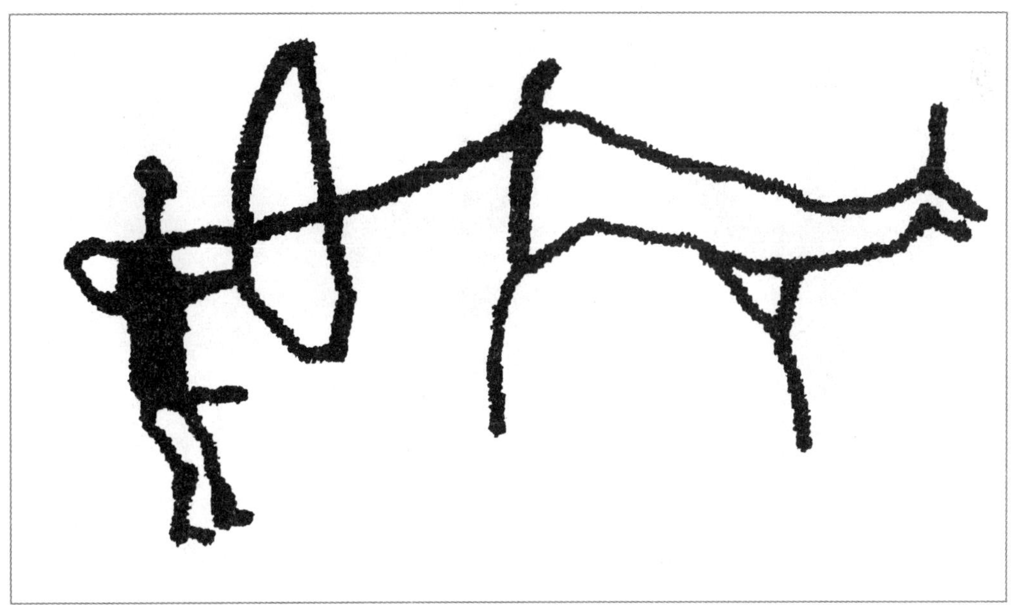

阴山岩画

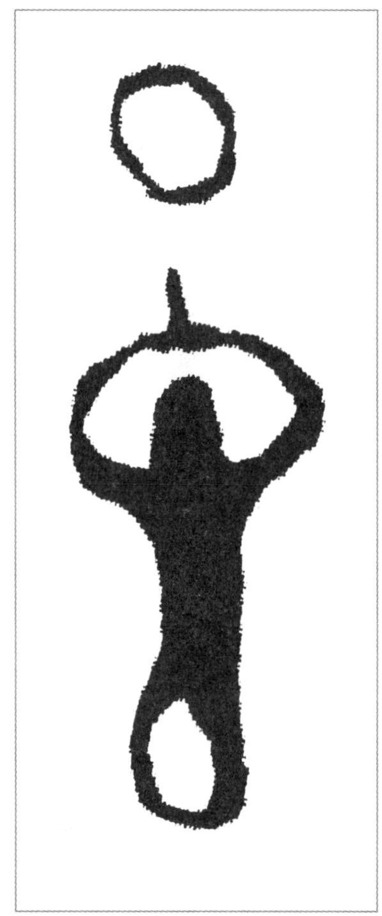

阴山岩画

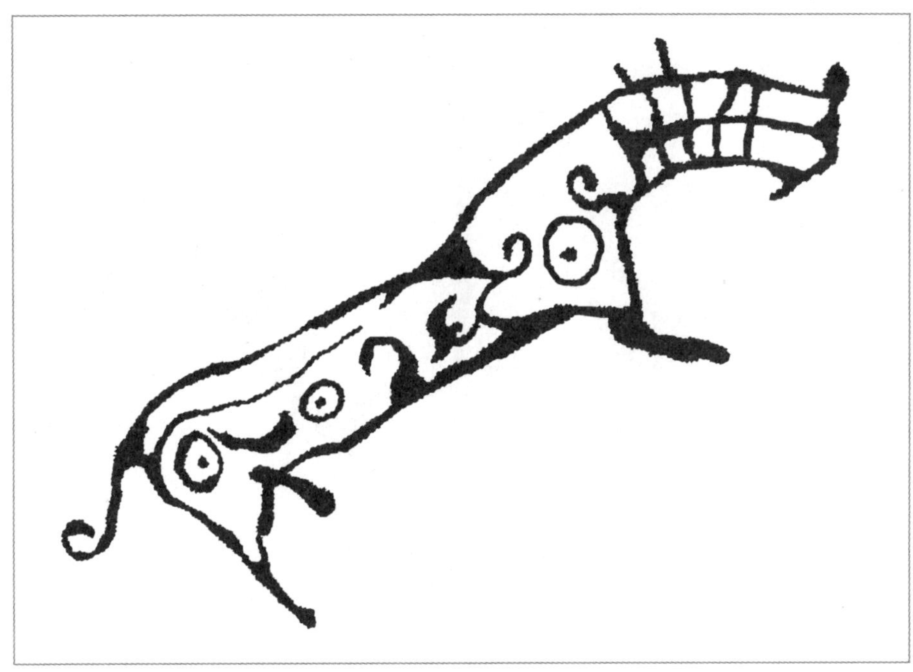

阴山岩画

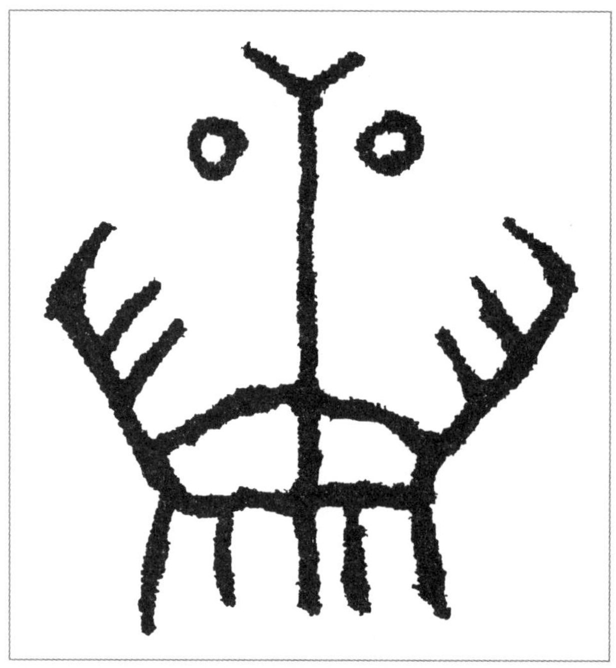

阴山岩画

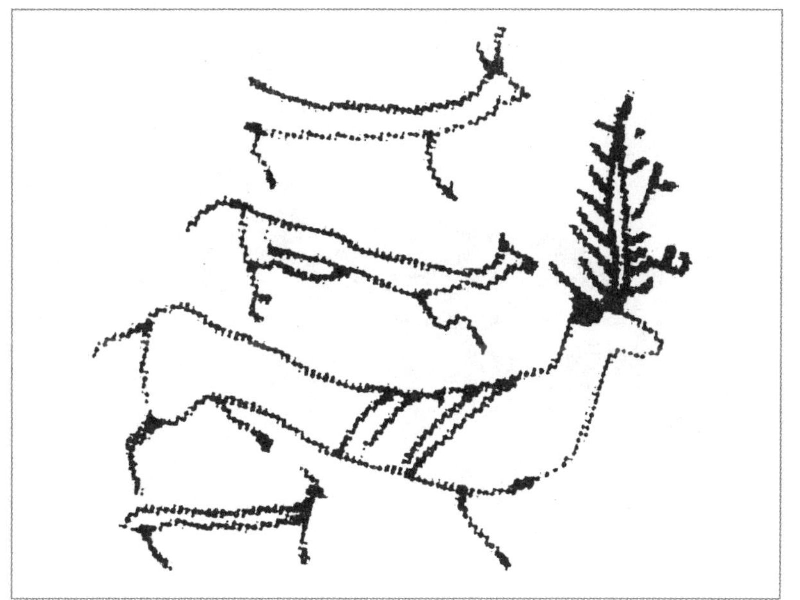

阴山岩画

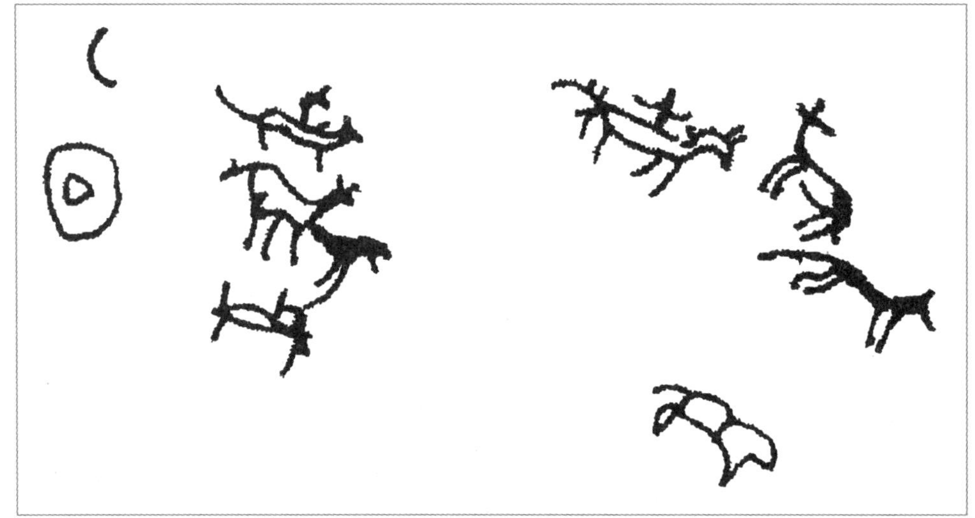

阴山岩画

阴山岩画

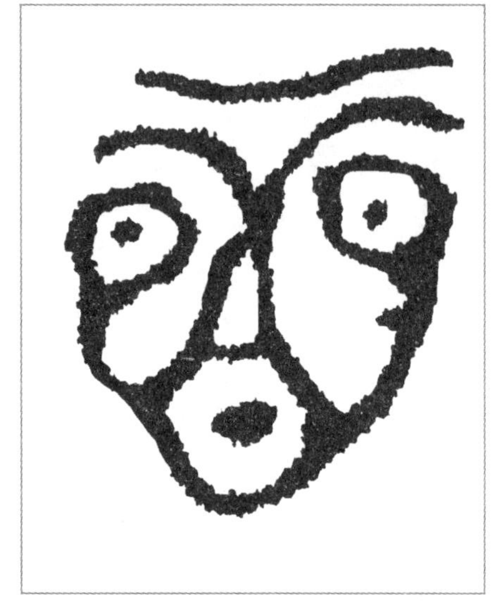

阴山岩画

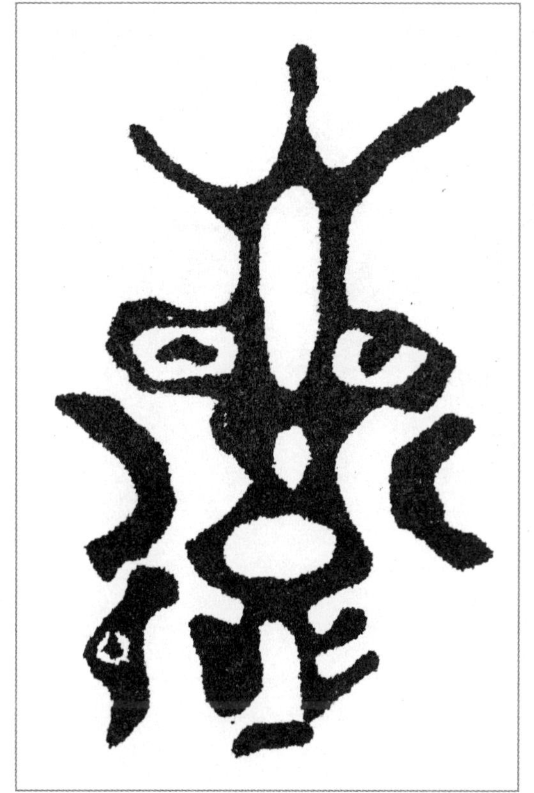

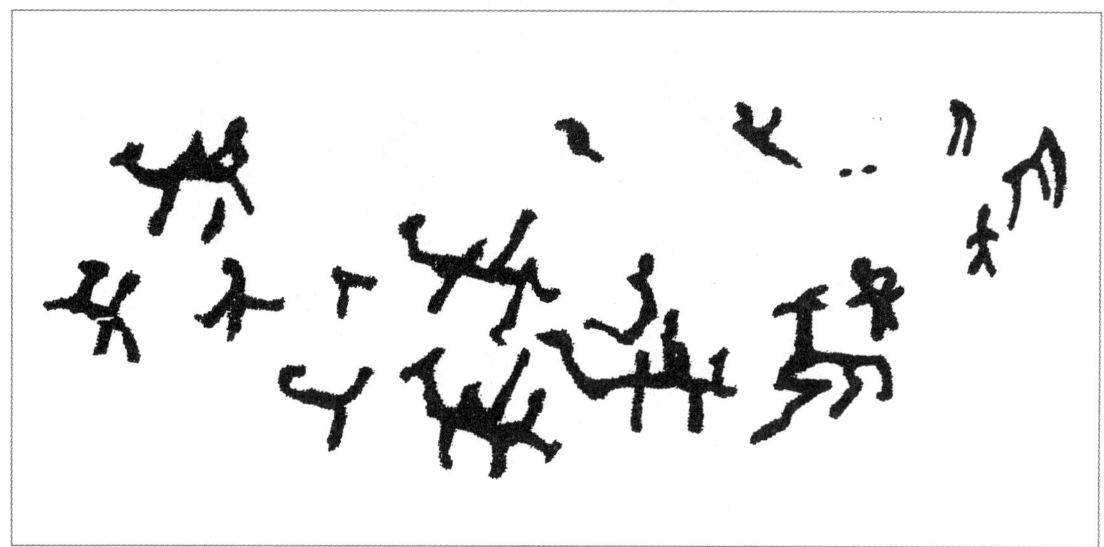

阴山岩画

阴山岩画

阴山岩画

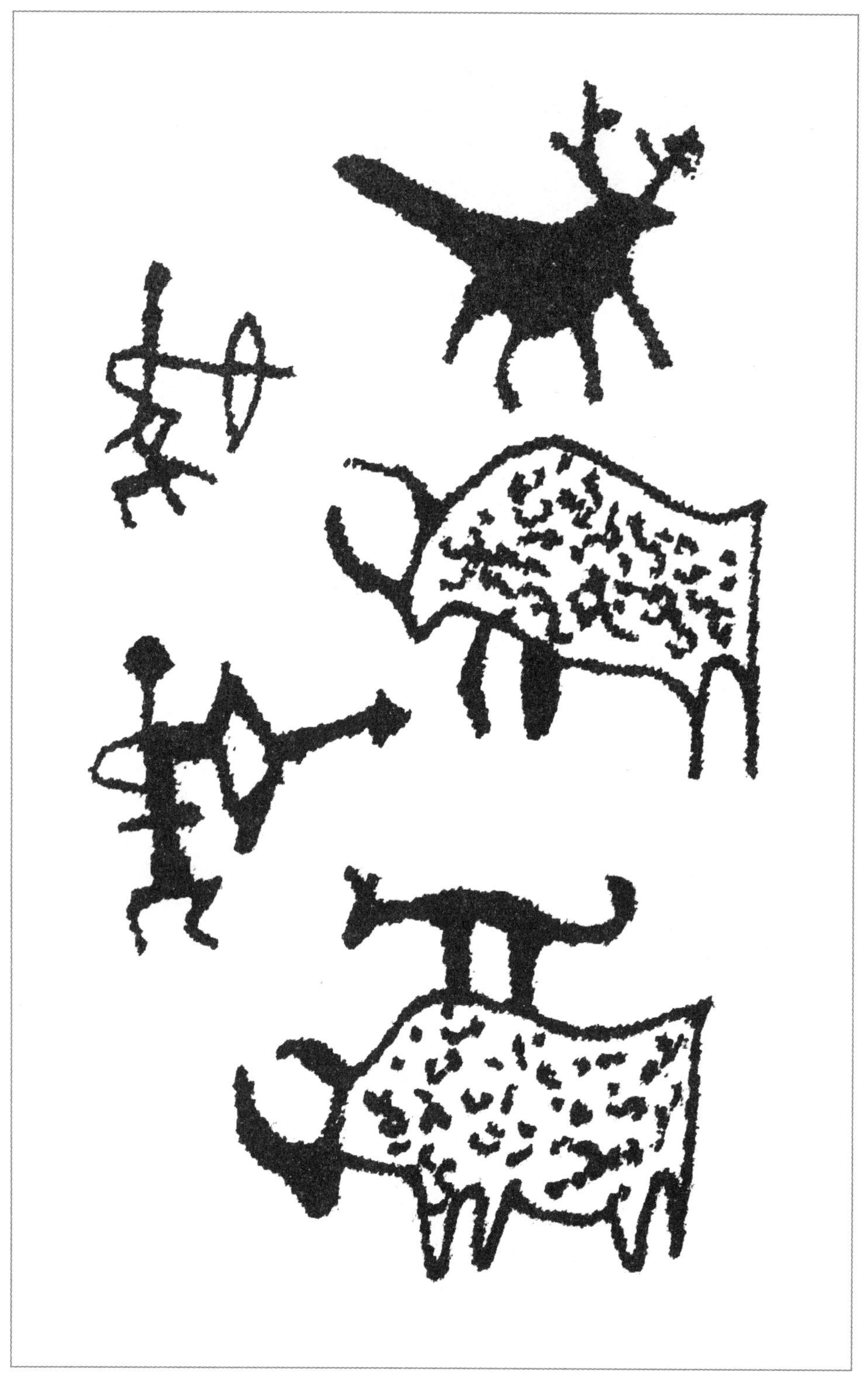

阴山岩画

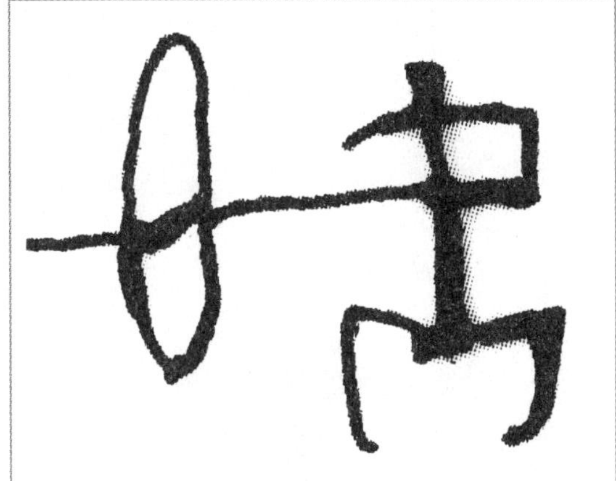

阴山岩画

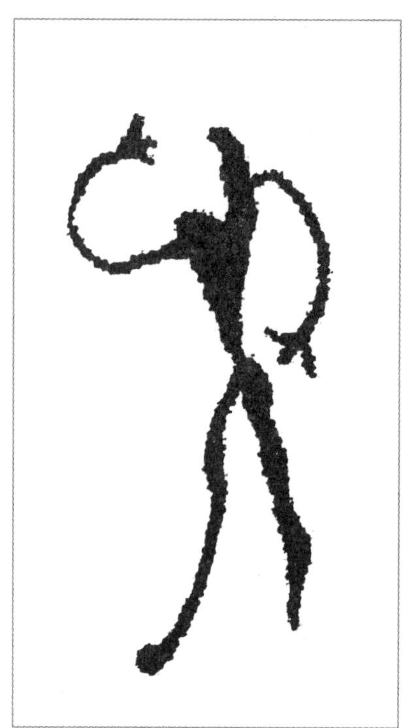

云南岩画

云南岩画

云南岩画

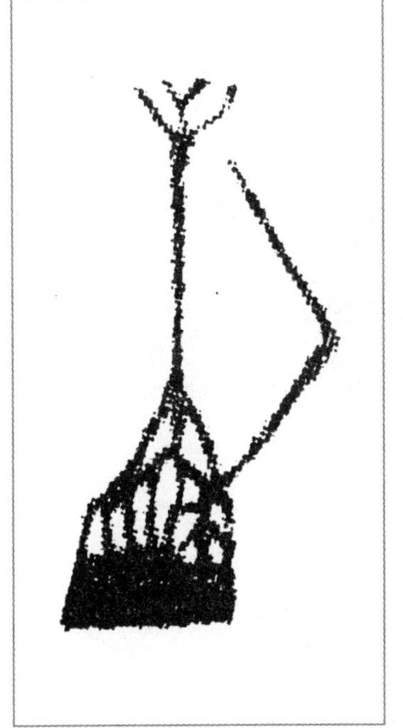

云南沧源岩画

云南沧源岩画

云南元江岩画

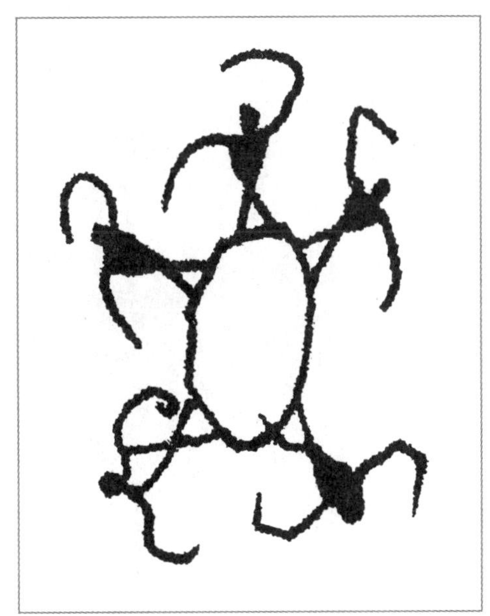

云南沧源岩画

中卫岩画

中卫岩画

中卫岩画

中卫岩画

左江岩画

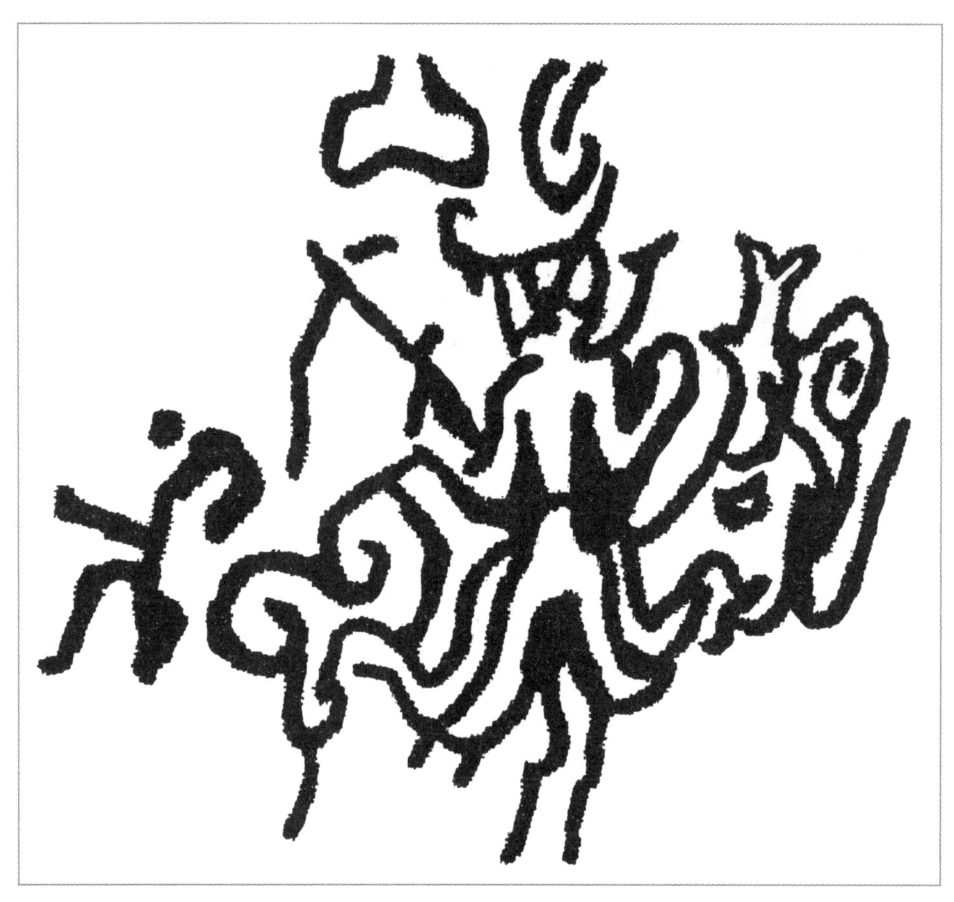

珠海岩画

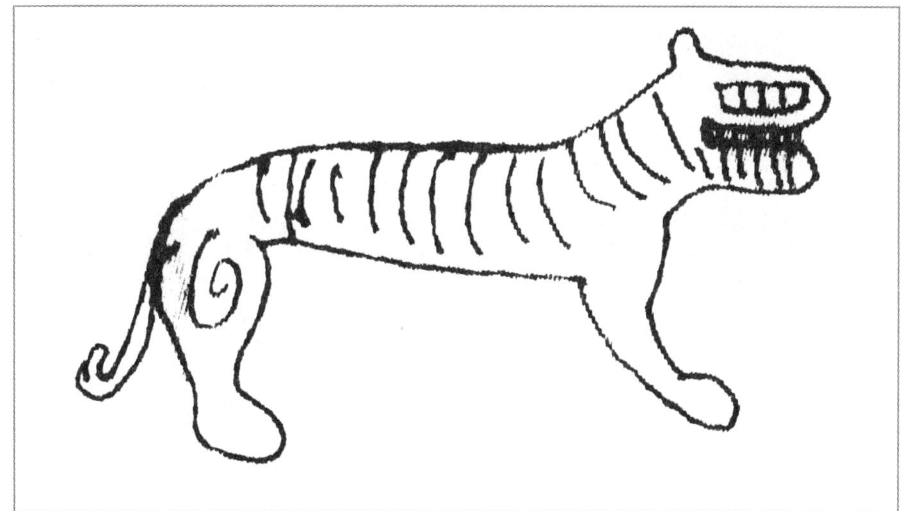

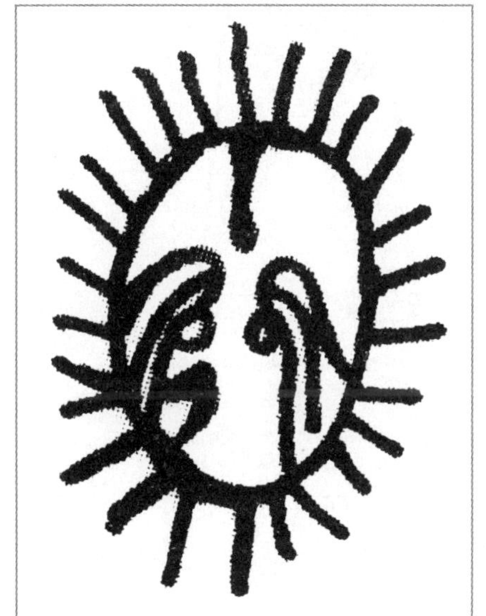

桌子山岩画

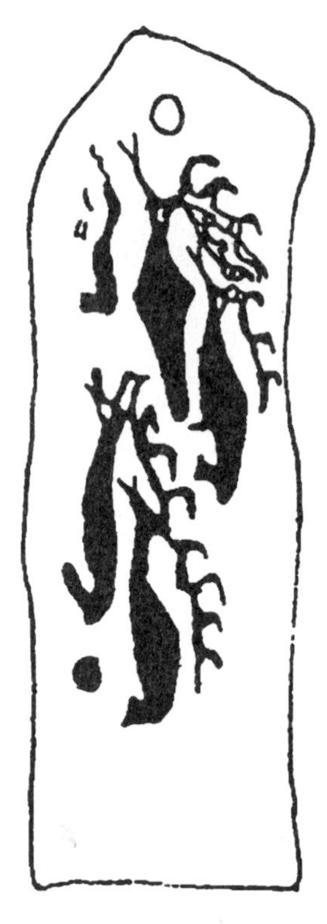

蒙古策策尔勒格鹿石

图瓦萨马加尔台鹿石

蒙古东达赫鹿石

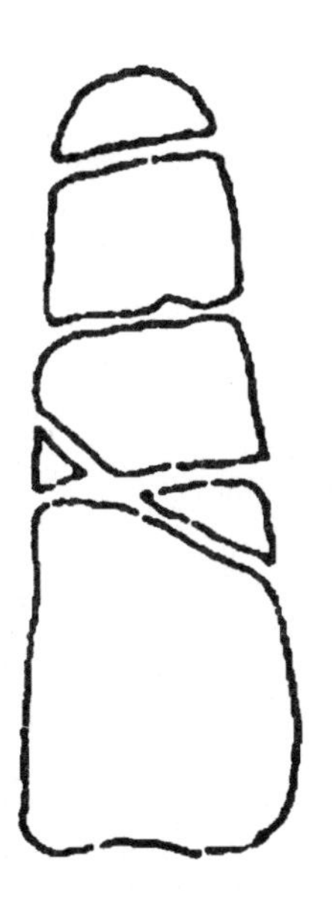

南乌拉尔

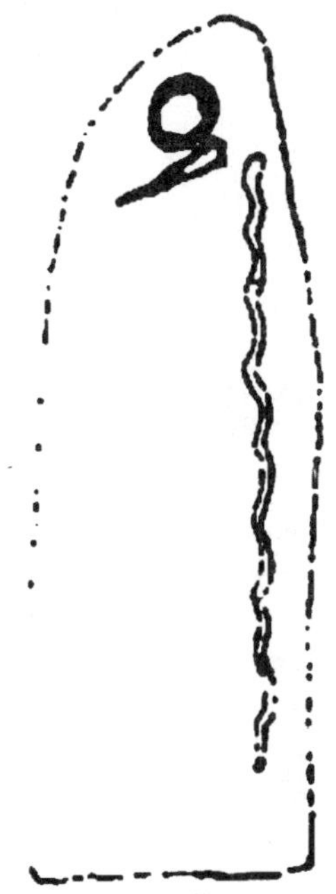

南格鲁吉亚

库班

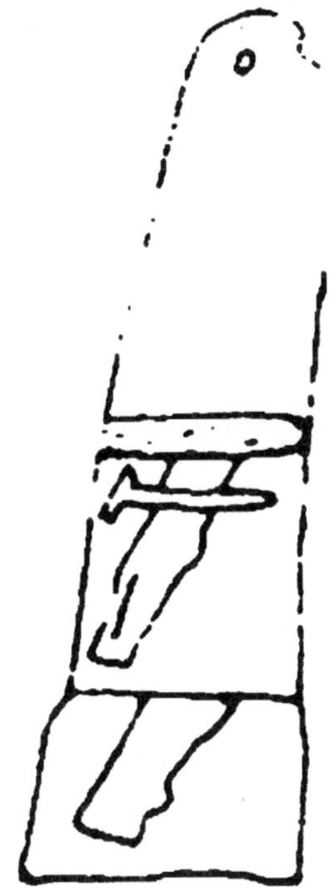

奥利维亚

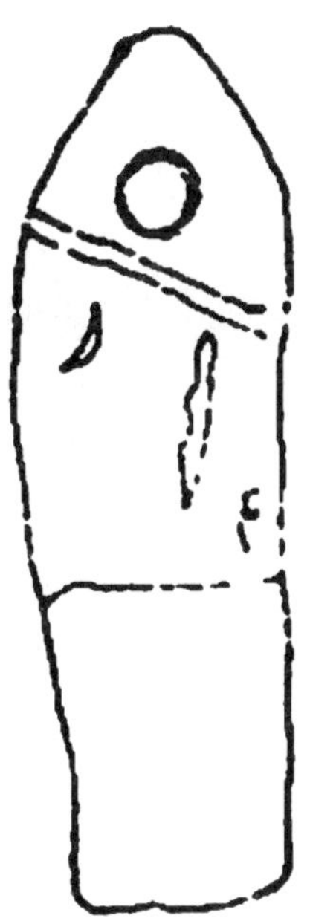

易北河

哈萨克斯坦共和国额尔齐斯河流域沙格尔战斗岩画

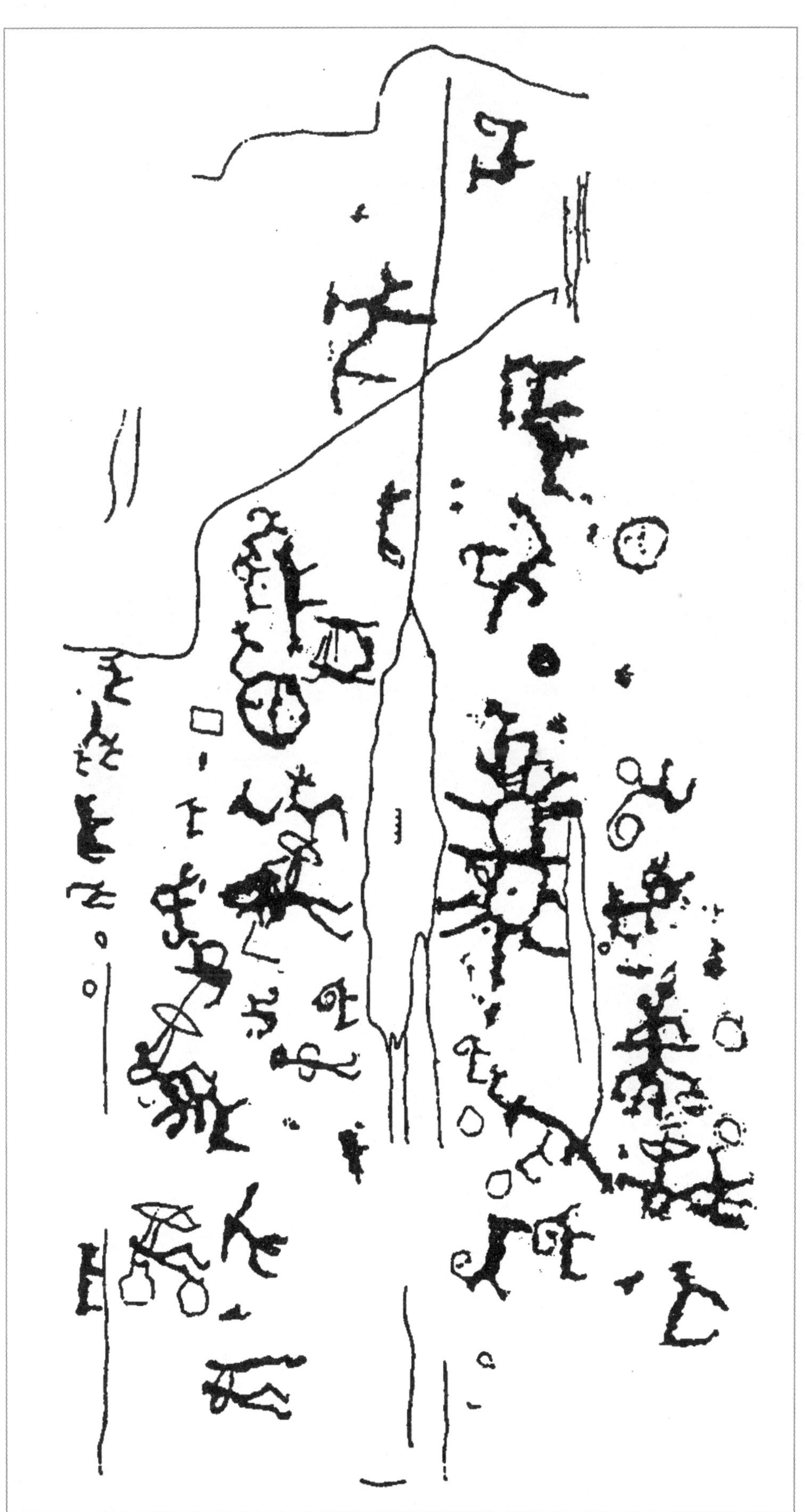

哈萨克斯坦共和国额尔齐斯河流域围猎岩画

哈萨克斯坦共和国额尔齐斯河流域发现弓箭岩画

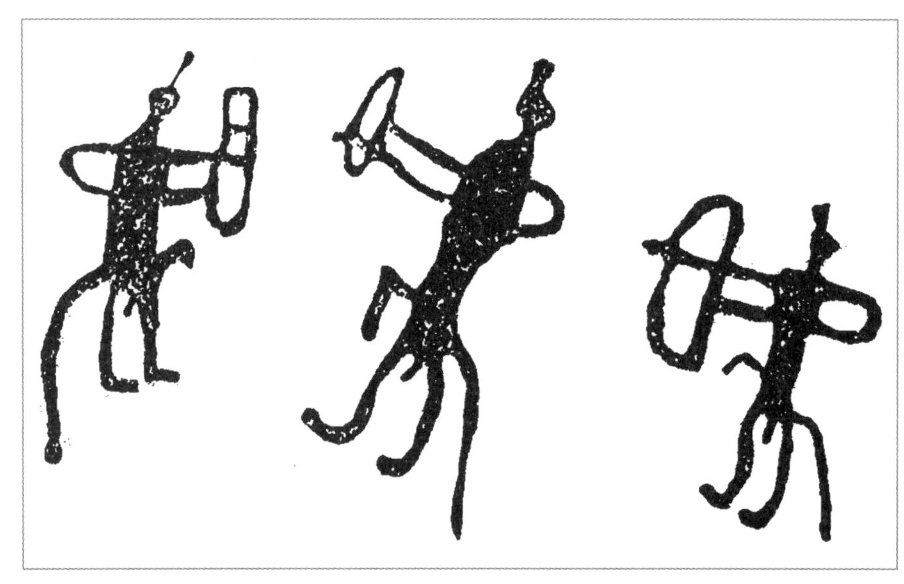

哈萨克斯坦共和国额尔齐斯河流域岩画

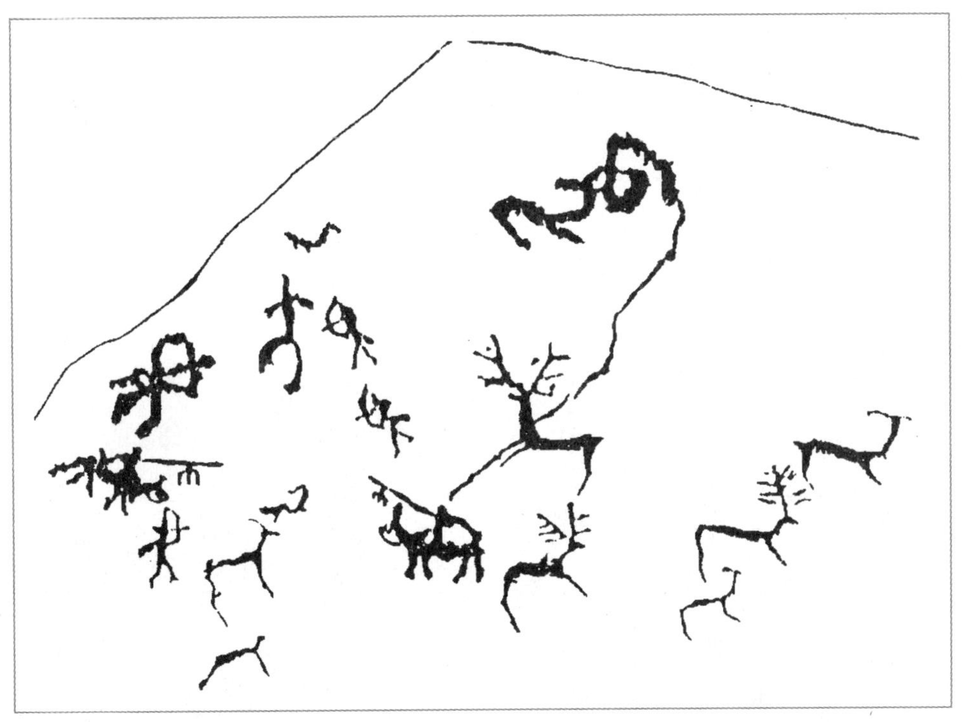

哈萨克斯坦共和国额尔齐斯河流域尼克钦卡战斗岩画

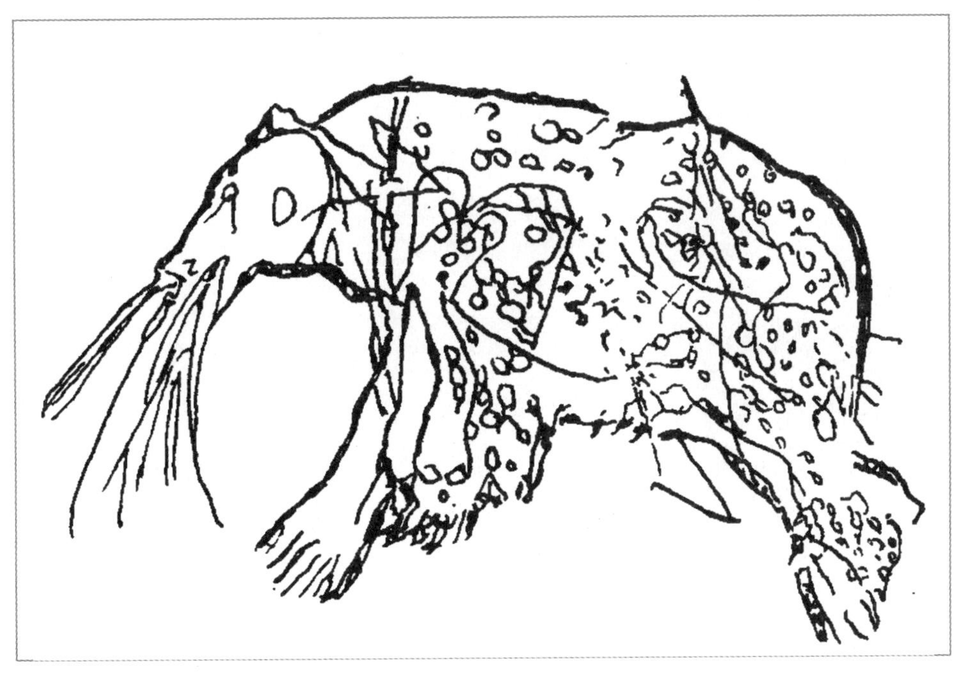

法国三兄弟洞窟岩画中的狩猎图

哈萨克斯坦共和国额尔齐斯河流域的生殖崇拜岩画

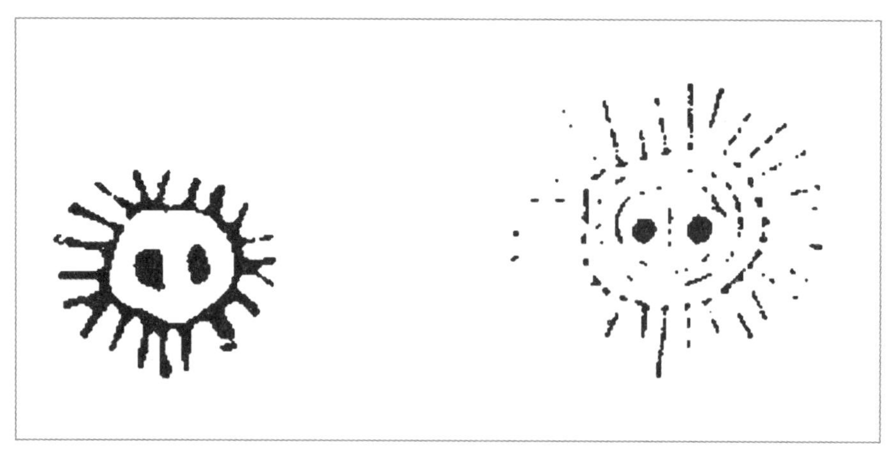

密克罗尼西亚

俄罗斯境内黑龙江上游岩画

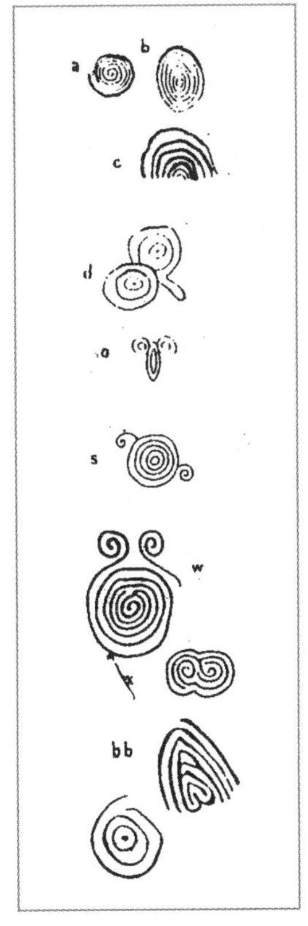

密克罗尼西亚

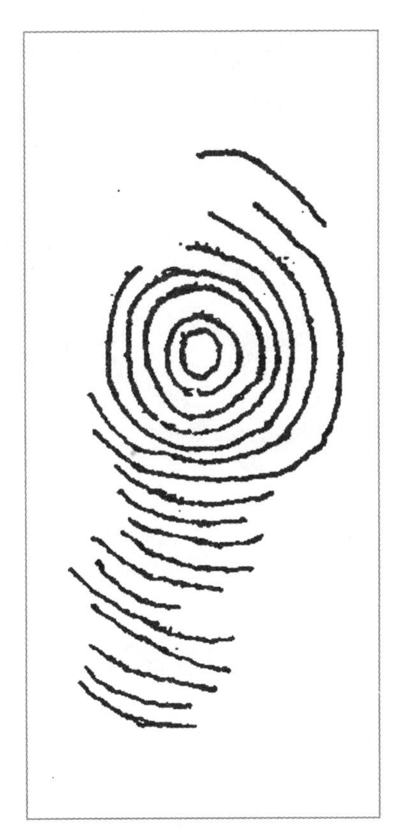

夏威夷

南非卡拉德吉利洞穴的舞蹈

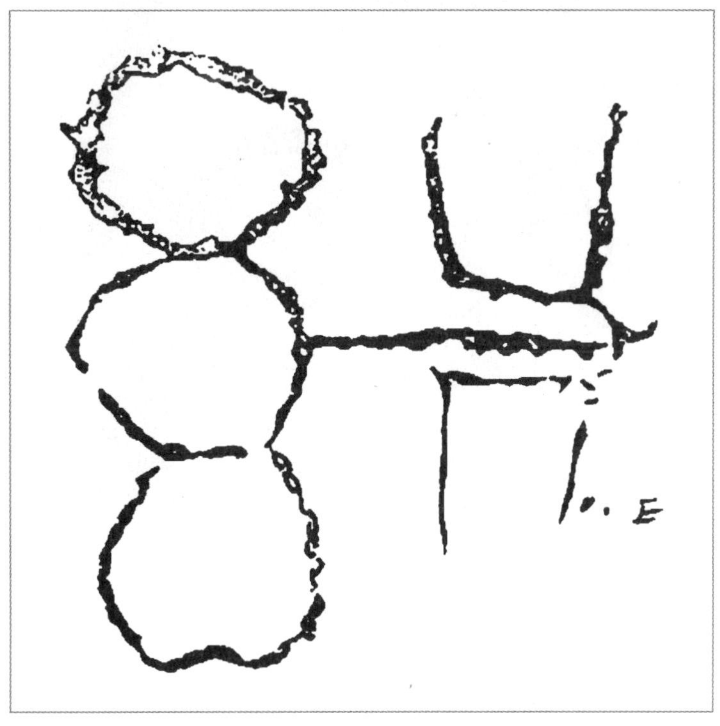

哈萨克斯坦共和国额尔齐斯河流域莫依纳克车辆岩画

哈萨克斯坦共和国额尔齐斯河流域的生殖崇拜岩画

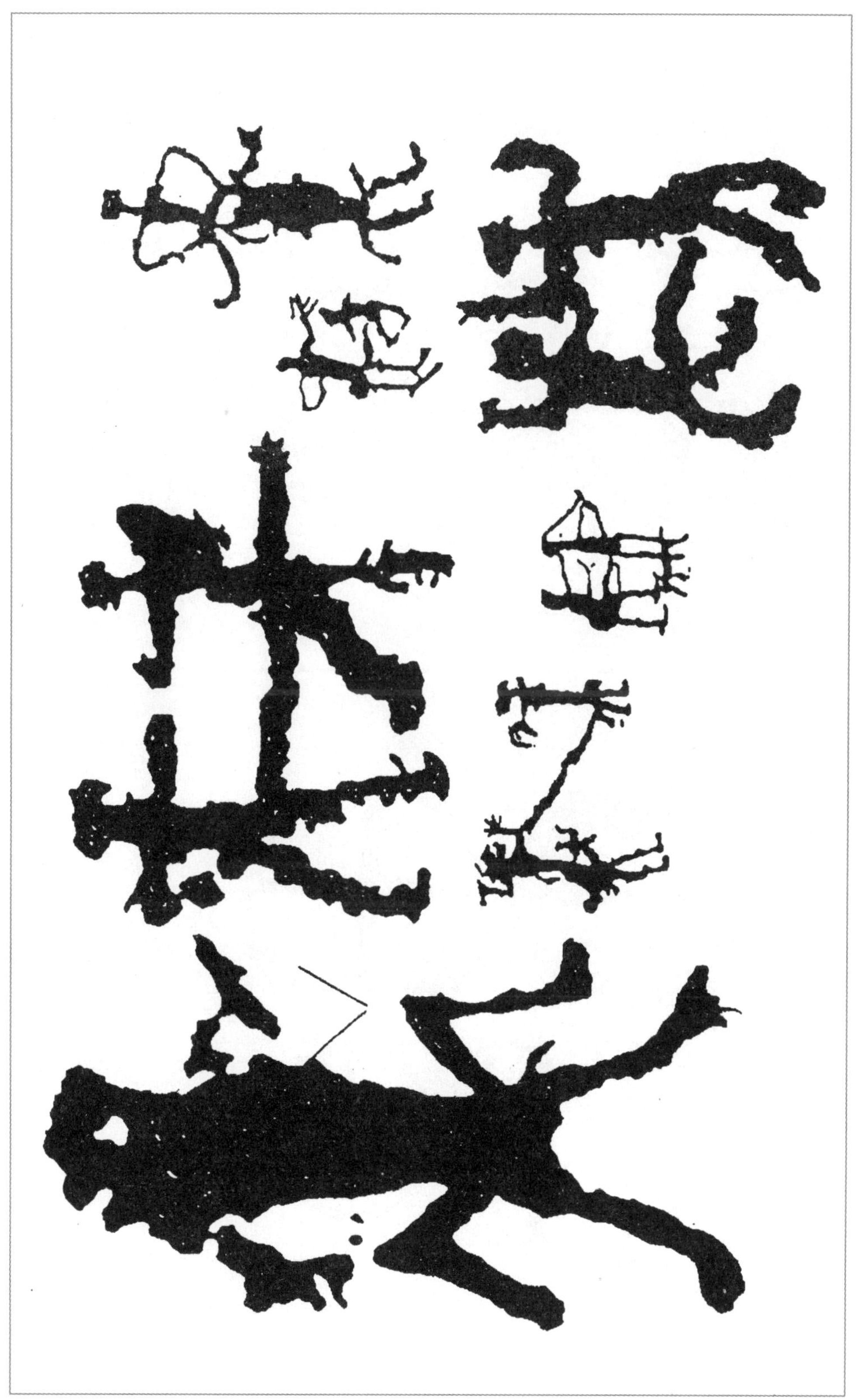

哈萨克斯坦共和国额尔齐斯河流域的生殖崇拜岩画

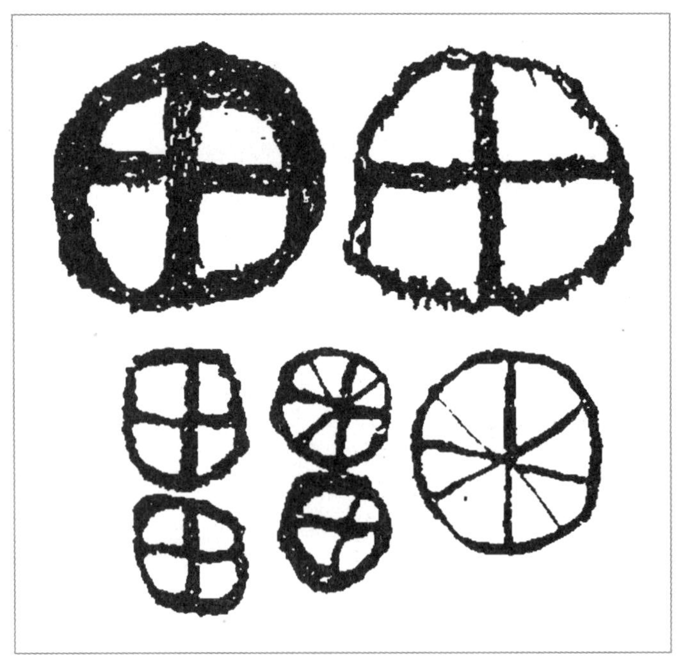

哈萨克斯坦共和国额尔齐斯河流域杜拉纳来车辆岩画

美国西北海岸岩画

北美海岸岩画

阿尔及利亚塔西里岩画

阿尔及利亚塔西里岩画

阿尔及利亚塔西里岩画

阿根廷拉托尼塔岩画

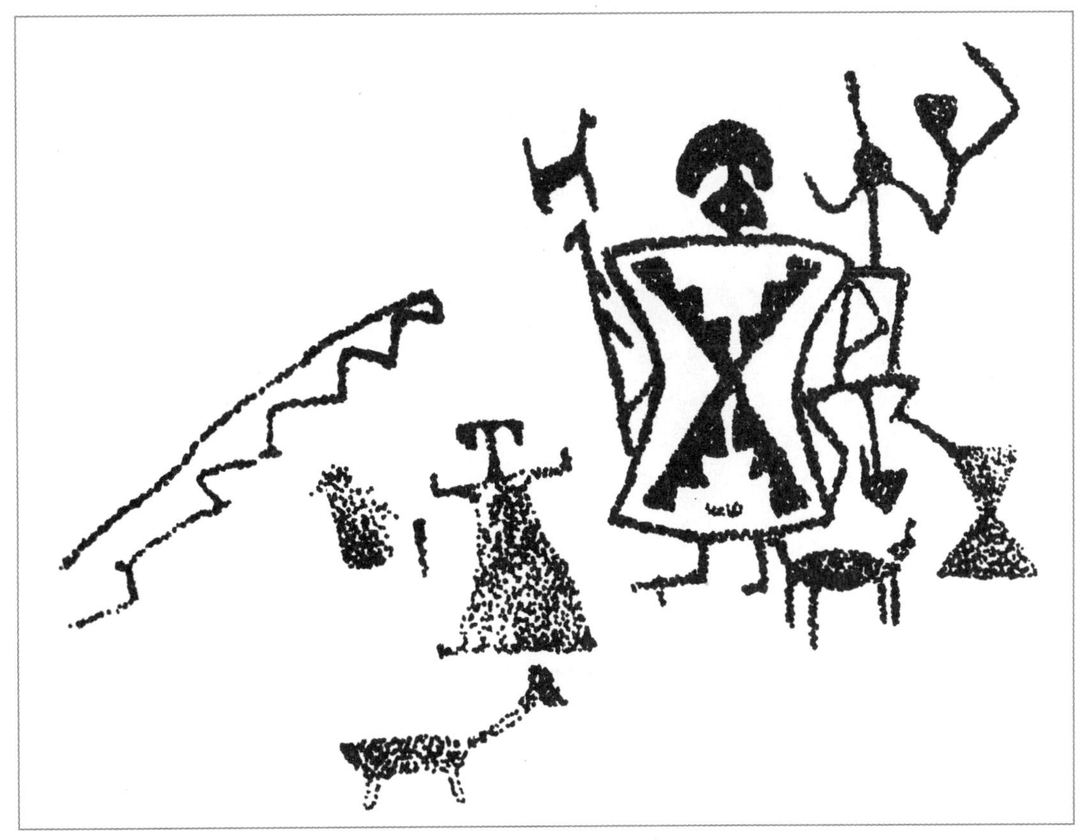

阿根廷卡塔玛卡岩画

阿克达志嘎岩画

阿塞拜疆岩画

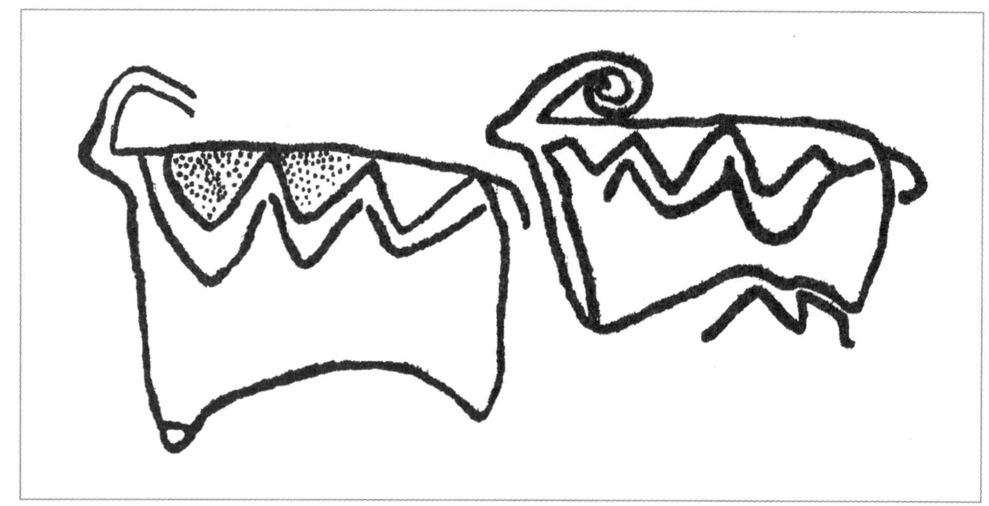

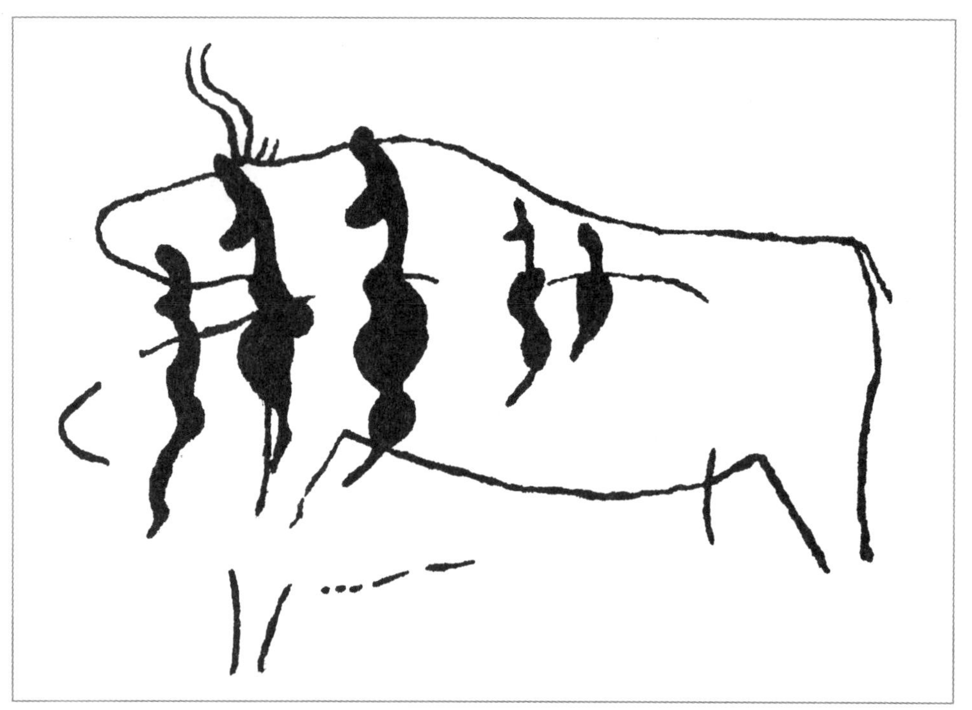

阿塞拜疆岩画

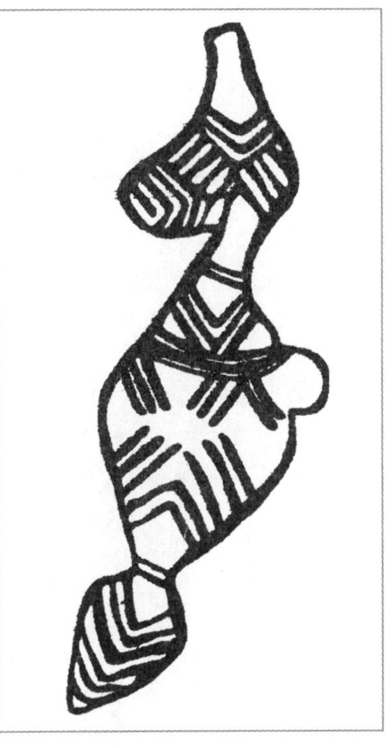

阿塞拜疆岩画

爱尔兰岩画

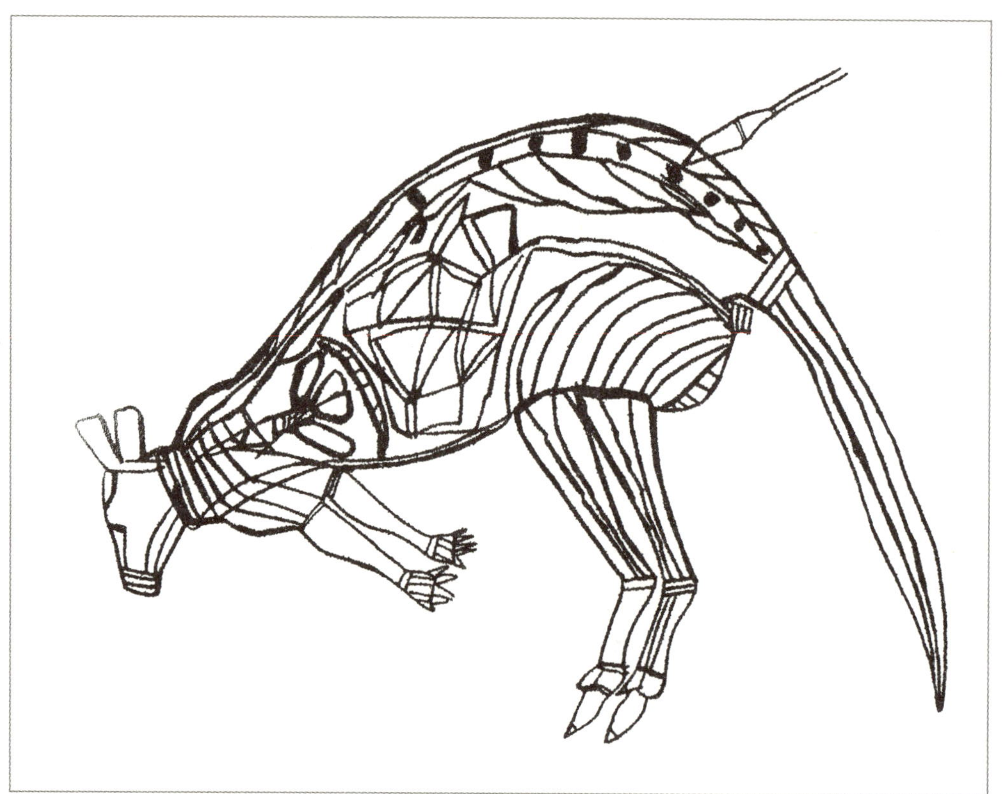

澳大利亚岩画

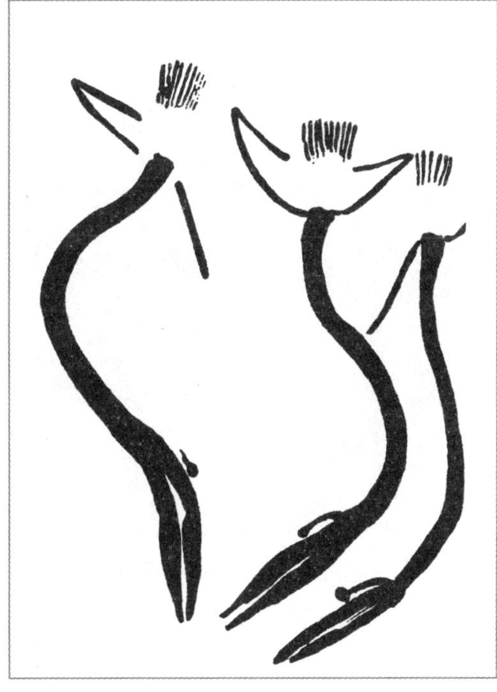

澳大利亚岩画

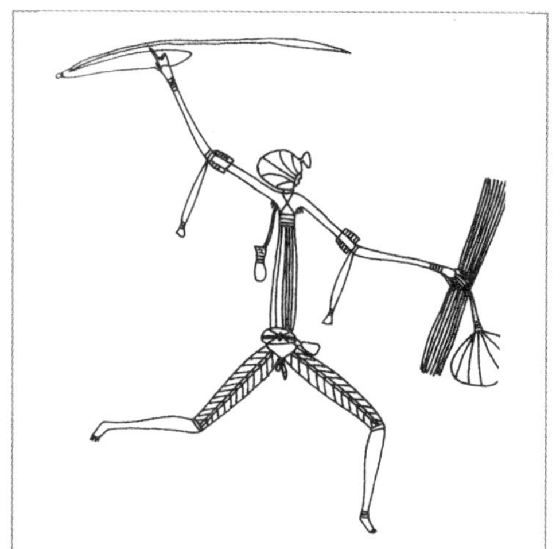

澳大利亚岩画

巴西皮奥伊州岩画

巴西皮奥伊州岩画

巴西岩画

北津巴布韦岩画

北美海岸岩画

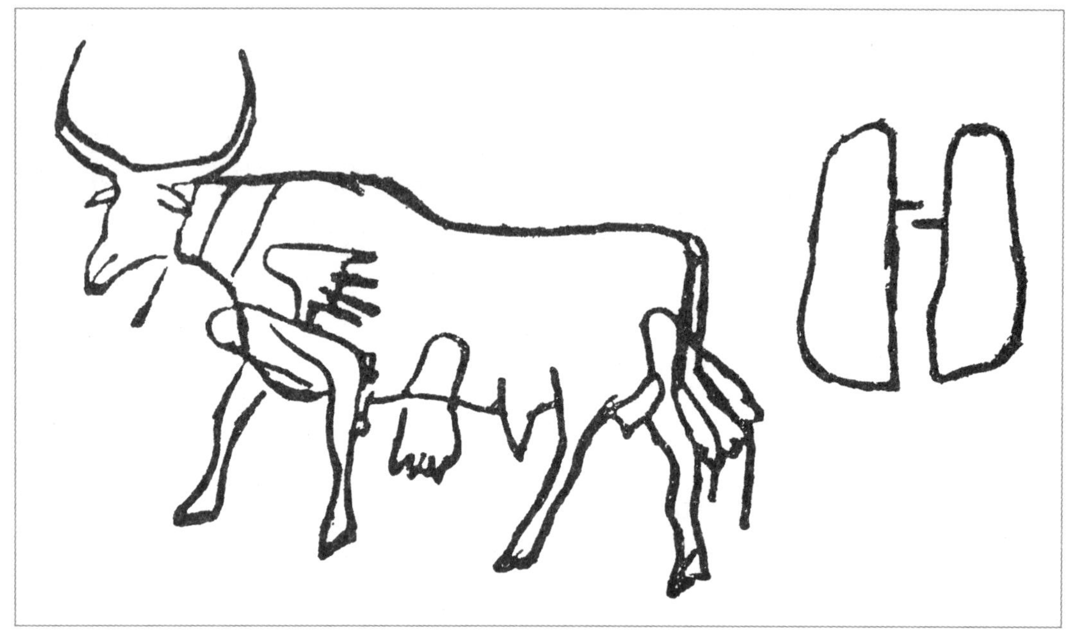

北非撒哈拉沙漠岩画

玻利维亚莫德斯托地区岩画

法国阿尔太勒洞岩画

波利尼亚马克萨斯群岛岩画

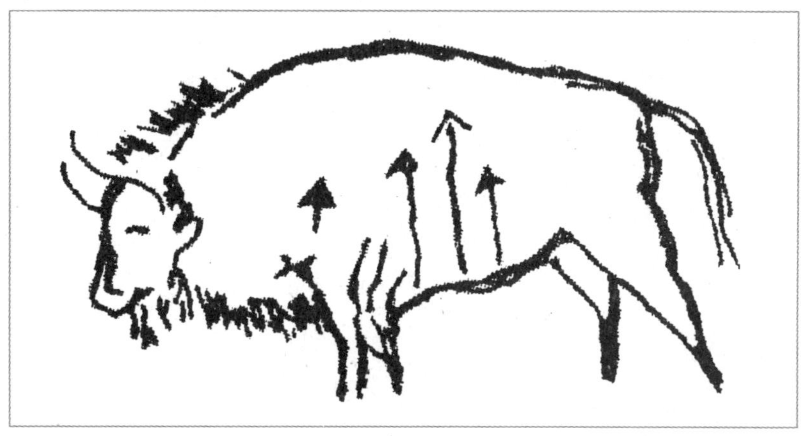

法国民兴洞岩画

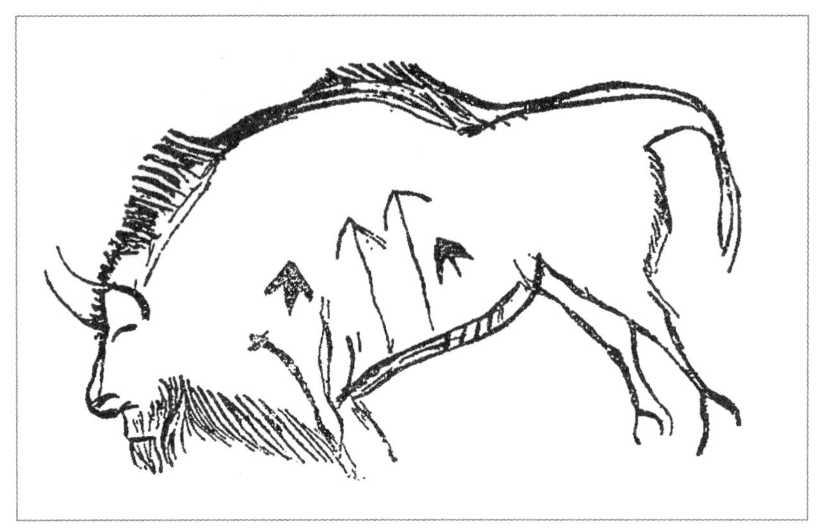

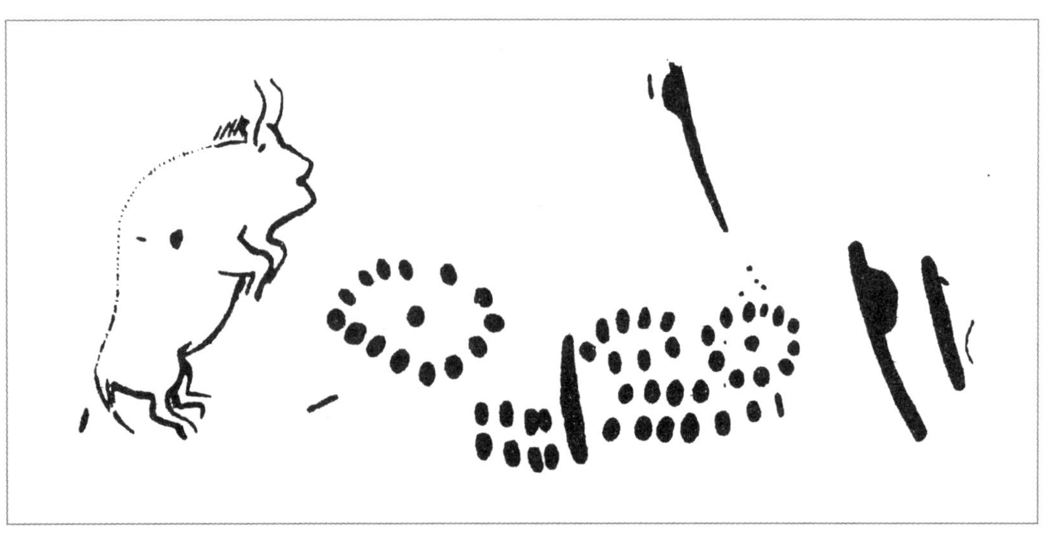

法国岩画

法国岩画

非洲岩画

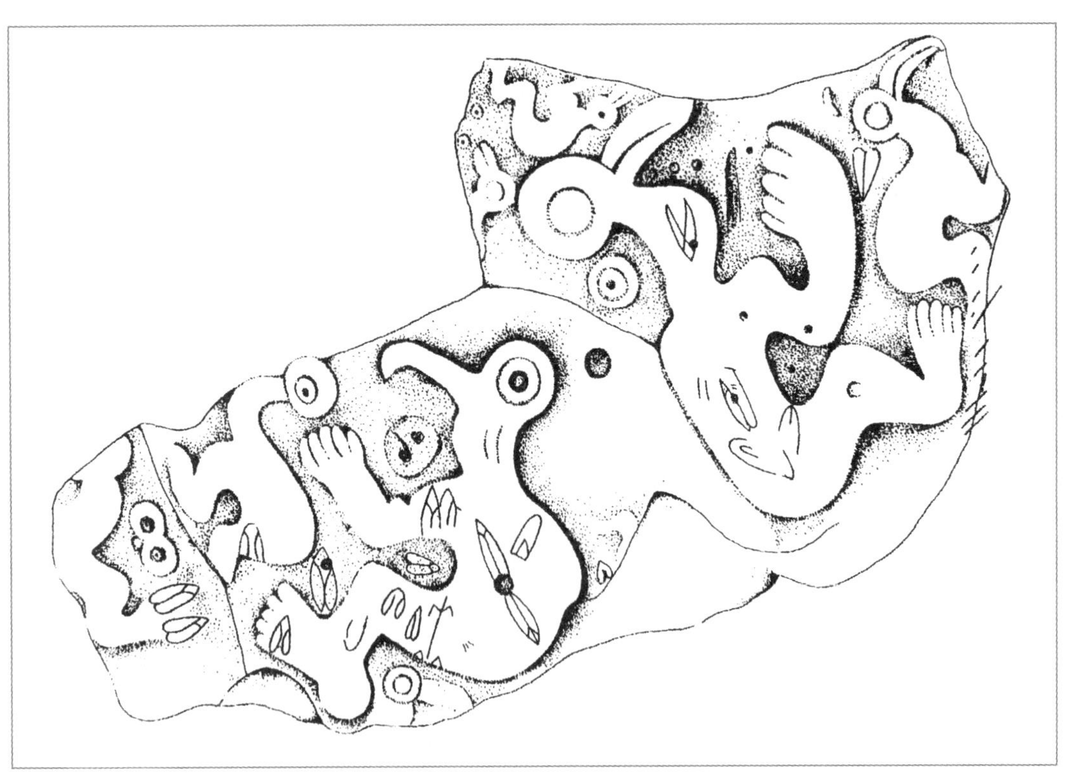

复活节岛岩画

哈萨克斯坦岩画

复活节岛岩画

哈萨克斯坦岩画

加拿大岩画

加拿大岩画

加拿大岩画

津巴布韦岩画

马里岩画

莱索托南部岩画

美国加利福尼亚州大盆地岩画

美国大平原丁俄德岩画

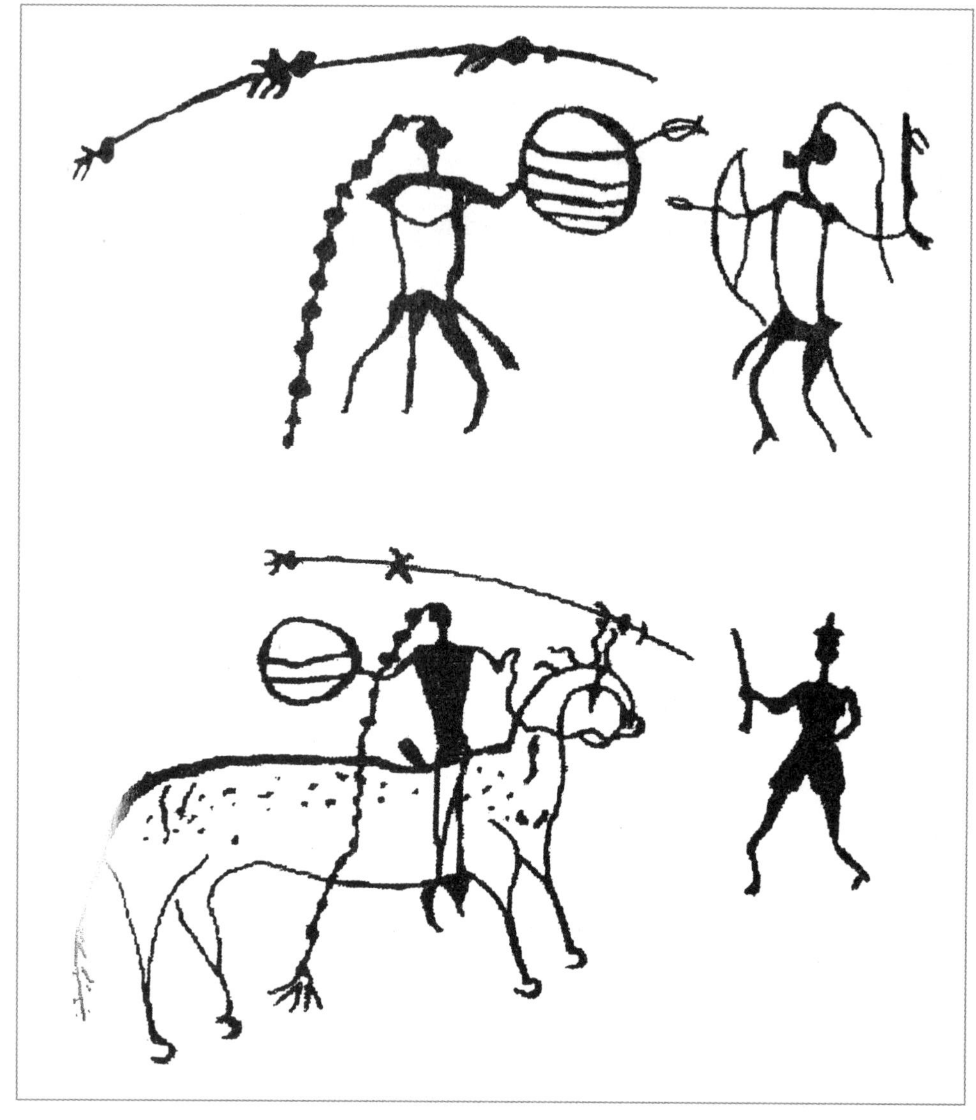

美国德克萨斯州德维尔河岩画

美国西北岩画

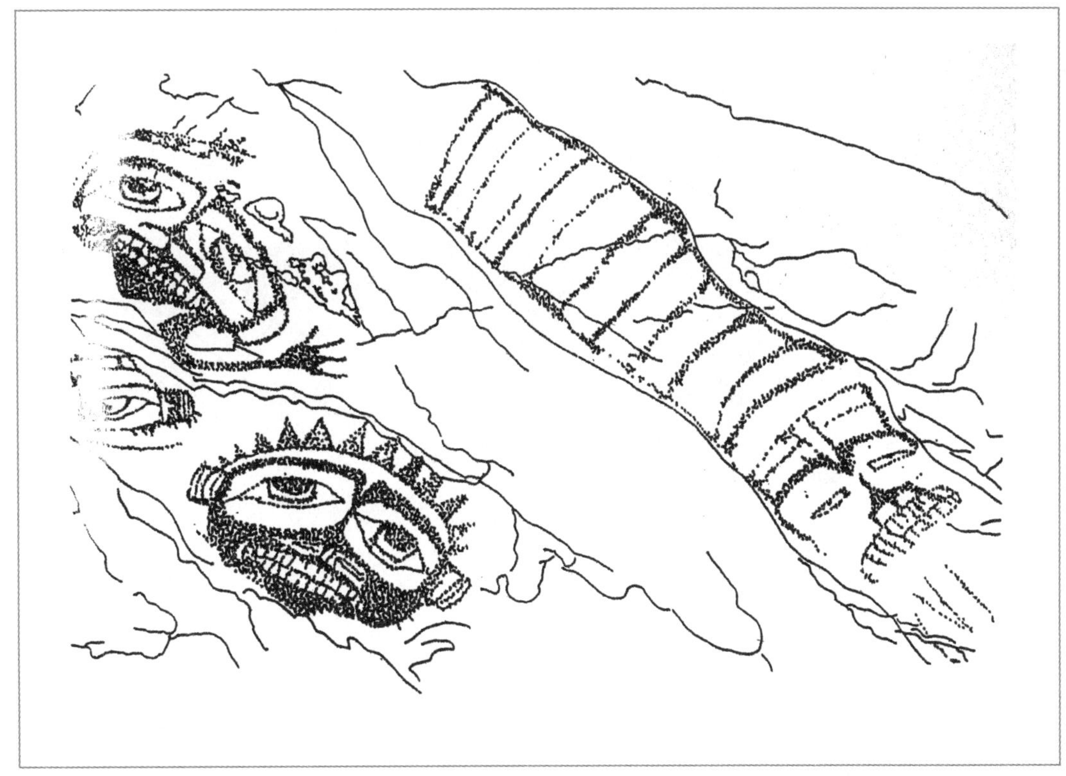

美国岩画

美国西北岩画

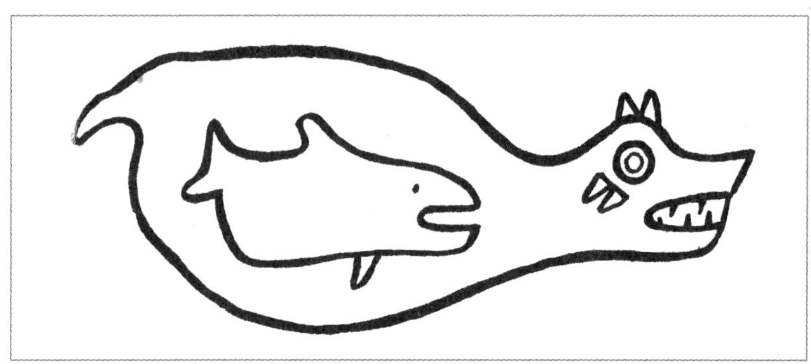

美国岩画

美拉尼西亚所罗门群岛岩画

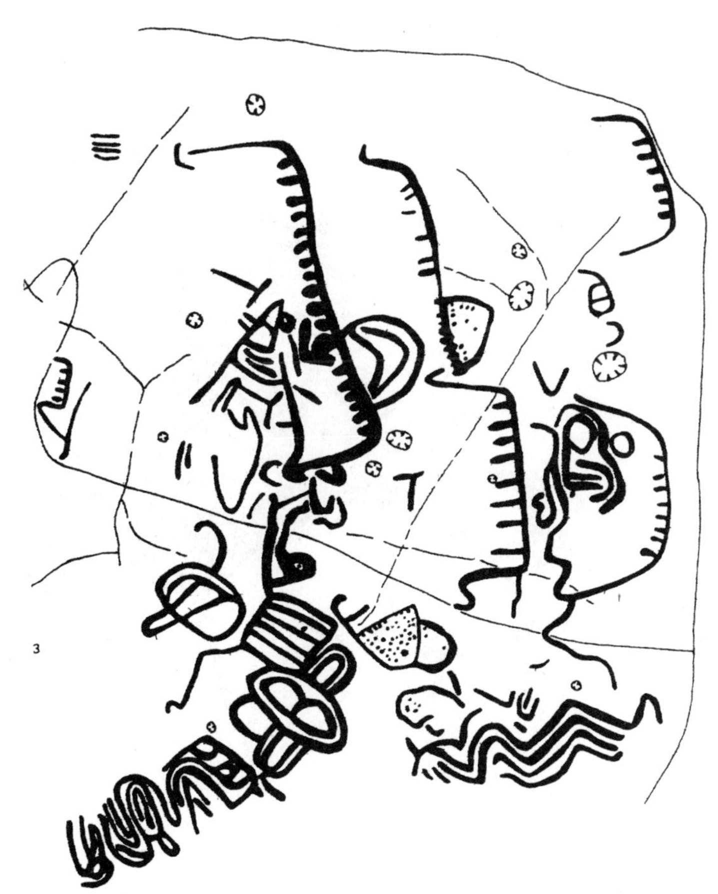

美拉尼西亚所罗门群岛岩画

美拉尼西亚所罗门群岛岩画

蒙古德勒格尔岩画

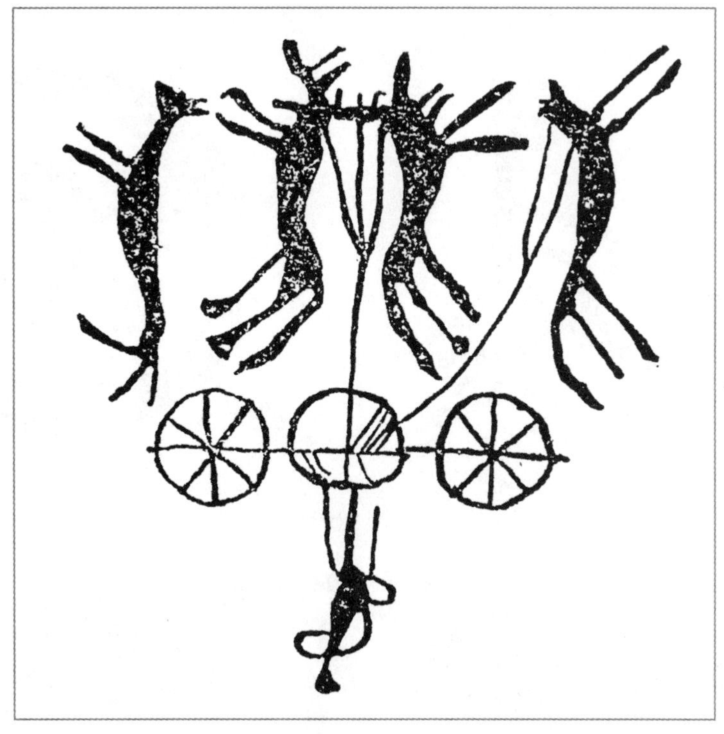

蒙古阿尔泰岩画

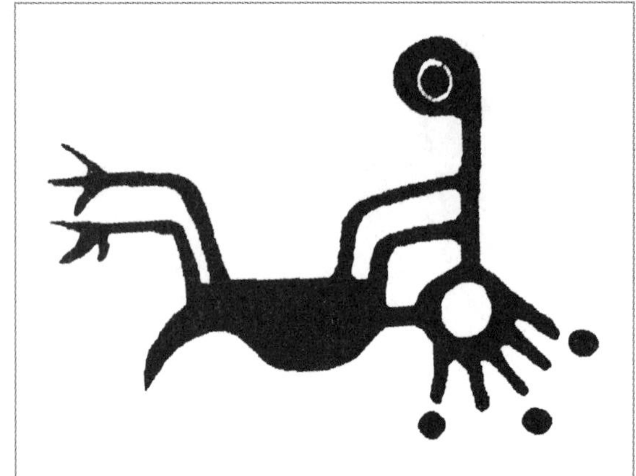

秘鲁岩画

纳米比亚岩画

墨西哥奇瓦瓦岩画

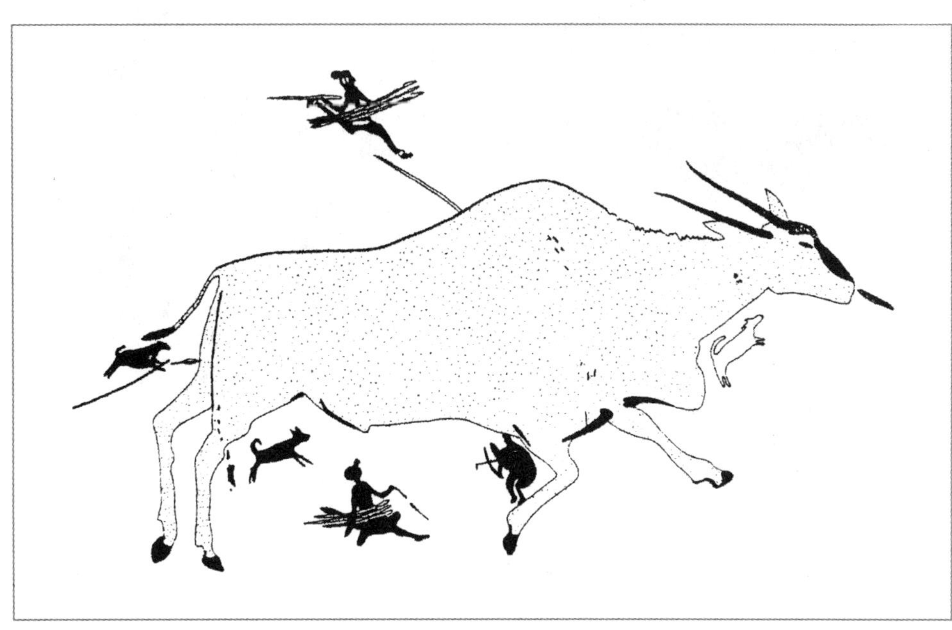

南非岩画

南非岩画

南非岩画

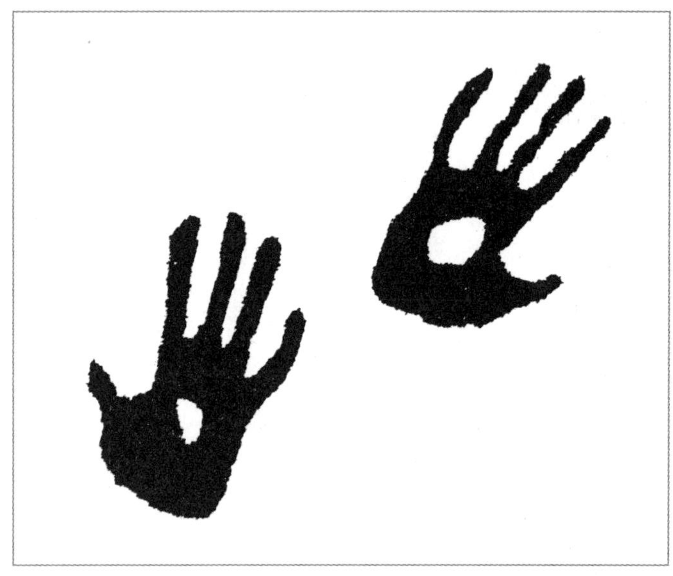

南非岩画

葡萄牙岩画

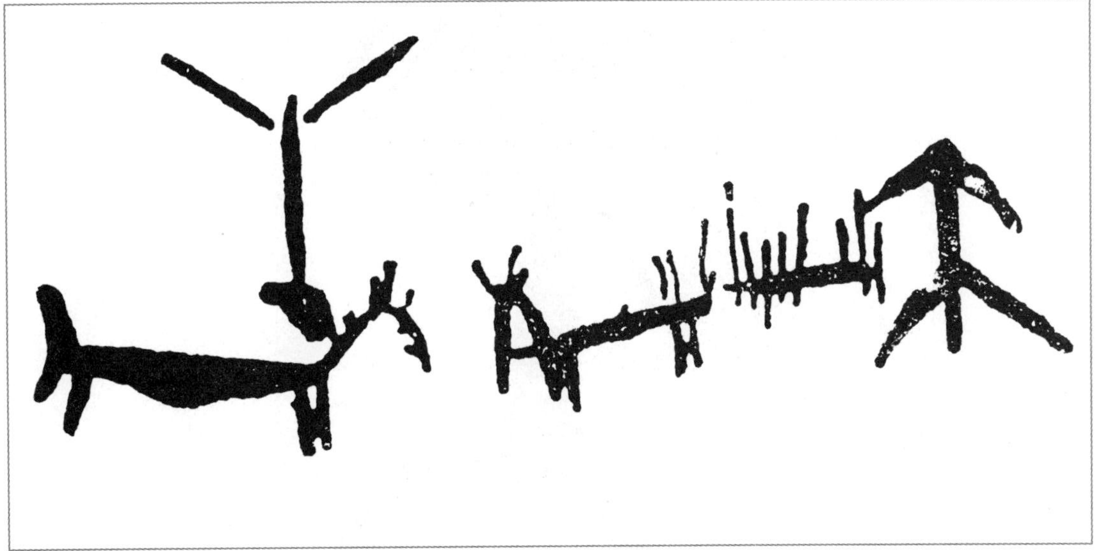

日本富勾贝岩画

日本富幻贝岩画

瑞典岩画

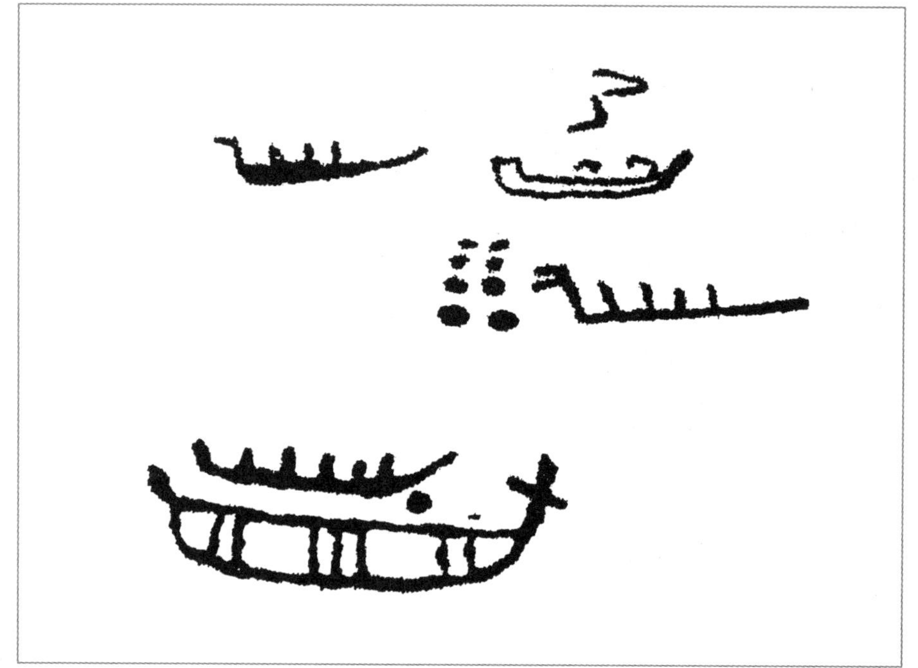

瑞典岩画

沙特阿拉伯岩画

沙特阿拉伯岩画

沙特阿拉伯岩画

撒哈拉沙漠岩画

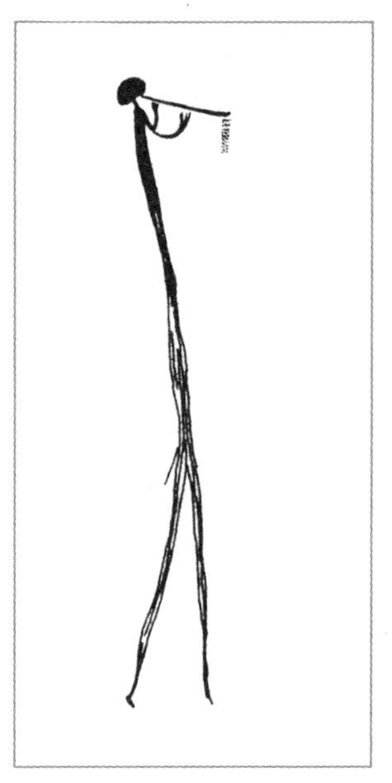

坦桑尼亚岩画

坦桑尼亚岩画

西班牙拉文特地区岩画

西班牙拉文特地区岩画

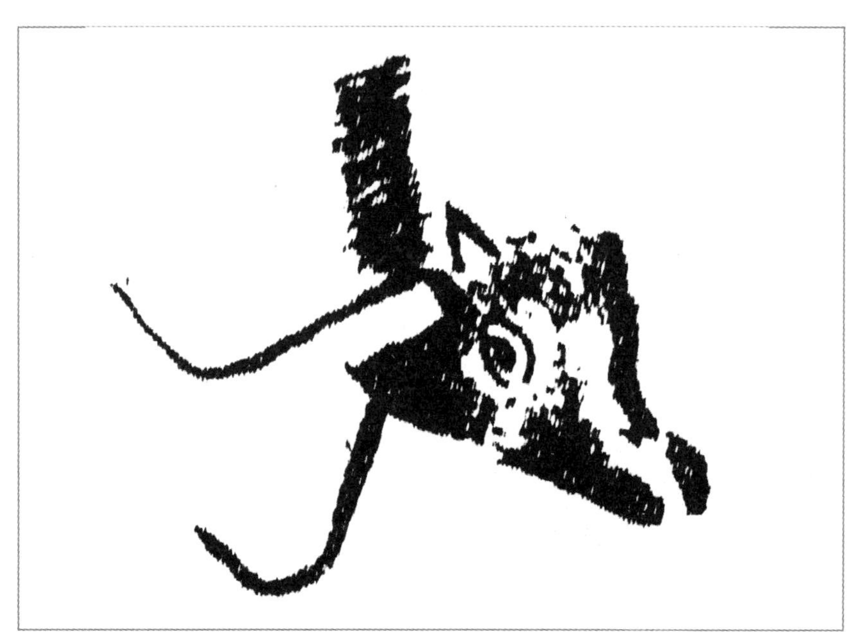

西班牙阿尔塔米拉洞岩画

西班牙岩画

西班牙岩画

西班牙岩画

西班牙岩画

西班牙岩画

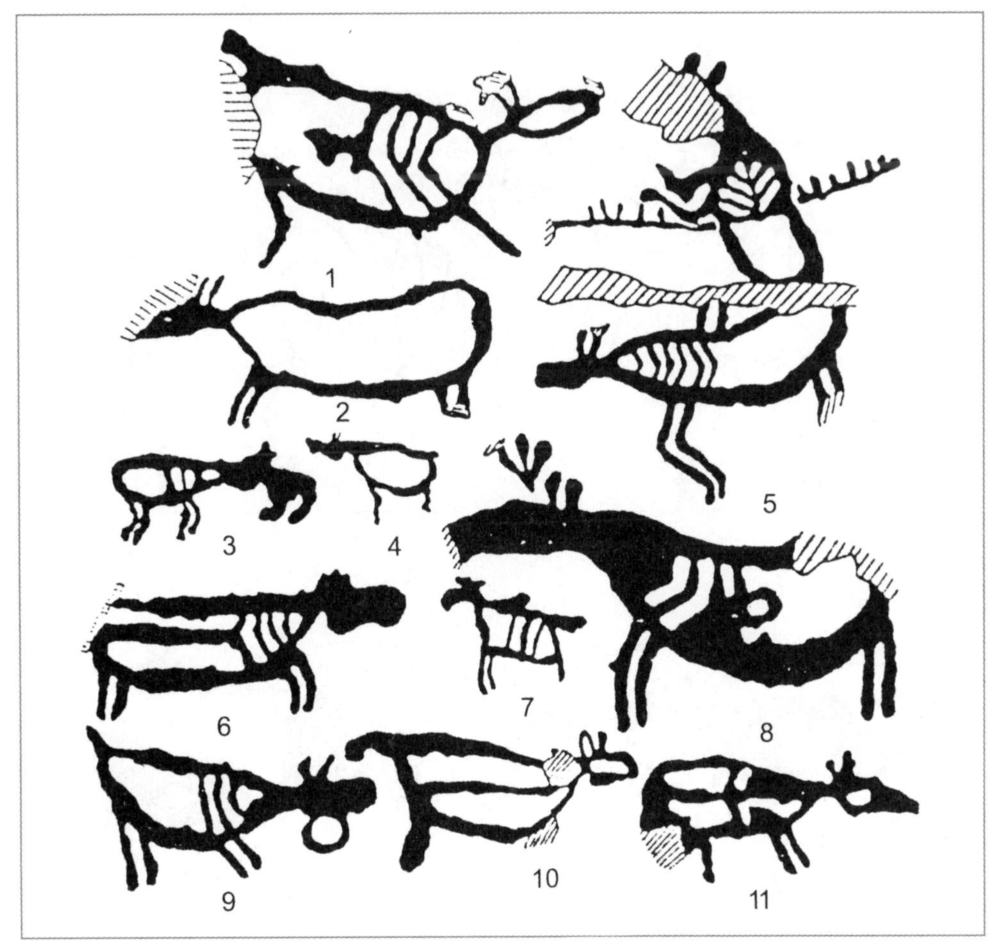

西伯利亚岩画

西德安德林岩画

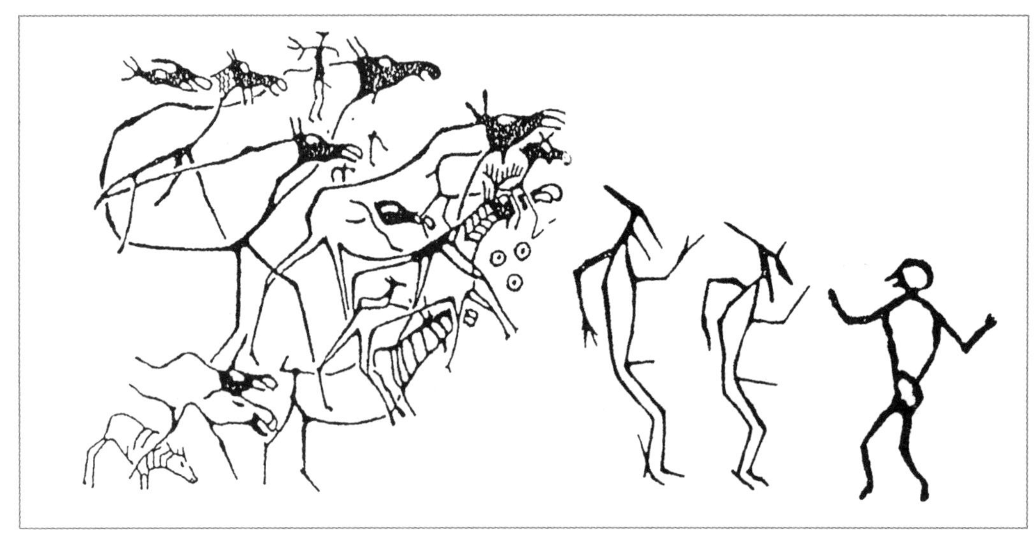

西伯利亚北部地区岩画

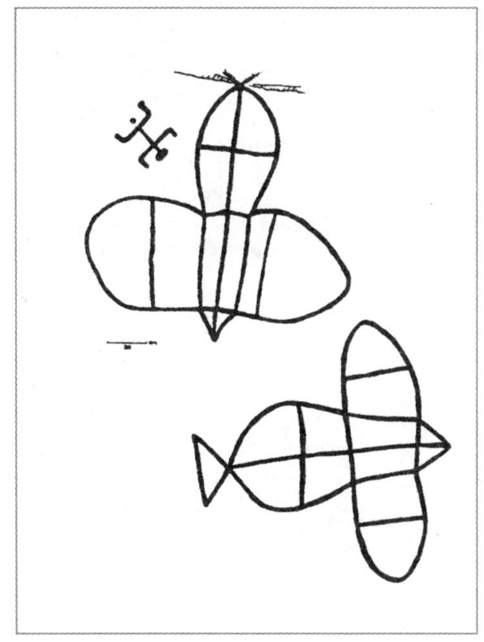

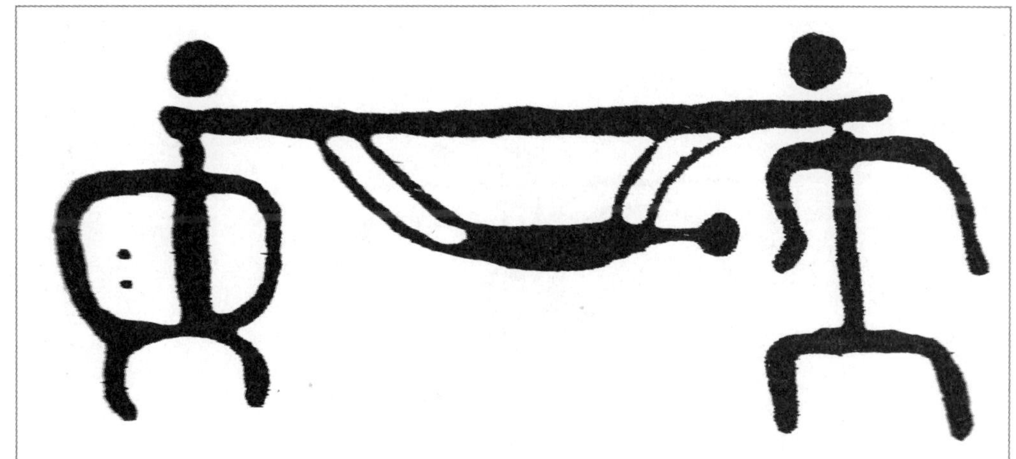

夏威夷岩画

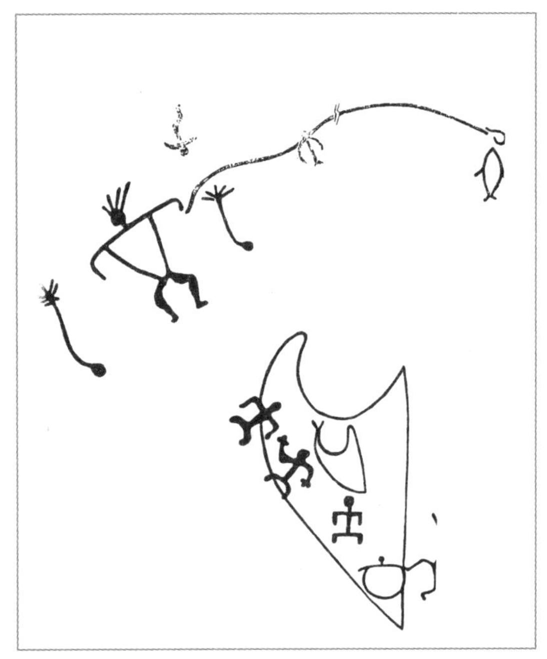
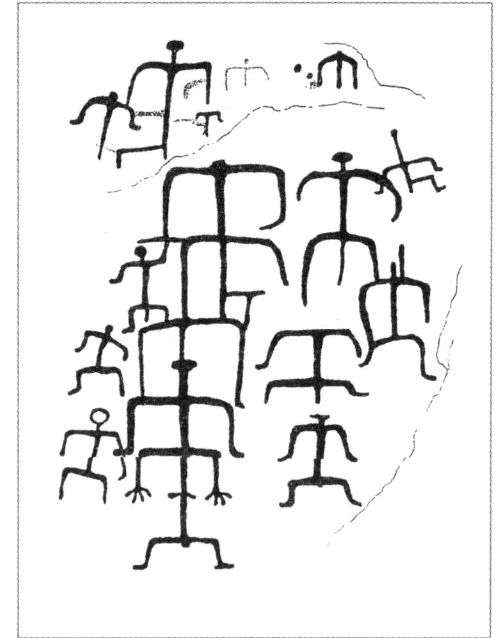
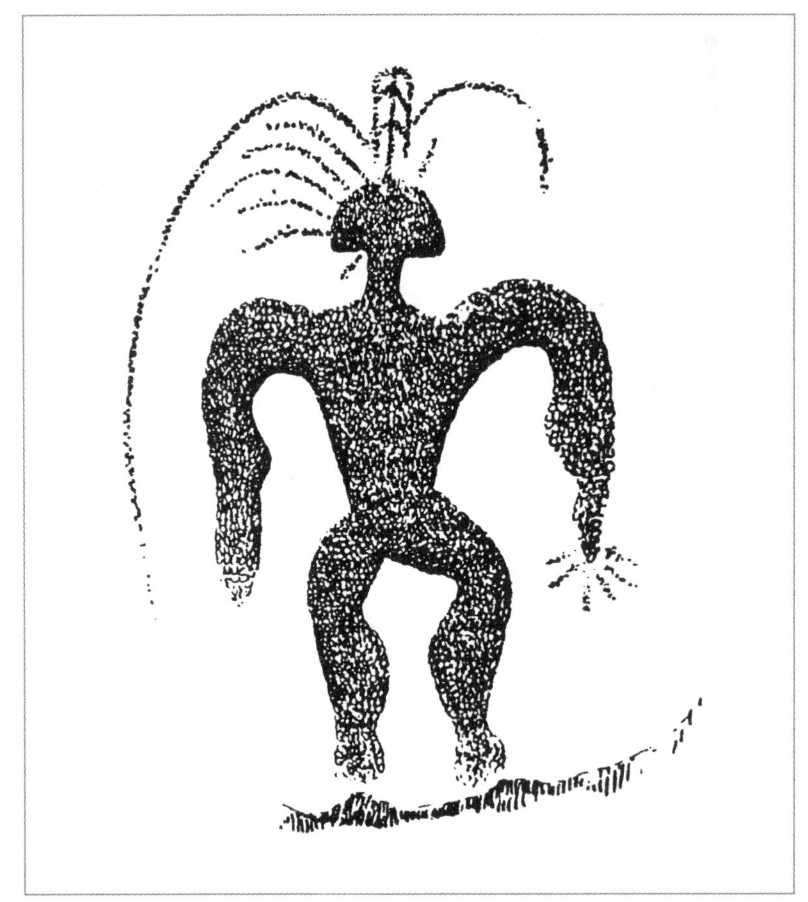

夏威夷岩画

伊兰加什河岩画

也门沙达岩画

以色列内盖夫岩画

意大利岩画

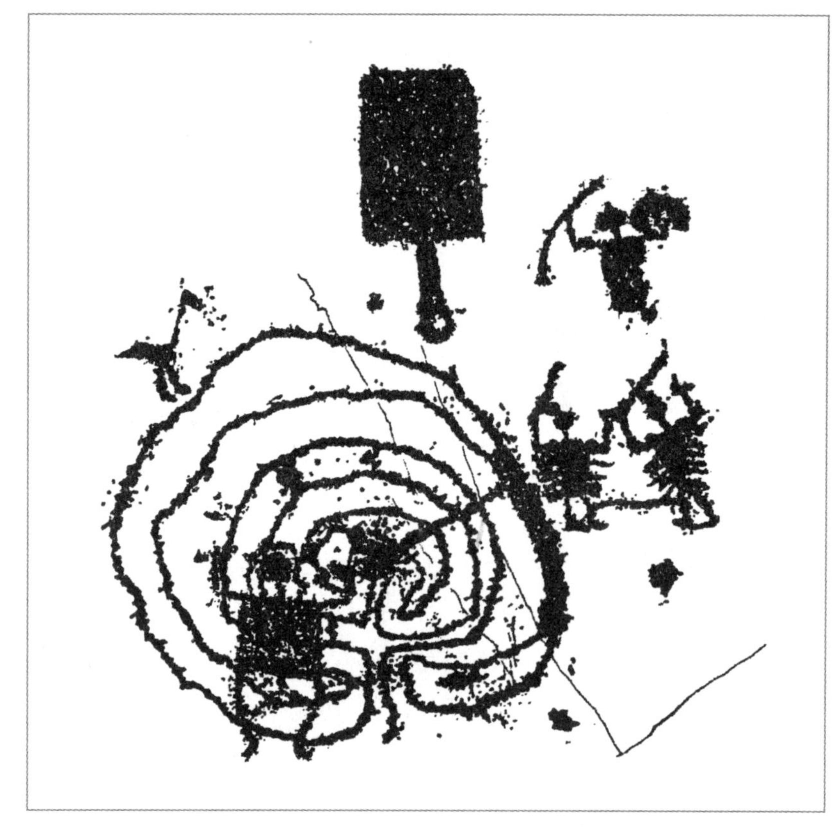

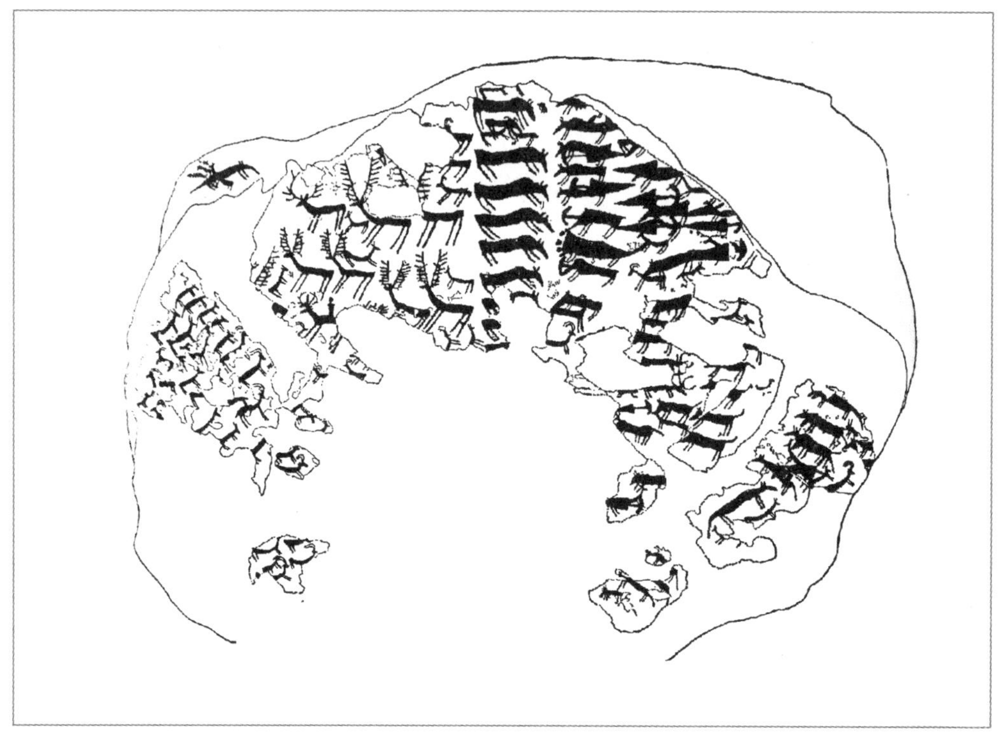

意大利岩画

意大利岩画

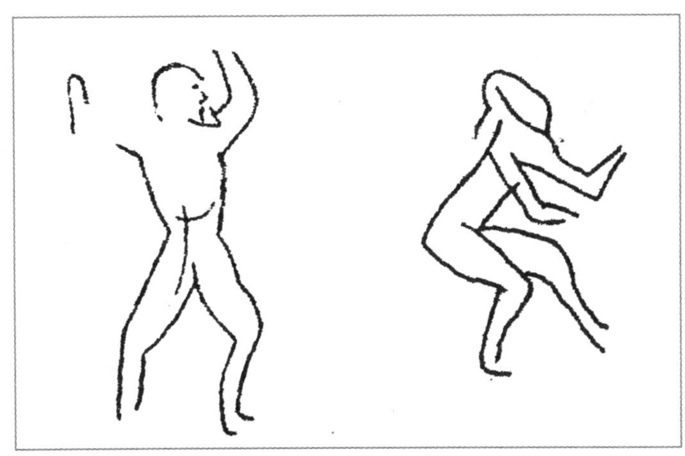

意大利阿达乌拉沿岩画

印度马哈德山岩画

印度河扎斯卡岩画

印度尼西亚岩画

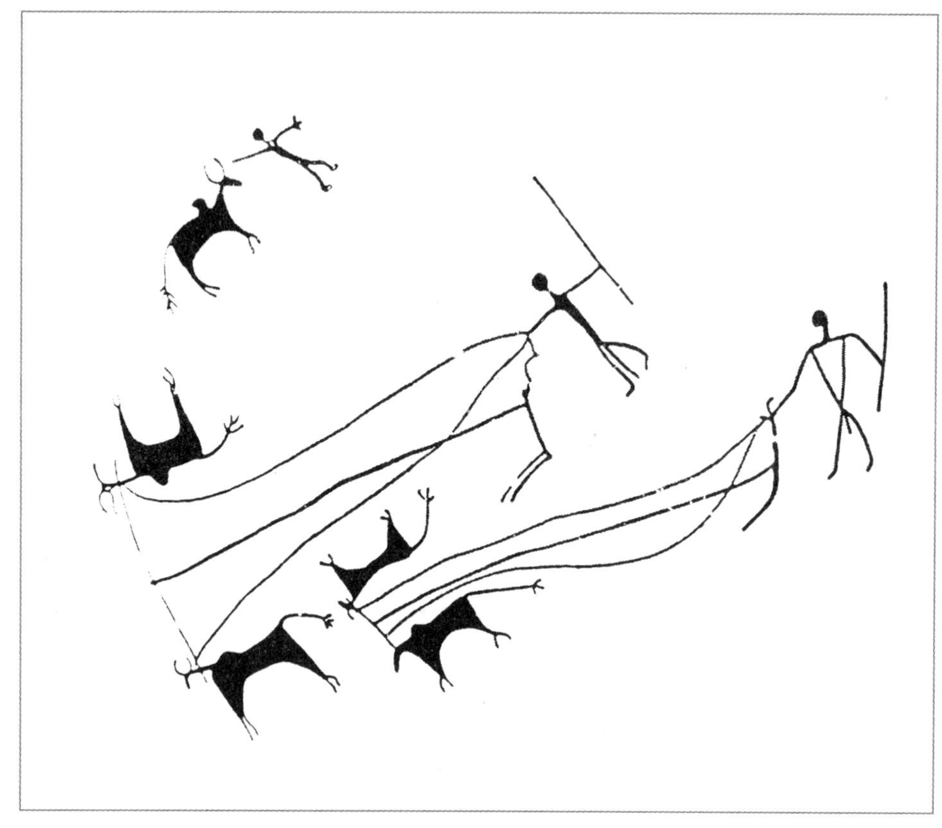

印度中央邦岩画

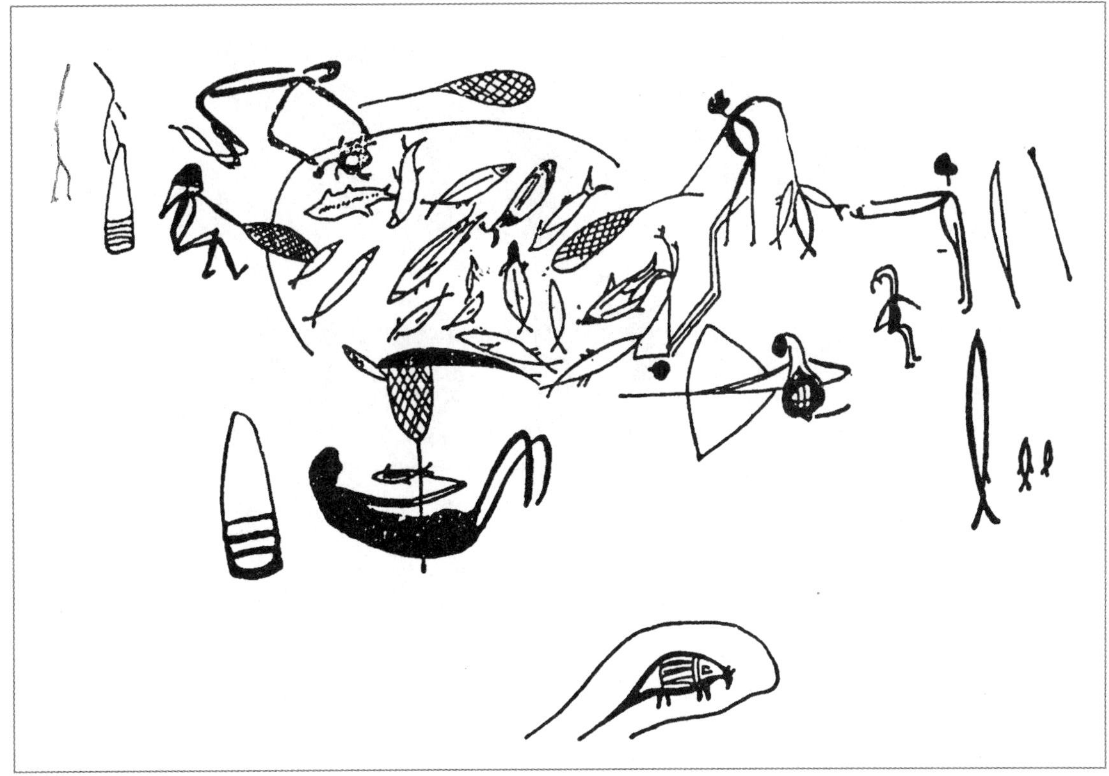

印度中央邦皮摩波卡岩画

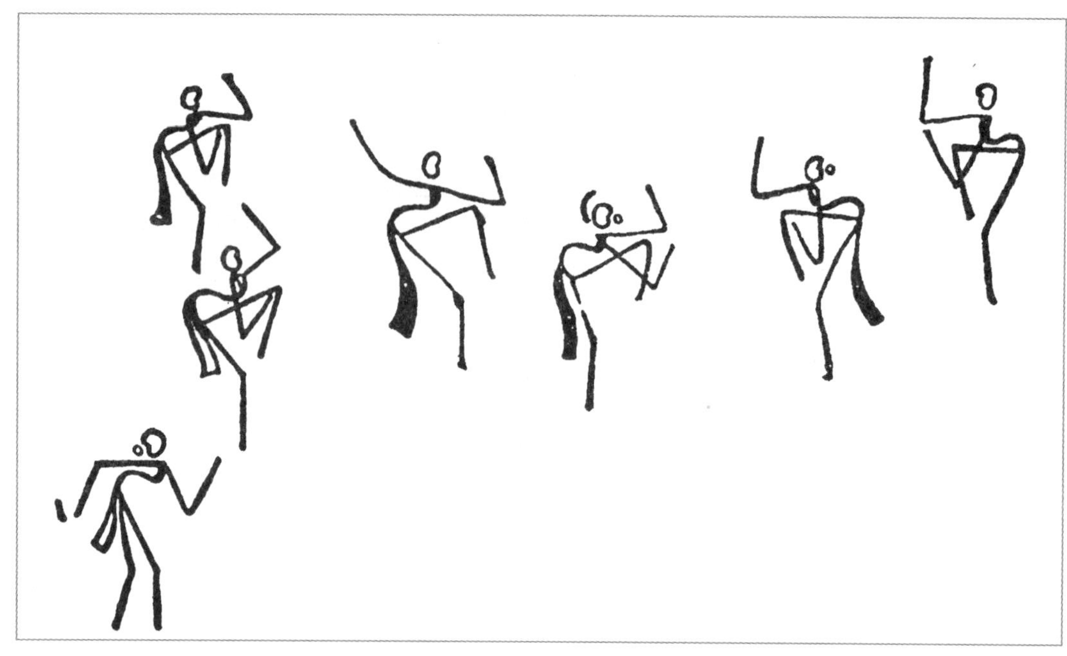

印度中央邦皮摩波卡崖壁画

印度中央邦岩画

英金河图案岩画

乍得曼达西那岩画

约旦南部岩画